LA GUERRILLERA

LA GUERRILLERA

E. LARBY

Autor: E. Larby
Diseño de cubierta: Ernesto y Alexander Lavandero
ISBN: 9789403777382
© E. Larby
Año: 2025
Editoriales: Bookmundo, Ingramsparks
Web: publish.mibestseller.es/elarby
e-mail: e_larby@hotmail.com

DEDICATORIA

A mi esposa por su infatigable apoyo y estímulo
A mis nietos Alexander, Mikaela y Roy

AGRADECIMIENTO

A mi hijo Ernesto y a mí nieto Alexander por su inestimable ayuda y esfuerzos por plasmar en el diseño de la portada mis ideas

ÍNDICE

I	LA DAMA DEL CARRITO DE GOLF	1
II	LA NIÑA «PIJA»	17
III	BREVE HISTORIA DE NICARAGUA	63
IV	LA DECISIÓN	113
V	EL EXILIO Y LA CONTRA	211
VI	LOS DESCREÍDOS	305
VII	NICARAGUA HOY	335
VIII	EL TRISTE ADIÓS	369

I LA DAMA DEL CARRITO DE GOLF

A mediados de la década de los 50 del pasado siglo, España estaba saliendo del marasmo que la represión y el oscurantismo de la dictadura surgida de la cruenta guerra civil la había sumido.

El dictador, con su pragmatismo habitual, no había dudado en entregar parte del territorio y de la soberanía nacional a una potencia extranjera, se trataba de maquillar en lo posible la mala, o mejor pésima, que «su» España tenía en el entorno de las democracias occidentales.

El acuerdo de 1953 permitía a los norteamericanos instalar cuatro bases militares en el territorio nacional, una base Aeronaval en Rota (Cádiz) y tres aéreas en Morón (Sevilla), Torrejón de Ardoz (Madrid) y Zaragoza.

A cambio de un puñado de dólares y material militar, pero sobre todo del reconocimiento por las naciones occidentales del régimen franquista.

Y para maquillar el control absoluto sobre los medios de comunicación y los espectáculos, comenzaron a llegar películas americanas.

Que aunque, convenientemente, censuradas hicieron llegar a una ciudadanía ignorante y pacata, anclada en los normas y consejos de la omnipotente y mutiladora Iglesia Católica que había otras formas de vida, otras costumbres, otros credos y otra moralidad.

A la chiquillería lo que veíamos en el cine contrastaba tanto con lo que vivíamos en el día a día, que no nos parecía creíble, tanto era así que acuñamos un lema para catalogar aquello que nos parecía imposible, decíamos todo convencidos: «eso es de película». Y por lo tanto poco creíble.

No nos podíamos creer que los asadores de pollo estuvieran en las puertas de los establecimientos y que nadie arramplara con el producto, o que el repartidos de leche dejara las botellas en la puerta de las casas y no las robaran. Las casas de planta baja sin rejas. Todo, o casi todo, nos parecía, irreal.

Siempre eran casas muy lindas, de planta baja, con un terreno abierto con un césped muy bien cuidado, no había vallas ni setos divisores, todo abierto, amplio, exudaba libertad.

Y esas casas hacían volar mi imaginación infantil, soñaba con vivir en una de ellas. No es que me obsesionara pero es una imagen que siempre he tenido e inconscientemente siempre he anhelado.

Los padres siempre deseamos que nuestros hijos tengan una vida mejor que la nuestra, por ello, y mi entonces esposa siempre me había insistido en ello, queríamos que nuestros hijos se educaran en buenas universidades y las españolas, y siento decirlo, no nos ofrecían garantías de que eso fuera a suceder.

Haciendo unos sacrificios tremendos conseguimos que nuestros dos hijos se educaran en universidades americanas, uno en Tufts University y la chica en Boston University.

Terminadas sus carreras ambos encontraron trabajo y decidieron quedarse en ese país.

Después de varios años viviendo en Nueva York, en una de las video conferencias que mantenía con el chico, este me comunicó que se había trasladado a Florida y me enseñaba la casita que había adquirido.

¡Y allí estaba la casa de mis sueños infantiles!

No me lo pensé dos veces, le dije: -Tú has hecho realidad mis sueños infantiles, y añadí en plan jocoso, así que lo siento por ti, pero antes de que me visite la parca iré a «darte el cochazo», su contestación fue tajante: ¡papá ya sabes que siempre eres bienvenido!

Entré en la página web de Iberia y compré el billete.

Cuatro días después de esta charla, el vuelo AA8644 operado por Iberia, un majestuoso y enorme Airbus A330-380 despegaba del Aeropuerto Adolfo Suarez con destino a Miami, y en su interior un «vejete» de 84 años con la ilusión de un chico con zapatos nuevos.

El vuelo de Iberia Madrid Miami se me hizo largo, tedioso y sobre todo incomodo, por razones obvias, no tengo «pasta», viajaba en clase turista. El Airbus A330/380, dispone de poco espacio entre las filas de asientos, yo que no soy muy alto, mis rodillas tropezaban con el respaldo del asiento delantero y no podía cruzar las piernas.

Y sin que pueda explicarme la razón el vuelo arribó a Miami con una hora de adelanto, a razón de 10 dólares por trayecto, unas amables auxiliares, hablando un encantador español con acento caribeño, me condujeron en un carrito hasta la zona de recepción de American Airlines, para mi vuelo Miami-Tampa. Mi hijo que viajaba de regreso de un viaje de trabajo a Pensilvania se unió a mí en el aeropuerto de Miami, Como teníamos tres largas horas de espera, mi hijo decidió que las pasáramos en la sala Vip de American, otro traslado en la sillita de ruedas y otros 10 dólares. El lounge de American tiene un excelente buffet así que lo que gasté en el transporte en los carritos, lo compensé con una deliciosa merienda cena. Treinta minutos antes de la salida de mi vuelo, otra simpática caribeña me condujo, después de contarme su vida, a la sala de embarque de American Airlines, otros 10 dólares. En el país del capitalismo las propinas son obligatorias.

Y allí me sorprendió agradablemente la gentileza de los empleados de la línea aérea, que nos citó a varios «inválidos» a abordar el avión los primeros. Nunca antes, salvo una vez con Air France había sido atendido tan amablemente. Uno de los pocos privilegios de ser una persona mayor, como dice mi nieto, «un vejete».

Estábamos en el interior del pequeño avión listos para despegar cuando las luces se apagaron y se encendieron las de emergencia, y una voz nos pidió, aparentando calma, que abandonáramos el aparato, que había un fallo eléctrico y que tendríamos que esperar otro vuelo, mi hijo decidió, tenía que llegar pronto porque tenía una importante reunión de trabajo, alquilar un vehículo.

Por esas extrañas reacciones de la memoria vino a mí el recuerdo de como mi padre me contaba su ilusión y felicidad cuando mi abuelo, su padre cambió su residencia de una pequeña casa en Periedo (Cantabria) para mudarse a su nueva y mucho más grande vivienda en la vecina Casar de Periedo a escasos 1.000 metros pero que significaba una mejora sustancial para él.

Se le iluminaban los ojos cuando me decía que iba al frente de las cuatro vacas que tenía el abuelo, dando brincos y carreras sin poder contener su emoción.

Así me sentía yo cuando viajábamos en el Toyota Land Rover por la I275 rumbo hacia BelleAir (Florida).

Estaba tan impaciente que las cuatro horas de viaje se me hicieron interminables.

Me relajé cuando atravesamos la reserva natural de Terra Ceia Aquatic[1] para adentrarnos en el espectacular Sunshine Skyway Bridge[2] que cruza la Bahía de Tampa.

Al contemplar desde una de las líneas del puente la línea que corre paralela (en realidad son dos puentes) me vino a la retina aquellas espectaculares y vistosas escenas de la película de Arnold Schwarzenegger, titulada Mentiras Arriesgadas.

La verdad es que después de ver tantas películas americanas, cuando se visita este país ya parece que se le conoce, me sucedió igual la primera vez que visité Nueva York y Boston, me parecía que ya había estado allí antes.

¡Y llegamos a BelleAir y allí estaba la casa de mis sueños infantiles!

En la casa me esperaba la grata sorpresa de que mi adorada nieta me había dejado de regalo un niqui de Princeton, Universidad en la que cursa su tercer año, que se ha convertido en mi uniforme, solo me lo quito para lavarlo.

Inicié un rápido recorrido por la vivienda

Un amplio camino de acceso, a la izquierda al garaje con espacio para dos vehículos, a la derecha la entrada principal junto a un porche abierto, nada más abrir la puerta un espacioso salón, para acceder a la cocina, con acceso a un segundo salón, dos amplios dormitorios con baño integrado y lo que más me atrajo, los amplios espacios de césped a todo alrededor de la casa, nada más dejar nuestros bártulos, nos asentamos en una terraza anexa al segundo salón que estaba cerrada con dos amplísimas cristaleras, eso me pareció, cuando una ráfaga de aire fresco me golpeó, mi hijo me explicó que lo que yo consideraba cristal era una tupida malla metálica que permitía entrar la brisa, pero evitaba la entrada de mosquitos y con una fría y exquisita cerveza Budweiser en mis manos, nuestra preferida, me dispuse a empezar a disfrutar de un sueño que nunca pensé se pudiese realizar.

A pesar de que mi meticulosa esposa había confeccionado una lista de las cosas y el vestuario para el viaje, se había, al parecer, olvidado de incluir el cable de alimentación del ordenador y el ratón.

Me devanaba los sesos, porque estaba seguro de haberlos visto sobre la cama cuando chequeábamos la lista.

Decidimos eso de que «ante la duda, la más cojonuda», entrar en internet y comprarlos, Amazon nos ofrecía entregárnoslo entre las cuatro y las ocho de la mañana y que si lo deseábamos recibir de forma inmediata lo podían hacer con el módico incremento de dos dólares. Eso hace la diferencia entre la economía americana ágil y dinámica, que crece rápidamente y la europea que le cuesta salir de la recesión. En Europa nos hemos aburguesado, anquilosado y adormecido.

A la mañana siguiente, siguiendo mi inveterada costumbre de madrugar, me levanté, afeité y duché y salí sigilosamente al jardín a escuchar el silencio, me despojé de las chanclas y paseé por el bien cuidado césped y noté en mis pies desnudos la frescura del roció mañanero.

Empecé una vida rutinaria pero llena de alicientes, mi hijo trabajaba on line, yo, después de desayunar, me sentaba en el porche exterior a contemplar el entorno, amplio, abierto, sin tapias ni setos divisorios, todo diáfano, el césped muy cuidado lucía un verde resplandeciente. La arboleda que circundaba la urbanización se veía alta y frondosa.

Me pasaba las horas muertas en ese confortable porche o en el exterior, dejando que el sol me acariciara la cara y contemplando a las ardillas hacer su recorrido habitual, no sé si era la misma, pero todos los días aparecía una que primero realizaba una inspección desde lo alto de la valla de madera, correteaba por el césped y saltaba de la palmera al hibiscos rosa y de allí a la jacaranda y de esta al caracolí puertorriqueño y otra vez al césped, miraba a los pájaros revolotear entre los arbustos. Al atardecer salía al porche frontal y me sentaba a contemplar la puesta del sol. A intervalos regulares me daba unas vueltas alrededor del bien cuidado y tupido verde, así entre paseos y sentadas pasaba el rato hasta que el sol desaparecía en el horizonte

Todo rezumaba libertad y exuberancia, paz y tranquilidad.

En esta tierra de contradicciones siempre hay algo que me sorprende, he perdido la cuenta de cuantas veces he visitado el país, y cada vez descubro algo nuevo.

Un día íbamos camino de la playa a disfrutar de un día esplendido y al pasar por unos bloques de apartamentos me comentó mi hijo que son para alquilar pero solo a personas mayores de 55 años. y aprecios asequibles. El país al que se acusa de individualista, donde al parecer impera el lema ese de «al que Dios se la dé, San Pedro se la bendiga», todavía hay casos en que la iniciativa privada no deja de sorprender, como en este caso de los apartamentos para mayores.

Y los tendidos de los cables de baja tensión todavía aéreos y con postes de madera, separados por escasos metros y llenos de cables que cruzan las calles y las carreteras, es, en mi opinión, una visión tan tercer mundista que me recuerda las calles de Tailandia o Pakistán, donde parecía que los raquíticos postes se iban a vencer con el peso de tanto cable.

Tanto dinero destinado a defensa y todavía no han podido soterrar el tendido eléctrico urbano.

En fin, nadie es perfecto.

Todas las mañanas, sobre las diez, con una puntualidad de reloj suizo, una señora mayor pasaba conduciendo su buggy de dos plazas, me llamó la atención porque esos carritos solo se suelen usar en los campos de golf, pero ella lo usaba como transporte urbano, bien es verdad que circulaba muy lenta y cuidadosamente.

El primer día miró sorprendida al ver que en la vivienda, que llevaba unos meses deshabitada, había nuevos inquilinos, sin detenerse hizo un saludo con su mano en alto y continuó su camino, vi que llevaba un bolso con palos de jugar al golf, pensé que iría al cercano club de golf, el exclusivo Pelican Golf Club [3]

Una mañana me sentía con ganas de trotar, de moverme, me descalcé y me dediqué a pasear con mis desnudos pies el bien cuidado y suave césped, de repente sentí la necesidad de golpear algo, para así sacar a relucir las energías que sentía renacer en mí, rebusqué en el garaje y allí estaban los palos de golf que mi hijo había dejado de usar y una gran bolsa con la inscripción Adwikoso plastic golf balls.

Estaba en el césped dando unos golpes con esas bolas de plástico, cuando pasó la señora, al verme con los palos, paró su buggy y con un andar ágil y decidido se dirigió a mí, en el más puro estilo americano fue directa al grano.

¡Hola! me dijo con su mano extendida en un cordial saludo, me llamó María Victoria, pero me puedes llamar Mavi y ¿tú eres?¡

-Francisco Javier, pero mis amigos me llaman Franja-

¿Eres jugador de golf?

-Solía jugar, ahora estoy muy mayor-

-Para jugar al golf nunca se está mayor-

Y con una decisión que me dejo apabullado, me cogió del brazo y me dijo: ¡Vamos, acompáñame que vamos a hacer unos hoyos!

Era tal su decisión que solo pude balbucear, hace mucho que no juego, no estoy en condiciones de hacer unos hoyos.

Con su proverbial decisión contestó:¡Bueno practicaremos!

Puso en marcha su buggy, siempre que voy de copiloto tengo la costumbre de ir mirando el trayecto, todavía me pregunto de donde me viene esa especie de manía o tic, observé que al salir de la street NW al llegar a la Nehlenbacher Rd. giró a la derecha hasta llegar al cruce con la Indian Rocks Rd. Y allí en dirección norte hasta el edificio social del club de Golf, a ojo de buen cubero calculé que habríamos recorrido poco más de un kilómetro.

Estuvimos un par de horas practicando y alentándonos el uno al otro, aunque era yo el que más aliento necesitaba, pero mi orgullo me impedía dejar de intentarlo una y otra vez. Ella golpeaba muy bien y tenía un estilo muy depurado se notaba que llevaba muchos años practicando este deporte.

Degustamos una Budweiser bien fría y parloteamos de lo típico en esta clase de encuentros, la familia, los nietos, el tiempo, los hándicaps.

Observaba a Mavi para catalogarla, siempre que conozco a alguien trato de conocer su personalidad, que tipo de eneagrama es, a quien conocido se asemeja.

Me recordaba mucho, en femenino, a un viejo amigo, que era super activo, un tipo que veía las yerbas crecer, presto siempre a saltar como una liebre a todo aquello que le supusiese una ganancia, pero al mismo tiempo desprendido, generoso y amigo de sus amigos, un tipo en quien confiar pero con el que hay que estar siempre en estado de alerta.

Corporalmente era de estatura mediana, pelo negro y piel algo cetrina casi como una mulata, cuerpo bien formado, piernas estilizadas, pechos medianos, cara algo redondeada, movimientos agiles y ojos muy vivaces. Agraciada, pensé que en su juventud debió ser una mujer muy hermosa.

Llevábamos tres días con esta, ahora, rutinaria tarea de practicar, cuando a su requerimiento me animé a hacer unos hoyos, decidimos que como inicio serían solo 9 hoyos.

Me horroricé al comprobar el recorrido, en los hoyos 7 y 8 la distancia entre el tee, el punto de partida y el de llegada, el green, era de casi medio kilómetro, no sabía que haría Mavi pero yo, sí o sí, lo haría en el buggy. Y al contemplar los bunkers me mentalicé para asumir que serían el lugar de aterrizaje de mis bolas, y estaba seguro de que estas se darían un buen chapuzón en el lago del hoyo 9, pero había que intentarlo.

Terminé derrengado, casi no me podía sostener de pie, pero lo había conseguido, había terminado mi recorrido, no quise, ni Mavi se preocupó de hacerlo, contar cuantos golpes había necesitado pero eso era lo de menos. Me derrumbé sobre el cómodo sillón de la cafetería del club y después de recuperar el aliento me bebí dos cervezas light seguidas.

DIAS DE SOL Y PLAYA

Casi todos los días pasábamos un par de horas en la playa, bajábamos hacia los 4 de la tarde hasta las seis.

Aunque Mavi tenía en su garaje un reluciente y flamante Mercedes Benz a ella le gustaba epatar, así que utilizaba su buggy, conducía con mucha precaución, no quería tener problemas con la policía, bajábamos por la Indian Rock Rd hasta la W Way Rd. Para cruzar el BelleAir Bridge y el causeway blvd y a lo largo del Gulf Blvd encontrar un sitio para aparcar y caminar hasta la playa.

Aunque estaba acostumbrado no dejaban de sorprenderme las aves marinas (pelícanos blancos y pardos, golondrinas marinas, gaviotas, zancudas, rayadores y garzas) que pululan por la orilla, sin preocuparse en absoluto por la presencia humana, ellas a lo suyo, a cebarse de los pececillos y moluscos que abundan en la zona.

Y no dejaban de sorprender los picados de los pelícanos lanzándose desde el aire para zambullirse y pescar al pez que se descuidara.

En la playa, paseábamos por la orilla, yo calzaba mis zapatillas de caminar por la arena para no dañar mis diabéticos pies, caminábamos con el agua a la altura de la rodilla cogidos de la mano, porque yo me trastabillaba y temía dar con mis huesos en el mar.

Llevábamos unas sillitas colgadas de nuestras espaldas a modo de mochila y cuando nos cansábamos las desplegábamos y nos sentábamos en el mar con el agua casi cubriéndonos, los bañistas nos miraban y sus expresiones decían: ¿«que hacen estos dos chiflados vejetes ahí»?. Pero a nosotros no nos importaba que nos tomaran por «majaretas», estábamos a nuestro aire.

Llevaba algún tiempo tratando de preguntarle algo que me intrigaba, pero que por timidez y cierto pudor, no me decidía a ello.

¿Mavi, te puedo hacer una pregunta que si consideras que no es pertinente, te pido disculpas y puedes negarte a contestar?

-No hay preguntas indiscretas sino respuestas no adecuadas- contestó jovialmente, se notaba que tenía muchas tablas, mucho mundo.

-Ese nombre de María Victoria no suena muy anglosajón-

-Es que yo no soy anglosajona, soy latinoamericana-

-¿Quieres decir que eres americana de padres latinos?-

-No, tengo dos nacionalidades la norteamericana y la costarricense, aunque nací en Nicaragua-.

-¿Cómo es que tienes la nacionalidad costarricense siendo nicaragüense?

-Tengo residencia allí, aquí solo vengo a pasar alguna temporada y atender algunos negocios-.

-Siempre he tenido un extraño interés por esa nación, el hecho de que no tenga ejército y de que nunca haya sufrido un golpe de estado, sobre todo teniendo en cuenta el explosivo entorno, siempre con revoluciones, golpes de estado y dictaduras de uno y otro signo, es digno de admiración, me he quedado con las ganas de visitarlo e incluso pensé en alguna ocasión que sería un buen lugar para retirarme.-

-¿Nunca has estado allí? Tendrías que hacerlo, es un país maravilloso no solo por su gente, su paz y su calma, sino también por los paisajes tan lindos que tiene, sus playas de arena blanca y mares azules, sus valles y ríos, todo es maravilloso. Deberías ir-

-Pues te prometo que si se presenta la ocasión lo hare y te visitaré-

-Pues, querido amigo, se te ha aparecido la virgen, la semana que viene tengo que ir por un asunto familiar, ¡te invito!-

-Hombre así de repente, tengo que pensarlo, consultar con mi hijo, mirar los vuelos, visados etc. Tú siempre tan directa y resolutiva, no serás yanqui pero lo pareces, ¡en el buen sentido, me refiero!-

-Visado no necesitas siendo español y billete tampoco, yo suelo contratar un vuelo privado, no me gustan las líneas aéreas ni los tiempos de espera para embarcar y recoger las maletas. Y con tu hijo ya hablo yo y verás como lo convenzo. Ya concretaremos día y hora, y ahora vamos que tengo que hacer unas llamadas-

Tres días después me encontraba a bordo de un Hawker Beechcraft Beechjet 440 A de nueve asientos y una autonomía de vuelo de 2 800 kilómetros rumbo a San José en Costa Rica.

1 TERRA CEIA AQUATIC

Es un parque estatal de manglares y humedales en los que se puede practicar paseos en bote, pescar y contemplar las aves que lo pueblan.

Está formado por la reserva acuática Terra Ceia con una extensión de 100 millones de m² y el parque Terra Ceia Preserve con una superficie de 7 689 000 m²

2 SUNSHINE SKYWAY BRIDGE

Son en realidad dos puentes de vías largas con una parte central de atirantado alto que cruza la bahía de Tampa desde San Petersburgo en el condado de Pinellas hasta el condado de Manatee, a la altura de Terra Ceia.

El puente se ha convertido en algo así, junto con el pelicano y el caimán, en la seña de identidad de Florida. Es la puerta de entrada a la bahía de Tampa y consta de cuatro carriles que conectan a la zona con la Interestatal 275 y la Ruta 19.

3 PELICAN GOLF CLUB

Tiene dos campos uno de 18 hoyos y otro de nueve, rodeados de una exuberante vegetación, en un terreno ligeramente ondulado y de arena de cuarzo triturado. Con un diseño casi perfecto.

Su césped, de la variedad Bermuda Latitude 36[4], garantiza que el terreno de sus calles luzcan esplendorosos toda la rueda del año.

Sus 7 lagos forman una dicotomía de verde y azul que transmiten paz, serenidad y sensación de frescor.

Es uno de los clubs de golf más exclusivos de Florida.

Cada año sus instalaciones acogen a uno de los acontecimiento golfistas más importantes, el tornero de la LPGA Annika[5]

4 CÉSPED BERMUDA LATITUDE 36

La Oklahoma State University desarrolló este césped que está considerado por la NTEP (National Turfgrass Evaluation Program) de Estados Unidos y Canadá como una de las hierbas más importantes.

Este organismo se ocupa de la difusión de las respuestas de adaptación de las principales variedades de césped en Estados Unidos.

Es resistente a la bajas temperaturas, a las manchas en las hojas y a la caída primaveral de estas. Tolera muy bien el paso de las personas y es muy vistosa y elástica y la textura de la hoja es finísima, es ideal para zonas cálidas y húmedas.

Se adapta a los suelos arenosos y arcillosos, es muy resistente al pisoteo, al calor, a la falta de agua y a la salinidad.

Es ideal para terrenos deportivos, jardinería y paisajismo.

5 LA LPGA ANNIKA

LPGA (Ladies Professional Golf Association) Annika es un torneo en honor de Annika Sörenstam ex jugadora de golf, sueca de nacimiento y norteamericana de adopción.

Una de las mejores jugadoras de golf de la historia de este deporte, de los 93 torneos que ganó, 72 de ellos lo fueron en el circuito de la LPGA estadounidense.

Entre ellos los más destacados fueron: el abierto de Estados Unidos (3 veces) el campeonato de la LPGA (3 veces), el Kraft Nabisco (otras tres), el abierto de Escandinavia (6 veces) y el Mizuno Clase (en cinco ocasiones)

En el año 2003 ganó un slam, es decir los cuatro más importantes torneos de golf

A pesar de que se retiró continua siendo la golfista número uno en ganancias con unos ingresos de más de 22 millones de dólares.

Ostenta el récord de haber sido galardonada en ocho ocasiones con el Player of the Year y seis Vare Trophics que otorgan las jugadoras de la LPGA.

En enero de 2021 el presidente Donald Trump le hizo entrega de la Medalla Presidencial de la Libertad.

II LA NIÑA «PIJA»

Fue un viaje muy cómodo y plácido en los mullidos asientos del avión, el ruido de los motores sonaba muy amortiguado y el servicio a bordo era excelente, con una tripulación muy servicial y agradable.

Al llegar al aeropuerto Internacional de San José nos esperaba a pie de pista un vehículo oficial del aeropuerto que nos trasladó a la sala VIP.

Allí todo eran amabilidades para Doña María Victoria, el personal de servicio preguntaba:¿Doña María Victoria está todo bien, desea algo?. Estamos encantados de volverla a ver. Mil y una lisonjas, que elegante, guapa, que bien la veo, etc.

Ella sonreía y daba las gracias al tiempo que les entregaba un pequeño sobre, sobres que repartía como si fueran estampitas de la Virgen y que el personal cogía con una gran sonrisa, inclinaban su cabeza y se lo agradecían. Aunque me imaginaba el contenido me quedé con la tentación de preguntarle. Yo observaba todo y callaba, a cada momento estaba más sorprendido e intrigado sobre quien era Doña María Victoria.

Una solícita azafata se acercó a preguntarnos si necesitábamos algo del surtido buffet que había en un rincón de la sala.

Un joven con un impoluto uniforme blanco, se acercó y se presentó, buenas tardes, Doña María Victoria, soy su piloto, José Fernández, para servirle, en una media hora su vuelo estará preparado para partir cuando usted desee. Desde mi más tierna infancia no había vuelto a escuchar ese protocolario saludo pero que resultaba tan agradable y respetuoso. En esta América que estaba descubriendo, se hablaba español mejor que en la propia España, la educación todavía no se había perdido, ahora los jóvenes tutean a los mayores como si fueran parientes o los conocieran de toda la vida.

Cuando me sale la vena borde que tengo, y que procuro no mostrar casi nunca, cuando una jovencita me tutea, a veces, solo a veces, según esté la luna, le digo con una aparente sonrisa: «Oye, guapita de cara, cuando nos hemos acostado juntos, para que me tutees» y las tías ni se inmutan, no alteran su seco semblante».

La observaba y me admiraba con la naturalidad que se comportaba ante tanto halago y servidumbre, se notaba que estaba acostumbrada a ello, era extrovertida pero guardaba las distancias, amable con la gente y demostraba buenos sentimientos. Tenía el control de la situación y aunque no lo exhibía este irradiaba solo. La clase se tiene no se aprende. El respeto se gana no se otorga.

-¿Mavi, adónde vamos?, estoy in albis, me dijiste que tu casita de campo estaba cerca de San José y ahora este joven tan educado habla de otro vuelo-.

-Y lo está, solo a unos 80 km. pero la carretera es muy estrecha y peligrosa y prefiero hacerlo volando, no te preocupes, no será más de media hora-.

-No, si estando contigo no me puedo preocupar ya veo que tienes controlada la situación, era solo curiosidad, contigo voy de sorpresa en sorpresa-

-Me miró con aire divertido y una sonrisa enigmática y me espetó: ¡Aun te vas a sorprender más!-.

Empezaba a pensar si no me había encontrado con una vieja «majareta», pero como soy aventurero me lo tomé con filosofía, me dediqué a contemplar el paisaje, solo distinguía una tupida vegetación, me recordaba mi primer vuelo a Nigeria y tuve el mismo pensamiento, ¡cómo nos caigamos ahí no nos encuentra ni Dios!, pero entre el verdor que lo acaparaba todo se veían algunos núcleos residenciales, no todo era, como yo me imaginaba, selva.

-Mavi, me miraba entre curiosa y divertida-

-¿Te gusta el paisaje?-.

-Parece una selva muy extensa- no se me ocurrió otra estupidez. Ella soltó una estruendosa carcajada. ¿Selva, dices? ¡Son cafetales!

-Mi nueva sorpresa fue cuando iniciamos la operación de aproximación, veía la tierra aproximarse a velocidad vertiginosa y no veía más que una mancha oscura, pensé que nos estrellábamos en esa estrecha franja de tierra, cuando sentí las ruedas golpear el terreno y deslizarse suavemente me tranquilicé, la pista era una franja de tierra compactada.

-¡Hemos llegado, ya estamos en casa!- dijo una jovial Mavi, dando saltitos de alegría.

En la especie de terminal nos esperaba un chófer que nos condujo a un cercano caserón, profusamente iluminado y con la servidumbre, perfectamente ataviados con sus blancos uniformes.

La modesta casita de la que me había hablado Mavi resultó ser una enorme mansión. Un auténtico casoplón.

La «casita» me trajo reminiscencias de los cortijos andaluces con un amplio porche abierto en todo el frontal de la construcción, en el interior un enorme salón en dos espacios, con cómodos sillones y sofás, un techo de madera, de vigas labradas, en un extremo del amplio salón una gran mesa comedor y al lado la enorme cocina. Y anexionada a la caseta un torreón, con grandes cristaleras.

Un señor muy bien vestido con un traje de lino color café con leche, le dio un beso de bienvenida y le dijo. ¿Cómo estás mamá?

El hombre de unos cincuenta años, llevaba botas de montar, como si acabara de llegar del campo, era de complexión fuerte, piel curtida por el aire y el sol y exhibía una amplia sonrisa. Alto y fuerte, pelo negro que empezaba a blanquear por la sienes y un mentón cuadrado que denotaba personalidad y fortaleza mental.

Este es mi amigo español Francisco Javier, le puedes llamas Franja y dirigiéndose a mí me dijo: -Este joven es mi hijo Víctor-.

Nos estrechamos las manos, en su forma de hacerlo pude constatar que tenía carácter, que era una persona decidida, constante y trabajadora. En mi lejana juventud había hecho algunos cursillos sobre estudios de personalidad, el método Rorschach[1] y sus tipos de personalidad y otro de cómo la forma de estrechar la mano define el carácter de una persona. Víctor lo hacía de forma vigorosa pero no intimidatoria, fuerte pero no agresivo. En seguida lo catalogué como tipo 1 según el método del psicólogo alemán.

Después de las presentaciones de rigor, un ligero refrigerio y una chachara intranscendente no dispusimos a descansar un rato. Había sido un día muy largo

Ordenó a una sirviente que recogiera mi equipaje y me condujera a mi habitación. Mavi me dijo: la cena es a las ocho, ponte algo cómodo sin formalismos, estamos entre amigos, a partir de las siete y media tomaremos un jerez.

La habitación situada al final del pasillo, tenía el número 3, a derecha e izquierda había otras dos habitaciones en cada lado, era amplia con un cuarto de baño incorporado y una amplia terraza con vistas a una extensa porción de terreno con las montañas al fondo.

Tengo el karma de que para llegar puntual a algún sitio lo mejor es llegar «antes», así que a las siete y cuarto ya estaba en el salón, lo que me permitió curiosear algo sin ser indiscreto.

En una de la paredes colgaba un gran mural con la distribución de las áreas de la hacienda, una zona pintada de verde oscuro, otra de color marrón y la tercera de verde claro, en la leyenda situada a la izquierda del mural se podía leer Cafetal en verde y unos datos, en otra leyenda, marcada en marrón, decía Agricultura y Ganadería y en la tercera Cultivos.

La cena fue distendida y ligera a base de vegetales, ensalada de lechuga y tomate y un buen solomillo, regado con vino francés.

Me costó conciliar el sueño, por la cena y por la excitación que me producía esta nueva experiencia.

Podía escuchar los silencios de la noche, que no son tales porque la naturaleza tiene sus pautas y comportamientos nocturnos, eran ruidos que no sabía distinguir pero que sabía que transmitían mensajes de vida y muerte. Me propuse preguntar a Mavi que animales nocturnos había en la zona, empezaba a despertarse en mí una curiosidad que siempre había tenido pero que ahora con el paso del tiempo había ido extinguiéndose lentamente[2]

A la mañana siguiente durante el desayuno Mavi me dijo.- Franja, yo voy a estar toda la mañana atareada mirando papeles y poniéndome al día de la situación con mi hijo, Juan el capataz te llevará, si te apetece a dar un paseo por la finca. Recuerda que la cena es a las ocho.

¡Adelita!, llamó a la sirvienta, prepárale al señor la ropa apropiada para salir al monte, ya sabes, pantalón corto de lino, camisa de algodón, sin cuello y marga larga, sahariana ligera, zapatos camper y calcetines de algodón blanco. Y no te olvides de un sombrero, crema de protección solar y gafas de sol. Y dile a Manuel que prepare algo para comer y mucha agua. Llama a Juan el capataz.

Buenos días, señores, saludó muy cortés y respetuoso el Capataz.

Juan era de mediana estatura, cuerpo enjuto pero musculoso, cara con los pómulos muy marcados, piel cetrina y quemada por el sol, andar lento y ojos inquietos, parecían escudriñar todos los rincones de la estancia en busca de peligros potenciales, su mirada era como la de un águila rastreando su territorio de caza, pero esta mirada era más de alerta que de ataque, sabía de los peligros de la zona en que se movía.

Mavi le dijo, -hola, Juanito, ¿cómo estas hoy?, vas a llevar a nuestro invitado a hacer un recorrido por la plantación y luego le explicas todo el proceso, desde la recogida del fruto hasta su empaquetadura. Luego te pasas por la zona de estabulación y ordeño.

-Voy a preparar los caballos- dijo Juan

-¿Qué dices de caballos, no ves que nuestro invitado es de asfalto? Prepara el vehículo ese que a veces usamos, ese de techo descubierto que nunca recuerdo como se llama ni de que marca es.

Yo era como un invitado de piedra, no tenía ni voz ni voto, ellos eran los expertos y ella la que ordenaba y los demás obedecían sin rechistar.

Mavi se vio en la necesidad de informarme, -no te preocupes, el vehículo es muy cómodo, de techo abierto para que puedas contemplar cómodamente el panorama y está muy bien equipado para emergencias, tiene una toma elevada de aire, techo desplegable, botiquín de primeros auxilios, conexión por radio con la casa y con el servicio de socorro, una surtida caja de herramientas y dos ruedas de repuesto.

Adelita os pondrá algo de comer y unos bidones extras de agua, Juanito, preocúpate de llevar un bidón extra de gasoil y cerciórate, antes de salir, de que la radio funciona y que llevas las bengalas de señales. ¡Y no te olvides del rifle!.

Tantas medidas de seguridad me preocuparon pero me tragué el «jindoi» que empezaba a sentir. ¡Yo tan «macho» español no iba a mostrar que tenía más miedo que vergüenza!.

Por último Mavi instruyó a Juan del programa. Juan iros primero a los cafetales más al sur para que nuestro invitado vea los arbustos con los brotes y fuego bajas hacia el valle donde ya podrá apreciar los frutos, a ver si hay algunos cafetos en floración y otros con frutos, aunque todavía verdes y finalizáis en las naves de procesado del café, luego os pasáis por la zona donde tenemos las vacas y las salas de ordeños automático.

Juan era un hombre de pocas palabras, lacónico en sus respuestas, no quería distracciones, sus ojos estaban en permanente alerta.

-Juan, ¿Por qué necesitas el rifle, acaso hay bandidos en la zona?-.

-No señor, es por si aparece uno de los grandes gatos que merodean por aquí-.

-¿Grandes gatos, que quieres decir?-.

-Pumas y Jaguares- contestó como si hablara de gatos caseros.

Sentí un escalofrío recorrerme la espina dorsal, pensé :¿En que «carajal» me he metido?, con esta panda de chiflados, hay pumas y jaguares por la zona y vamos en un coche abierto.

-¿Y suelen atacar?-

-Solo al ganado, por eso tenemos tres vaqueros de guardia permanente armados con rifles, para repeler el ataque, les disparamos y huyen-

-¿Nos los matáis?-.

-Está prohibido, son animales protegidos, especies en peligro de extinción, lo que hacemos es dispararles cerca con balas de fogueo que hacen mucho ruido, así los animales, que son muy inteligentes, aprenden que esta zona es peligrosa y ya no vuelven, aunque los jóvenes que andan buscando su propio territorio y no han sufrido esa experiencia si pueden aparecer, entonces hay que educarles-. Juan hablaba con gran respeto de los animales. A su manera los quería, eran parte de su vida-.

Traté de aparentar tranquilidad, aunque si digo la verdad estaba «acollonado». ¿Cuánto tiempo llevas por estos lares? Pregunté por hablar de algo.

-Toda la vida, nací aquí, en la hacienda y no conozco otra vida-.

-Debe ser muy duro vivir aquí, en medio de la nada

-Sí, por eso, salvo la señora, que ella es de otra especie, los que no son nativos no aguantan mucho, enseguida se largan, huyen como gatos escaldados, se van con el rabo entre las piernas como perros apaleados-.

-¿Por qué dices que la señora es de otra especie?-.

-Porque tiene «redaños», no se arredra, hace lo que cualquier hombre y lo hace mejor, no le teme al esfuerzo y aguanta estoicamente las dificultades y cuando hay que «echar la pata al frente» ella es la primera que lo hace, ustedes los españoles creo que decís «poner pie en pared» o algo parecido-

Hicimos el resto del recorrido en silencio, me mostró las plantaciones de café, me explicó por qué los cafés Mavi Tarrazú eran especiales.

Él pensaba, y así se lo había ido decir a sus antepasados que las corrientes de aire del cercano Parque Nacional de Tapantí[3] al chocar con las provenientes del mar, que está a solo 25 kilómetros, producen un microclima único y ello le infiere la dulzura y acidez de la mandarina y la naranja al cafeto, y por ello el café Mavi Tarrazú es especial.

El café que se cultiva aquí es de tipo Arábiga[4], me explicó Juan.

Me llamó especialmente la atención la perfecta alineación de los cafetos y el verde intenso de sus hojas, parecían haber sido plantados con un compás, Juan solo sabía que la técnica se llamaba plantación en triangulo o al tresbolillo y que se hacía con unas máquinas de roturar y sembrar automáticas, pero que el señorito Víctor o el ingeniero agrónomo me podría explicar cómo se hacía.

Como nos había dicho Mavi, en los cafetos de las zonas montañosas se notaban los brotes, mientras que en las zona intermedias se podrían apreciar las flores, que se asemejaban a las de jazmín, estas, me instruyó Juan, solo duran tres o cuatro días y luego se convierten en cerezas como podrá apreciar en los cafetos del valle.

Juan ¿Cuánto tarda un cafeto en dar fruto? - Depende del clima pero no menos de tres años aunque algunos lo hacen a los cinco - y ¿cuántos años duran?, es decir cuando dejan de ser productivos, porque, imagino, que como todo en la vida, tendrán un final.-Pueden durar entre 15 y 20 años, aunque la productividad decae a medida que pasa el tiempo. ¿Cuántos kilos puede dar cada planta? Unos tres kilos en su mejor momento, aunque la normal es 1,5 kilos y en los tres o cuatro años últimos solo dan 900 gramos.

-¿Cuántas hectáreas tenéis dedicadas al café?-

-Unas quinientas-

-¿Y cuantos arbustos puede haber en una hectárea?-

-Varía mucho, pero en las nuestras hay una media de 7.500 árboles (a veces solo 5 000) pero pueden plantarse hasta 10 000.-

-¿Y cuánto café verde produce una hectárea?-

-Es muy variable porque depende de muchas condiciones pero entre 2 000 y 3 000 kilos.-

No pude menos que pensar: ¡joder con la «finquita» de mi amiga!, así me lo había dicho ella, que tenía una finquita en Costa Rica.

Soy un adicto a los números, siempre estoy contando cosas, las lamparás que hay en la sala de espera de un aeropuerto, los azulejos de una sala de hospital, los asientos de un tren, todo para mí son números.

Hice un rápido calculo mental, suponiendo que sean solo 5 000 árboles/Ha y la producción sea de 2 000 kilos/Ha, mi amiga tendría unos 2 500 000 árboles y algo así como un millón de kilos de café verde, pero si era un poco más optimista y los árboles por hectárea fueran algo así como 7 500 y la producción se aproximase a los 3.000 kilos las cifran resultarían mareantes la «pobrecita» Mavi poseería 3 750 000 cafetos y una producción de 1 500 000 kilos de cafetito.

Al precio de mercado, un dólar y 20 centavos por kilo, mi amiga tendría un ingreso anuales de 1 800 000 dólares, solo en café, sabe Dios lo que ingresará por la ganadería. ¡Joder con la pobrecita y la finquita!.

Me sacó de mis cálculos Juan que me decía.

-Pero todo lo que desee saber se lo explicara mejor el señor López el ingeniero agrónomo, si le parece iremos hacia allí y almorzaremos-.

López era un joven de treinta y pocos años, hijo de uno de los peones de la hacienda y que le habían costeado sus estudios los propietarios, desde niño había demostrado ser un chico espabilado y sobre todo amante de su entorno, de los cafetos y de los cultivos de maíz, soja y alfalfa que algún día tendría que administrar, un joven educado, eficaz y con dotes de mando, pronto se había ganado el respeto de sus subordinados, algunos de los cuales le habían visto crecer.

Me atendió muy solicitó, me llevó a su oficina donde tenía clavado en un tablero un gran esquema con todo el proceso.

Nunca me había preocupado, al tomar una taza de café, el largo y complejo proceso, desde la recolecta se inicia un periplo que incluye la separación de piedras. ramitas y hojas de la cereza, su despulpado, su lavado y secado, el descascarillado, la separación de granos por tamaños, el pulido y ensacado, y en el caso de café en polvo su molienda y envasado.

-Debe ser un proceso muy laborioso y costoso-, pude balbucear, me había quedado sin palabras.

-En los viejos tiempos todo se hacía manualmente y era un trabajo duro y laborioso, ahora todo está mecanizado. Con todo lo más duro era la preparación de la tierra y la siembra tareas que en estos tiempos también se hace se hace automáticamente-.

-Si algo me ha contado Juan, el capataz-

-Vamos a la nave y le mostraré la maquinaria-. La nave amplia, con enormes ventanales, y equipadas con grandes bancos de trabajo y un surtido equipo de herramientas y utensilios estaba muy bien organizada, en el suelo estaban pintadas unas rayas amarillas delimitando el espacio destinado a cada máquina, del techo colgaban unos cartelones con el número de equipo y su denominación. Todo organizado siguiendo el proceso de recogida y manipulación del producto.

El joven al ver mi cara de sorpresa y mi interés por conocer que hacía y cómo funcionaba cada máquina, me recomendó que consultora en la biblioteca de la casa una especie de «guía burros», así lo llamó, que habían elaborado para instruir a los nuevos empleados y para los escasos visitantes que aparecían por esos lares, la familia era muy meticulosa en la elección de sus amistades.

Y que le pidiera a la Señora que me mostrara el video promocional que servía para explicar a las visitas todo el proceso, desde la siembra hasta que el café llegaba a la mesa.

-Usted debe ser uno de los pocos afortunados al que le brindan su amistad, la señora no tiene muchos amigos y no porque no sea sociable sino porque es muy exigente, muy exclusiva en la elección de sus amistades-.

No tengo pudor en admitir que este comentario satisfizo mi ego.

Fue una experiencia muy interesante, ahora nos dispusimos a echar una ojeada a la zona de cultivo del maíz, el sorgo y la alfalfa y otras gramíneas que sembraban para su autoconsumo y no tener que depender de proveedores externos.

A mí me interesaba más la ganadería, desde muy pequeño, cuando vivía en el pueblo de mi abuelo tengo una querencia por las vacas, cuando estoy de humor con mis amigos suelo bromear y decir que en mi vida anterior debí ser toro porque veo una vaca y los ojos se me vuelven «chiribitas».

-¿Juan cuantas vacas tenéis?-

-Yo no lo sé con certeza, pero deben ser unas cinco mil, el señor Fernández se lo dirá con exactitud, tiene uno de esos cacharros donde tiene todos los datos-. ¿Qué cacharros? -Esos que parecen televisores pequeños y una teclas con letras y números-.

Efectivamente lo primero que vi al entrar al despacho fue una enorme pantalla externa conectada a un ordenador portátil y un joven con gafas de miope y abundante y despeinada cabellera enfrascado en mirar lo que aparecía en su pantalla y lo hacía con tal interés y dedicación que no se enteró de los golpecitos que Juan dio en la puerta solicitando permiso para entrar, ni se percató de nuestra presencia hasta que me decidí a carraspear para llamar su atención. Era la imagen del típico «cerebrito» despistado para el mundo exterior pero volcado en su juguete preferido, una computadora. Me dio por pensar que era como el informático que tenía yo en Pakistán y al que, cariñosamente, llamaba Mr. Chips.

Otro ejemplo de joven lugareño que la perspicacia de Mavi había sabido captar y promocionar. Ahora tenía fieles y devotos servidores que en caso necesario no dudarían en dar su vida por ella.

Nos miró sorprendido, nadie le había dicho nada de nuestra visita y si se lo hubieran advertido se habría olvidado, él solo se acordaba del nombre de sus sementales y de cuanta leche daba cada vaca y cuantos kilos de pienso necesitaba y cuál era su ganancia de peso. El resto no era de su incumbencia.

Pero demostró ser un chico cordial, educado y respetuoso.

Empezó contándome que el ganado que tenían era en su mayoría Brangus[5], llamada así porque era la combinación genética de bovino de raza cebúina Brahman y la Aberdeen Angus, que había resultado ser la ideal para este tipo de clima. La proporción 3/8 Brahman y 5/8 Angus había dado como resultado un animal no muy grande pero fuerte que aunaba la rusticidad de los Brahmans con las cualidades cárnicas del Angus que además aportaba su profundo instinto maternal, su fertilidad y su capacidad lechera.

El Brangus es un animal resistente a las enfermedades, su producción de leche no es muy alta por lo que su cría está enfocada al mercado cárnico.

Los machos pesan al nacer entre 30 y 35 kilos, al destete ya pesan entre 180 y 240 kilos y de adulto pueden llegar hasta pesar 900 kilos.

Muy educadamente me preguntó si me gustaría que nos acercáramos a las zonas donde estaba el ganado.

Eran cinco naves diáfanas sin paredes solo una techumbre de planchas metálicas corrugadas cubiertas de placas solares y grandes ventiladores adosados a las gruesas vigas.

Delante de cada nave había un extensa porción de terreno donde los animales se esparcían, trotaban y caminaban, las naves tenían unos pasillos por donde un gigantesco robot repartía el pienso, las camas de las vacas estaban cubiertas de arena, y en unos espacios había bebederos, y al fondo unas especies de túneles donde las vacas se introducían a voluntad, automáticamente se cerraban unas puertas, un comedero se llenaba de pienso y unas máquinas se metían entre las patas del animal a la altura de las ubres y unos chupones empezaba a ordeñarlas.

El joven captó mi mirada hacia el robot que alimentaba a las vacas y luego al extraño túnel.

Girando su cabeza hacia el robot dijo: - es pienso llamado hidropónico[6], estamos experimentando con una cabina de producción, luego le explicaré en que consiste, ahora nos acercaremos a las instalaciones de ordeño para que vea de cerca cómo funcionan los robots automáticos-.

-También disponemos de robots que se desplazan a los campos de cultivo y proceden a cortar, almacenar y distribuir la comida. Y otros para mezclar y distribuir los piensos compuestos-.

-Todo está computarizado, las veces que una vaca entra en el receptáculo, la cantidad y calidad de su leche, el chip que tiene colocado en su oreja nos indica el tiempo de descanso cuantos kilómetros ha caminado, si está en celo, su temperatura corporal, todo está totalmente controlada-.

-Cuando les falta unas semanas para parir el sistema informático nos informa y la apartamos a la zona de partos y posparto donde las mantenemos en cuidados intensivos hasta que procedemos al destete-.

-Solo usamos inseminación artificial, utilizamos a nuestros propios sementales y según observamos usamos a los machos Brahman o Angus, si la proporción es adecuada el semen provendrá de un Brangus-.

Los sementales eran realmente impresionantes, cada uno en su cubículo indicando su nombre y raza.

-Una buena y equilibrada alimentación es fundamental, junto con unas instalaciones saneadas y la libertad de movimiento es la base para tener animales sanos y productivos-

-Los animales necesitan proteínas, carbohidratos, minerales y vitaminas-.

-Todo mezclado en dosis adecuadas, por ello tenemos un nutricionista animal y un digamos menú para las diferentes etapas-.

-¿Que significa eso de diferentes etapas, no tienen todas las vacas el mismo alimento?-

-No, depende del periodo en que se encuentre el animal, este puede estar en el seco, el preparto y la lactancia-.

-¿Me puedes explicar esto?-

-Le voy a resumir un poco todo porque es más complejo de lo que parece, como veo que tiene interés en el tema, le sugiero que después le eche una ojeada a nuestro informe sobre alimentación de vacas lechera y cárnicas en nuestra biblioteca.

PERIODO SECO

El secado de la vaca lo podemos definir como el final de la lactación y la aplicación de un tratamiento preventivo para mastitis con el fin de garantizar la salud de la glándula mamaria, lo cual da inicio al periodo seco.

La vaca lechera debe ser secada al cumplir los 7 meses de gestación, con una duración del periodo seco de aproximadamente 60 días.

PREPARTO

Las tres semanas preparto son importantísimas como periodo de adaptación de cara a la nueva fase de lactación.

En este periodo la alimentación del animal debe ser adaptada a la nueva situación para asegurar que el periodo de lactancia sea el más optimo.

LACTANCIA

El periodo de lactancia dura aproximadamente 305 días y se desarrolla en tres etapas, cada una de ellas de aproximadamente 100 días, se inicia con la producción de calostro.

Para que el periodo de lactancia sea satisfactorio es necesario que el animal tenga una dieta apropiada, que debe contener dos componentes básicos: energía y proteínas.

La energía es el combustible que los animales consumen en sus necesidades de mantenimiento (respirar, bombear sangre, digerir los alimentos, moverse, mantener la temperatura corporal). Y la producción. La carencia de energía se traduce en una reducción en la producción de leche, pérdida de peso y reducción de las épocas de celo.

De toda la energía consumida luego de cubrir el mantenimiento, la segunda prioridad es el crecimiento del animal, la tercera prioridad es la gestación y el último orden de prioridad y el más importante para nosotros es la producción de leche.

La proteína es vital para el crecimiento del animal y su reproducción.

El periodo de lactancia de un bovino se puede separar en tres etapas.

PRIMERA

La vaca comienza a aumentar su producción lechera o de carne , alcanzando su nivel más alto a los 60 días del parto. Es la época donde el animal necesita la máxima atención, el parto y la alimentación del recién nacido absorbe gran parte de su energía. Y aun así la vaca perderá peso.

SEGUNDA

El animal recupera su normalidad en peso y producción lechera. Al aproximarse a la tercera etapa su producción empieza a disminuir. Digamos que esta segunda etapa es las más productiva del animal, ya que este ha recuperado todo su potencial.

TERCERA

La vaca dedica la mayor parte de su energía a, llamémoslo así, reservas, ganar peso y prepararse para el periodo seco.

Nosotros aquí en la hacienda MAVAC hemos estudiado las dietas a suministrar según dos periodos: La alimentación Otoño-Invierno y la Primavera-Verano. Y lo tenemos todo automatizado.

¿Qué significa MAVAC?

Es el nombre de esta hacienda

Ahora me doy cuenta de que no me he preocupado de saber cómo se llama esta hacienda, ¿qué significa?

Pues en el pórtico de entrada hay un letrero enorme, que seguramente el señor no se percató, significa María Victoria Álvarez Cifuentes, cuando el Sr. Álvarez compró la primera parcela la bautizó así y de esta forma se ha llamado siempre.

-Para los novillos de engorde el plan alimentario es completamente diferente, si le parece hablaremos otro día de ello[7]-.

-Me parecerá muy interesante porque a la postre este tema es vuestra prioridad, la cría y engorde-.

-Como bien dices, eso es un resumen muy interesante y profundizaré en ello, ¿cómo se llama ese estudio que habéis hecho y que tenéis en la Biblioteca?.

Crianza de vacas lecheras y de engorde. Guía Práctica-

-Muchas gracias por tu amabilidad y compartir conmigo tu erudición-

-Para servirle-

Terminé de instruirme con la guía completa que tenían en la biblioteca.

ALIMENTACIÓN OTOÑO-INVIERNO

Escasea el pasto de las praderas y el nutriente del forraje asilado no cubre las necesidades de los animales, por ello hay que suplementarlo con maíz que se convierte en la dieta básica de este periodo. Como completo se permite a los animales el pastoreo de los escasos brotes verdes de las praderas invernales como complemento de fibra y proteína

Este periodo se caracteriza por la escasez de verde de las praderas y un elevado consumo de las reservas forrajeras.

ALIMENTACIÓN PRIMAVERA- VERANO

La dieta básica es la hierba de las praderas complementada con concentrados, poniendo especial atención en las lactancias tempranas.

Esto se resume en que en esta etapa no se hace uso de las reservas de forraje y este se obtiene con los verdes de las praderas que tienen un mayor aporte de fibra y azucares solubles.

Después de este periodo, la vaca entra en el denominado «periodo seco» donde la vaca no producirá leche.

Me sorprendió la meticulosidad y la disciplina que en materia de documentación tenían, todas las experiencias y experimentos eran documentadas y archivadas. No dejaban nada a la memoria o la sapiencia de unos pocos, todo estaba a disposición de aquel que tuviese interés en saber y conocer los entresijos de una hacienda cafetera y ganadera.

Durante la hora del aperitivo Mavi y Víctor me estuvieron preguntando sobre mis impresiones, que me había parecido la experiencia. Víctor muy educadamente me dijo, le tengo reservada una sorpresa, como sé que le gustan los vinos de su tierra he conseguido agenciarme unas botellas de vino tinto que se llama Xaldenil 2020 magnum y es de la sierra de Cádiz, espero que le guste, hizo una seña al criado que acudió raudo con una botella y un sacacorchos. Víctor todo ceremonioso procedió a extraer el apretado corcho y comenzó a verter el licor en las copas. De forma muy solemne dijeron: ¡Por nuestra madre patria España!, entrechocamos nuestras copas y después de olisquearlo y al estilo ruso ingerimos el delicioso licor de un solo trago.

Como todas las noches Víctor se despidió pronto para ir a descansar, solía levantarse a la cinco de la mañana.

Mavi y yo nos sentamos en el porche con sendas copas de coñac Cardenal Mendoza a escuchar el silencio, casi no hablábamos, solo disfrutábamos del momento.

Un día en que la noche era muy calurosa Mavi había cambiado de bebida se había hecho preparar un punch run muy frio.

La notaba como triste, ausente, deprimida.

-¿Te pasa algo, tienes problemas?

En la lejanía, proveniente del alojamiento de los empleados, sonaba una melodía triste y dulzona y una voz prodigiosa comenzó a cantar: Cuando la tarde languidece, renacen las sombras / Y en la quietud los cafetales vuelven a sentir / Es la triste canción de amor de la vieja molienda / Que en el letargo de la noche parece sentir / Una pena de amor y una tristeza / Lleva el zampo Manuel en su amargura / Pasa incansable la noche moliendo café.

Mavi se estremeció y se arrebujó en su chal.

¿Estás bien?

-Esa canción me trae recuerdos de mi juventud y algunos no son muy agradables-, tocó una campanita y apareció rauda Adelita la atenta sirvienta, con solo mostrar el vacío vaso la chica entendió y enseguida reapareció con otro punch run.

No sé si fue la triste canción o fueron los eflujos de la bebida, que por cierto entra muy bien y se te sube a las cresta igual de bien, Mavi se sumió en una especie de limbo y como hablando para sí empezó a decir: -Yo era una niña bien, una «pija», como decís peyorativamente en España, caprichosa y consentida, tenía todo lo que quería, mi papá era un prominente integrante de la alta sociedad nicaragüense, se codeaba con todos los jerarcas del régimen-.

-Hijo de una familia bien situada pero no rica, había conseguido graduarse en Leyes en la Universidad de Harvard, título que le otorgó un predicamento especial en la burguesía del país. Todos solicitaban sus servicios, sin demasiado remilgos aceptó todos los casos fueran de la índole que fuesen, montó un despacho y se hizo millonario, nunca me preocupé ni me inquietaron sus artes, si eran buenas o malas. Años después supe que abundaban más las malas-.

-Cuando a los dieciocho años terminé la high school me regaló un precioso volvo blanco descapotable con el que me paseaba a toda velocidad por las calles y avenidas de Managua, con la radio a todo volumen y con los cantantes de la época desgranando las canciones de moda, la policía hacía la vista gorda, yo era la hija de papá, que era amigo del Gan Jefe, el dictador Somoza[6].

Vivía a las afueras de Managua en una mansión rodeada de amplias zonas verdes, en el jardín delantero había una piscina situada en un lateral, en el centro, rodeado por los caminos de rodadura de la entrada y salida de vehículos un estanque con peces de colores, los pavos reales deambulaban por los amplios jardines delantero y trasero a su libre albedrío.

Todo protegido de miradas indiscretas, el régimen somocista no distinguía entre amigos y enemigos a la hora de vigilar y controlar, por una valla perimetral de mampostería de dos metros de altura coronada con alambre de espino con concertina.

En el ático de la casa teníamos una piscina cubierta y un amplio salón para eventos y fiestas, la segunda planta era la de invitados y en la tercera el pent house, la residencia familiar. Y un ascensor con capacidad para dos personas.

-A la fiesta de mi puesta de largo, lo que se llama entrar en sociedad, asistió lo más granado de la sociedad nicaragüense a nuestra lujosa mansión en las afueras de la capital, asistieron unos 500 invitados, se habilitaron tres enormes carpas en el terreno adyacente y sin preaviso, el dictador era muy cauteloso en sus movimientos, allí se presentó el amo y señor del país, que su familia llevaba manejando por más de 40 años y al que consideraban su finca privada-.

-Yo seguí, ajena a todo, con mi vida de niña consentida, practica equitación, jugaba al tenis y al golf y me conocía todas las discotecas de la ciudad y sus alrededores. Tonteaba con todos los chicos de mi entorno de los que era su objeto de deseo, era un buen partido, hija única de un millonario, era como una perita en dulce-.

-Pero a veces me envolvía la tristeza, sin madre a la que consultar, me sentía sola, desconcertada y desnortada, me preguntaba ¿Qué quieres hacer con tu vida? ¿Casarte con uno de esos cazafortunas que tanto te adulan y convertirte en una ama de casa con una caterva de niños que se te harán insoportables y a los que cuidarán las nanys porque tu estarás cumpliendo tus obligaciones sociales?-.

-Pero pronto desechaba esos pensamientos, solo quería vivir, disfrutar de la vida. Seguía con mi vida, un poco disoluta e irresponsable. Esquiaba en los mejores sitios, las pistas de Aspen y Beaver Creek de Colorado en los Estados Unidos y las de Arosa Lenzerheide, St. Moritz y Davos Klosters en Suiza me eran muy familiares-.

-Mi padre decidió enviarme a estudiar Ciencias Económicas en Princeton, una de las top ten universidades americanas, pero al segundo años lo dejé-.

-Las relaciones con mi padre empezaron a deteriorarse, yo ya sabía de algunas de sus trapisondas y el empezaba a estar harto de mis caprichos y veleidades-.

-Intentaron casarme con el hijo de un renombrado cirujano plástico que había hecho una fortuna arreglando los poco agraciados rostros de las esposas e hijas de los jerarcas que medraban y hacían de alfombra al dictador-.

-Las noticias sobre las revueltas callejeras y las masivas protestas ciudadanas, aunque censuradas por el régimen eran del conocimiento del grupo de poder, muchos de ellos comenzaron a poner a salvo su dinero manchado de sangre, mi padre también lo hizo, pero a diferencia de algunos que confiaban su fortuna a los bancos suizos y americanos, él confió en Costa Rica, compró una pequeña propiedad, la parte más montañosa de lo que ahora es esta hacienda. Y también compró una sustanciosa cantidad de bonos del tesoro norteamericano. Valor seguro-.

-Cuando me enteré, monté en cólera, me parecía una traición al país-.

-En el fondo, y sin yo saberlo, tenía una personalidad bipolar, mi lado frívolo solo me decía diviértete, disfruta, la vida es corta y mi otro yo me decía se responsable, ayuda, se una persona decente. Pero a esta la apartaba rápidamente., siempre o casi, ganaba el lado oscuro-.

-Una tarde noche regresaba en mi descapotable después de haber coqueteado con unos de mis pretendientes en un club, estaba un mucho «achispada» después de haber ingerido varios bloody marys, iba como siempre a toda «pastilla», sin respetar los límites de velocidad, mis negros cabellos ondeando al viento y la radio a todo volumen, Elvis Presley y su Rock & Roll resonaban por toda la calle, sin respetar los semáforos, cuando un soldado con una metralleta me dio el alto, pensé no hacerle caso, pero cuando levantó el arma y me apuntó me «achanté», pensé que me iba a multar, me pidió la documentación y al ver quien era su tono cambió, muy cortésmente me dijo, señorita no continue por ahí hay unos revoltosos que están quemando cosas-.

-Estábamos buscando una ruta alternativa cuando una enfurecida muchedumbre irrumpió en la vía, gritando eslóganes contra la dictadura y entonando eso tan manido, y falso, como : ¡El pueblo unido, jamás será vencido!-.

-De una calle adyacente apareció un carro de combate seguido de un montón de soldados, el espadón que los dirigía sin esperar un segundo gritó: ¡Fuego a discreción!-.

-La carnicería fue espantosa, los indefensos manifestantes caían como las hojas de los árboles en otoño, como fichas de un dominó humano, los manifestantes se disolvieron, se evaporaron, desaparecieron, la calle quedó tan llena de cadáveres que no pude pasar, tuve que buscar una ruta alternativa, no sé cómo conseguí llegar a casa, me encerré en mi habitación y salió a relucir mi otro yo, lloré como nunca había llorado en mi vida y me prometí hacer algo para ayudar a esos desgraciados que solo pedían un poco de pan para alimentar a sus hijos-.

-Aquel trágico suceso me cambió la vida, no me hice mejor persona sino que me hizo cometer una de esas estupideces que condicionan tu vida para siempre-.

-Una decisión de la que no te puedes volver atrás-.

[1] TEST RORSCHACH

El psicólogo Hermann Rorschach desarrolló en 1921 un método para despertar o conocer los rasgos de la personalidad inconsciente. El método consiste en visualizar diez imágenes de manchas de tinta, la mirada a cada una de ellas expone la personalidad de la persona analizada. Las imágenes son abstractas y su interpretación es la que mostrará los diferentes rasgos de la identidad. El experto y creador de la prueba quería conocer e interpretar que suponía para cada sujeto este tipo de formas.

[2] ANIMALES NOCTURNOS

Comenté los ruidos nocturnos con Mavi.

Esto fueron sus comentarios: Pero seguramente lo que no observaste fue que a medianoche cesaron, estos bosques son como una sinfonía, un popurrí de sonidos que comienza en el ocaso del día pero que cesan a la media noche y que se reanuda al amanecer.

En la noche hay muchos animales que han estado escondidos durante el día y se activan por la noche, e igualmente lo hacen sus depredadores, son animales que se guían por los sonidos y no por la vista y son muy sigilosos.

Habrás oído muchos sonidos pero no otros que son inaudibles para los humanos pero que están ahí.

El bosque nocturno tiene animales polinizadores como murciélagos y mariposas y depredadores como coyotes, lechuzas, serpientes y mofetas y presas como los ratones.

Todos se distinguen por su desarrollado sentido del olfato y el oído, y otros por tener una visión nocturna muy desarrollada que les permite visionar a sus presas en la oscuridad.

Y algunos poseen la cualidad de la ecolocalización que les permite localizar y esquivar objetos o aproximarse a ellos. Esta cualidad ha sido el fundamento del radar, que emite una señal y al rebotar en el objeto permite su localización. Cualidad especialmente desarrolla en los murciélagos y en algunas aves nocturnas y aves migratorias. Estas últimas lo hacen para volar de noche y evadirse de los depredadores.

Los reyes de la noche son el puma y el zorro gris.

3 PARQUE NACIONAL TAPANTÍ

Sus 58 000 hectáreas lo convierte en uno de más grandes del país, está ubicado en el Área de Conservación la Amistad-Pacífico.

Posee cinco diferentes zonas de vida: bosque muy húmedo premontano, bosque pluvial premontano, bosque pluvial montano bajo, bosque montano y páramo pluvial subalpino.

Su perfil topográfico, con alturas variables que van desde los 700 metros hasta los 3 500 y su alto índice pluviométrico con una media anual de 6 500 mm y que incluso puede alcanzar los 8 000 mm permite que en el área proliferen diferentes especies de árboles y arbustos, abundan los higuerones, robles y encinas junto con helechos, bromelias y orquídeas.

En la fauna destaca el colorido Trogon Collaris que es un pájaro con una espectacular sinfonía de colores, pico amarillo; cara y garganta negruzcas, anillo ocular anaranjado; cabeza, pecho y dorso verdes con intensos reflejos dorados y cobrizos; timoneras centrales con tinte azulado; alas finamente barradas de negro y blanco, collar pectoral blanco separando el vientre y sub caudales bermellón, cola ventral con barrado variable negro y blanco.

Se han catalogado 45 especies de mamíferos,300 de aves y 32 de anfibios.

Entre las aves destacan los yigüirros, oropéndolas, pavas, quetzales, y gavilanes, entre los mamíferos se encuentran murciélagos, mapaches, monos, ardillas y la danta mesoamericana, entre los felinos se encuentran dantas, manigordos, leones breñeros y tigrillos., cabros de monte, conejos, mapaches, monos cara blanca y la guatuza.

Algunas de esta especies se encuentran en peligro de extinción.

4 EL CAFÉ

Después de leer y releer el «guía burros» sobre el cafeto y múltiples conversaciones con Víctor y José María el ingeniero agrónomo he creído entender el largo y laborioso proceso del cultivo de este producto

De las más de 120 especies de cafetos de los que se tiene constancia solo dos son aprovechables la Robusta que son explotadas en África y Asia y la especie Arábiga que por su capacidad de adaptación a las condiciones climáticas se reproduce en América Central y Brasil.

Así como otra plantas o tubérculos como el maíz y la patata, por ejemplo, se reproducen en cualquier lugar y en condiciones varias, el cafeto solo se reproduce en la línea del ecuador entre los dos trópicos. Son los territorios de América Central, parte de América del Sur, África, Asia y Oceanía.

Los cafetos de la clase robusta se pueden plantar en altitudes que no superen los 1 900 metros mientras que la clase arábiga puede progresar hasta en alturas de 3 000 metros, esto las lleva a que los cafetos robustos produzcan un café con más cafeína que el arábigo

El proceso es largo y laborioso, desde que se inicia el semillero hasta que el cafeto comienza a dar fruto transcurren unos siete años.

SEMILLERO

Es de suma importancia que las semillas seleccionadas provengan de cafetos sanos y que su edad no sea de más de cinco años y sean recogidas de la zona media de la planta.

Se las somete a una selección rigurosa y se desechan las defectuosas o con enfermedades.

Durante el tiempo de almacenamiento, entre su recogida y su instalación en el semillero, hay que mantenerlas en un lugar seco y fresco a una temperatura de unos 22ºC y una humedad del 70%

La semilla comienza a germinar después de un periodo de 50-70 días y las chapolas o brotes deben mantenerse en el semillero durante 75-80 días antes de pasar a la siguiente etapa, a la que se conoce como almácigo. Hay que realizar una selección muy exigente de las chapolas a trasplantar, esta debe tener una sola raíz recta, esto hará que el cafeto crezca fuerte, tenga mayor productividad y sea más longevo.

Las chapolas se llevan al almácigo donde se introducen en unos pequeños bolsos de plástico, con una mezcla de arena y nutrientes para que germinen, en la proporción 3/1, tres partes de arena y una de nutriente.

La plántula permanecerá en el almácigo o germinador unos seis meses hasta que se desarrolle bien.

El germinador se debe mantener a una temperatura de entre 23 y 30ºC y a una humedad de entre 70-90%.

Después de este periodo de germinación la planta medirá unos 30 cm de altura y estará lista para ser trasplantada.

TRASPLANTE

En el terreno en el que se va a realizar el trasplante se tienen que excavar unos hoyos de entre 24 y 40 centímetros de profundidad y 20 de diámetro. Esta excavación hay que hacerla en tresbolillo y estar separados entre sí por unos 2,5 metros e igual distancia entre las filas. Todos los hoyos deben ser fertilizados antes de proceder al trasplante.

Si el trasplante se va a realizar en un terreno donde previamente había cafetos este tiene que ser realizado en las calles que había entre los cafetos antiguos, así se evita la acidificación del suelo y el agotamiento de los nutrientes.

Este proceso que antaño se efectuaba de forma manual hoy está computarizado.

LA PRODUCCIÓN

La paciencia debe ser una virtud para un buen cafetero, porque aunque la planta ya da frutos el primer año no es productivo hasta al menos el tercer año, aunque en algunos casos hay que esperar hasta los cinco.

El cafeto empieza a mostrar su producto con una flor blanca muy aromática y parecida al jazmín, esta floración pervive entre 48 y 72 horas, entonces los pétalos se caen y aparece el fruto, que se parece a una cereza, en su interior guarda el preciado tesoro, el grano de café.

Los cafetos suelen tener una vida útil de entre 15 y 29 años.

TRANSFORMACIÓN

Este proceso era una tarea dura y laboriosa pero que hoy día se realiza, a plena satisfacción, todo mecanizado con máquinas diseñadas ad hoc para cada una de la tareas del largo proceso

EL TRATAMIENTO.

Las etapas son: Colecta, Limpieza y Selección, Despulpado, Cribado, Lavado y Separación, Fermentación, Lavado, Secado, y Ensacado.

En los países de destino se procede al tueste y molido a gusto del consumidor, mezclando o añadiendo sustancias como por ejemplo azúcar para producir el café torrefacto.

Y es en los países de destino donde se efectúa el envasado al vacío.

LA COLECTA

De la recolección manual de antaño se ha pasado a la mecánica, unas grandes maquinas por vibración sacuden los troncos de los cafetos para desprender el fruto, esté maduro o aun sin completar su maduración. Las maquinas tienen rodillos que recogen el fruto y neumáticamente lo descargan en un camión que va recogiéndolos.

LIMPIEZA Y SELECCIÓN

Consiste en el lavado de las cerezas en grandes depósitos de agua y con cribas se separan las cerezas grandes de la pequeñas y se eliminan las que no han madurado.

DESPULPADO / DESCASCARILLADO

Con este proceso se eliminan las capas protectoras del grano, se obtiene lo que se llama café verde.

Las maquinas efectúan su trabajo por medio de unas planchas fijas y otras móviles que debidamente graduadas para que no dañen los granos aprietan las cerezas para que la carne y la piel se desprendan, la maquina separa a un lado el grano y al otro la pulpa.

Esta tarea debe ser inmediata a la colecta para evitar que el fruto se estropee o se deteriore.

CRIBADO

Los granos despulpados se pasan por una cribas vibratorias que separan las bayas que no se han despulpado, o los trozos de pulpa que no se hayan desprendido o los granos que tienen formar imperfectas.

LAVADO Y SEPARACIÓN

Los granos obtenidos en el proceso anterior se pasan por unos canales en los que se les hace flotar para separarlos. En otras maquinas este proceso de separación se realiza con aire.

FERMENTACIÓN

Para que el pergamino que envuelve los granos se desprenda se colocan en tanques de fermentación durante un periodo de 24/36 horas, y después se procede al lavado de los granos.

SECADO

Esta tarea es la más importante de todo el proceso, un café demasiado seco hará que los granos sean quebradizos, por el contrario un grano húmedo será más vulnerable a los hongos y bacterias y se deteriorará más rápidamente .El grado de humedad óptimo es del 12,5%

Los cafés lavados tienen un cuerpo más ligero y una acidez más intensa, y son considerados de más calidad.

[5] LA RAZA BRANGUS

Cuando Argentina era la primera productora cárnica del mundo, sus ejemplares era de la raza Angus, Hereford y Shorthorn, animales que tenían serias limitaciones para desarrollarse en áreas de altas temperaturas y eran muy vulnerables a los parásitos, y su proceso de crecimiento y desarrollo era muy lento.

El USDA (Departamento de Agricultura de los Estados Unidos) inició en sus instalaciones en Jeanerette (Luisiana) en 1935 estudios dirigidos a paliar estas limitaciones.

Habría que desarrollar un animal que careciera de esas limitaciones y que mantuviera sus cualidades

Se probó con las cebuínas razas Nelore y Brahman, especies que se adaptaban perfectamente a climas más cálidos.

Los resultados de los primeros cruzamientos fueron tan satisfactorios que en la década de los 80, para cubrir la creciente demanda de carne a nivel mundial, se decidió pasar del campo experimental y científico al comercial.

Así surgió el Brangus que es un hibrido del Brahman y del Angus en la proporción 3/8 Brahman y 5/8 Angus. Que aúna las mejores cualidades de cada raza.

El Brangus tiene entre sus principales cualidades: tamaño corporal mediano, buen rendimiento, muy fértil y precoz en su actividad sexual, fácil de manejar, buena madre y excelente calidad cárnica.

Las crías Brangus nacen con un peso relativamente bajo (30/40 kg) lo que unido a la excelente habilidad materna de la madre, hace que el índice de mortalidad sea muy bajo.

En el periodo de lactancia la vaca Brangus aumenta considerablemente su producción de leche.

En el proceso de crecimiento y engorde, las crías Brangus, por su tolerancia al calor y resistencia a los ectoparásitos no frenan, como sucede en otras razas, su ganancia diaria de peso

El tamaño corporal es importante que este adaptado al ambiente en que se va a desarrollar, un tamaño grande implica una mayor cantidad y calidad de alimentos que el animal requerirá para su normal desarrollo.

Para mantener la heterosis, es decir el vigor hibrido, hay que mantener controlados los niveles de producción y calidad del producto.

Si el cruzamiento Brangus – Brangus no está bien regulado la heterosis ira disminuyendo y como consecuencia las características y la calidad del producto.

Para evitar esta, llamémosla degradación genética se utilizan los DEPS[9] (Las Diferencias Esperadas en la Progenie) predicciones del mérito genético de los individuos.

Nos permitirán mantener un tamaño adecuado de individuos y su variabilidad genética.

Es primordial la entrada de animales de primera generación para agregar genes originales, evitando así que los genes primogénitos se debiliten o que incluso se supriman.

[6] CULTIVO HIDROPÓNICO

Una de las grandes virtudes del ser humano, que por cierto no son demasiadas, es su búsqueda interminable de nuevos retos, su inquietud para imaginar nuevos escenarios y su determinación para hacer realidad sus sueños.

En una sociedad donde los pseudo ecologistas (otros los llaman «ecolojetas») parecen anteponer la tierra al ser humano, esos falsos propagadores del cambio climático incentivaron al hombre (mejor decir al ser humano, que estas «femininazis» son muy sensibles a estos temas) a buscar soluciones alternativas a los cultivos tradicionales.

Y como es habitual surgieron los pioneros que se atrevieron a experimentar, los botánicos alemanes Julius von Sachs y Wilheln Knop describieron los nutrientes que necesitan las plantas para prosperar.

Experimentaron en el laboratorio y el resultado fue la hidroponía. Las plantas experimentaban un mayor rendimiento, con un menor consumo de agua y energía y sobre todo no se necesita labrar el terreno. La madre pacha no era hoyada, agredida y maltratada según los ángeles guardianes de la tierra aseguran que los procedimientos habituales de laboreo hacen a la amada tierra.

Para evitar, según los «ecolojetas», el fenómeno del cambio climáticos, la degradación del medio ambiente y la extinción de especies producidas por la sobreexplotación y los cultivos intensivos la hidroponía parece una solución ideal.

Esta técnica lleva camino de convertirse en el «oro verde» de los nuevos y cambiantes tiempos.

En 2023 el mercado mundial alcanzó un volumen de negocio de más de 700 millones de dólares y se vaticina que continuará creciendo a un ritmo del 18% anualmente.

Se ha convertido, dentro del contexto de granjas y explotaciones inteligentes, en un elemento esencial que unido al empleo de drones, robots, localizadores GPS y la Inteligencia Artificial está revolucionando el sistema de producción de alimentos.

En los Países Bajos ya se está construyendo un edifico, más bien un rascacielos, dedicado al cultivo hidropónico de plantas, pronto los tulipanes serán hidropónicos.

Parece que el Gran Hermano que nos controla también terminará controlando la tierra.

Volvamos a los botánicos alemanes, estos determinaron que las plantas necesitan nitrógeno, potasio, fósforo, calcio, magnesio y azufre.

Por lo tanto si en un laboratorio se les podía suministrar estos nutrientes el problema estaría resuelto.

Y todos estos elementos químicos están al alcance de la mano, en el estiércol, en el pescado en forma de harina, restos de madera y/o cereales e incluso en las algas marinas.

Un inciso: Recuerdo hace muchos años haber visitado una granja de engorde de becerros y ver, con espanto y repugnancia, como se alimentaba a estos recogiendo el excremento del enorme gallinero que estaba mezclado con el serrín y la viruta de un aserradero cercano.

El reconocido nitrato de Chile no es más que el excremento o guano de las aves marinas que habitan y anidan a lo largo de la pampa del Tamarugal en la costa del Pacífico Sur.

En 1872 se descubrió en la pampa del Tamarugal unos enormes yacimientos de salitre del que se podía extraer nitrato de potasio y de sodio.

Estos yacimientos se convirtieron en una especie de gallina de los huevos de oro para Chile (oro blanco), con sus cuantiosos beneficio se construyeron redes ferroviarias, se pavimentaron las calles y el alcantarillado de las ciudades y se hicieron fortuna enormes.

Las ciudades de Humberstone y Santa Laura se convirtieron en los mayores productores de salitre natural del mundo.

Volvamos al cultivo hidropónico.

Además de los nutrientes las plantas necesitan un soporte al tiempo que requiere que sus raíces estén bien aireadas, estos soportes pueden se: Piedras porosas y ligeras que retienen el agua pero que permiten al aire circular por las raíces, también se puede utilizar mascarilla de arroz, recortes de madera o lana de roca.

La tecnología hidropónica es más sofisticada que la tradicional, requiere más precisión y control de todos sus parámetros, por ejemplo: Un control más exhaustivo y preciso de la conductividad eléctrica que indica los niveles de nutrientes, el control del grado de acidez del nutriente, grado de iluminación, grado de humedad y de la ventilación, en entornos cerrados es posible aumentar la concentración de CO_2 en el aire para mejorar la fertilidad.

TIPOS DE CULTIVOS

El cultivo hidropónico es apto para cualquier tipo de planta, se puede cultivar verduras, hortalizas, frutas y forraje.

Después de leer algo sobre el cultivo hidropónico, recordé ese conocido refrán español de: «no te acostarás sin saber alguna cosa más», me propuse abordar al «cerebrito» Sergio y recordarle su promesa de explicarme porque estaban experimentando con este tipo de cultivo.

-Sr. Ruiz que sorpresa verlo por aquí, ¿en qué puedo ayudarle?-

-¿Le importaría dedicarme algo de su tiempo y me explica porque y para que están experimentando con ese forraje hipo no sé qué?-

-Encantado de compartir mis conocimientos con usted, será mejor que lo vea in situ, vayamos a la cabina experimental que tenemos y que hemos adquirido de una empresa española-

-La cabina tiene una capacidad de producción de 1 350 kg/día y mide 13 metros de largo por 2,4 de fondo y 3 de alto, y solo necesita para su instalación una toma de energía y otra de agua-.

-¿Y cómo funciona, que siembran y que cosechan?-

-En nuestro caso estamos experimentando con gramíneas, y con las semillas y una irrigación por goteo conseguimos que seis después de la siembra tengamos una especie de loseta verde de 60 cm de largo por 40 de ancho y una altura de entre 15 y 20 cm.-

¿Y cuál es su consumo de agua, necesitará mucha y aún más energía eléctrica?

-Solo 0,5 litros/kg día, en cuanto a la energía eléctrica el consumo es de 0,022kw por kg, pero nosotros la obtenemos con placas fotovoltaicas y un acumulador porque la cabina funciona 24 horas al día, siete días a la semana.

-¿Qua cualidades y ventajas tiene este método sobre el tradicional?-

Tiene un alto valor nutricional ya que aporta más de 18% de proteína además de vitaminas y minerales, ello hace reducir los gastos de alimentación en aproximadamente un 50%, y nos permite incrementar la producción de carne y de leche.

Su aportación de vitamina E hace que el periodo de celo sea más tempranero.

Al ser un forraje libre de aditivos y conservantes los animales se desarrollan más saludables y aumentan su producción de leche en un 30/35% y también la de grasa y proteína de la leche. El ahorro en alimentación puede ser del 50%.

¿Y el forraje obtenido por este método, qué ventajas tiene?

-Uno de los más importantes es que los animales disponen de forraje fresco y recién cosechado toda la rueda del año-

- Una mejor asimilación del alimento por el animal lo que les facilita la digestión, con lo que se mejora el sabor y la calidad de la carne-

-Para nosotros nos aporta la comodidad de disponer del alimento en las propias instalaciones, sin necesidad de tener que disponer de proveedores externos y de las inclemencias y caprichos del tiempo en nuestras plantaciones-.

7 ALIMENTACIÓN GANADO DE ENGORDE

Como me había aconsejado el «cerebrito» ganadero estuve ojeando su Guía para la alimentación del ganado de engorde y tras algunas consultas personales con él personaje, llegué a la conclusión de que nos quejamos del precio de la carne pero de que no tenemos ni pajolera idea de lo que conlleva el proceso de llevarla hasta nuestra mesa.

Esto es un resumen en cuanto a temas alimenticios.

Según la Guía el sistema de alimentación de engorde consta de cuatro etapas.

En la primera, cuando el animal no ha llegado a los tres meses de vida la dieta es. Proteínas 15/20%, energía 90/100%, grasas 2/5 % y minerales 0,6/0,8% además de vitaminas A, D y E.

Los componentes principales son la leche materna y los complementos

La leche materna es el alimento principal para los animales jóvenes, ya que proporciona una gran cantidad de proteínas, grasas y otros nutrientes esenciales para su crecimiento. La leche materna es esencial para un buen desarrollo y crecimiento, y también ayuda a mejorar la inmunidad y prevenir enfermedades.

El pasto fresco y el maíz aportan las proteínas y la energía.

En la segunda etapa, entre tres y seis meses de vida hay que suministrarles proteínas entre 14/15%, energía entre 85/95%, grasas 2/5% y minerales 0,5/0,8% amén de vitaminas A, D y E.

Se mantiene la dieta anterior y se aumenta la ración de pasto fresco y se aporta sorgo de silo que es una fuente importante de proteínas y grasas y es muy energético.

La etapa 3 es cuando el animal está entre los 10 y los 12 meses, la dieta en proteínas se reduce a 10/12% e igualmente la energía que pasa a ser de 80/90%, los niveles de grasas y minerales se mantienen. Se mantienen las vitaminas.

En esta etapa los animales hacen acopio de grasa, para ello se incrementa la ración de grano a base de maíz, sorgo y trigo.

En la última y definitiva etapa, entre los 12 y los 18 meses, la dieta es: proteínas 8/10%, energía 70/80%, rasas 2/3% y el nivel de minerales se mantiene, así como la ingesta de vitaminas.

Se mantiene la alimentación suplementaria a base de concentrado y grano pero se reduce gradualmente la cantidad para evitar la acumulación excesiva de grasa lo que resultaría en una menor calidad de la carne.

Los animales ya han alcanzado su peso y están listos para convertirse en jugosos y sabrosos filetes.

En todas las etapas hay dos aspectos que hay que cuidar al máximo.

A) Que los animales tengan franco acceso al agua y que esta esté fresca y limpia, ello le facilitara la digestión y le evitará enfermedades.

B) Controlar en todo momento el peso del animal y su condición física para asegurarse que están recibiendo la adecuada cantidad de alimentos.

En el apartado alimentación la Guía destacaba los siguientes fuentes alimenticias para el ganado de engorde: Granos: trigo, maíz, avena, cebada, sorgo y otros son ricos en energía y proteínas de bajo valor biológico.

Subproductos de origen animal: harina de subproductos animales, harina de huesos, grasas animales, melaza, etc.

Proteínas concentradas: soja, guisantes, frijoles, girasol, etc.

Fuentes de fibra: pulpa de remolacha, alfalfa, pasto, maíz ensilado, etc.

Minerales: sales de minerales, carbonato de calcio, fosfato bicálcico, cloruro de sodio, etc.

Vitaminas: suplementos vitamínicos, incluyendo vitaminas A, D y E.

Por último la guía prestaba atención especial a las ventajas de una dieta equilibrada en dos aspectos fundamentales: los beneficios económicos, la reducción de los costos y el mantenimiento de la salud de los alimentos y de la calidad de la carne.

En el aspecto económico contemplaba el aumento de la productividad en términos de crecimiento del animal y el aumento de peso, al tiempo que se optimiza el uso de los ingredientes.

Una dieta equilibrada ayuda a mantener al animal en óptimas condiciones previniendo la aparición de enfermedades nutricionales, trastornos metabólicos y otros problemas relacionados con la nutrición.

Como resultado una alimentación equilibrada, mejora el producto final, la carne que mantendrá una textura suave, sabor uniforme y un marmoleo adecuado.

Como corolario la guía concluía: En resumen, una dieta para ganado bovino de engorda adecuada es esencial para la cría eficiente y rentable de ganado de engorde y es un factor clave para el éxito a largo plazo de un negocio de cría de ganado.

[8] *LOS SOMOZA*

Ver nota 6 del capítulo III

N. del A. En el próximo capítulo hablaremos más ampliamente de estos temas.

[9]LOS DEPS

Las Diferencias Esperadas en la Progenie (DEP) son predicciones del mérito genético de los descendientes de un animal evaluado en relación al promedio de los descendientes de otros animales también evaluados.

Expresan los desvíos positivos o negativos en relación con un estándar previamente definido.

Permiten comparar todos los animales que integran la evaluación genética, tanto de reproductores nacionales, como de los importados, de diferentes categorías, sexos, manejos, edades y cabañas.

Las características que se evalúan genéticamente son:

Peso al nacer (PN, kg): relacionado a la facilidad de parto. Valores muy altos se asocian a distocias y otras complicaciones al parto.

Peso al destete directo (PDD, kg): asociado a la capacidad de crecimiento del ternero en el período pre destete.

Habilidad Lechera (HL, kg): predice la diferencia en peso al destete de la progenie de las hijas de un reproductor. Está asociado a la diferencia en producción lechera y habilidad materna de esas hembras, siendo expresado en kilos de ternero al destete. Peso a los 18 meses (P18, kg): relacionado a la capacidad de crecimiento del ternero en el período post destete. Peso adulto de la vaca (PA, kg): estima el peso de las hijas de un reproductor al alcanzar los 5 años de edad. Tiene influencia en los requerimientos de alimentación de la vaca, donde vacas más livianas tienden a tener menores requerimientos de mantenimiento.

Circunferencia Escrotal (CE, cm): genéticamente asociada a la fertilidad de las hembras, y a la cantidad y calidad de semen producido en los machos.

Área del ojo del bife (AOB, cm): es la sección transversal del músculo Longissimus dorsi (bife) medida mediante ultrasonografía a la altura de la 12ª costilla a los 18 meses. Se correlaciona con esta medición en la canal y está asociada a mayores rendimientos carniceros.

Espesor de grasa subcutánea (EGS, mm): se basa en la medida del espesor de la grasa subcutánea mediante ultrasonografía a la altura de la 12ª costilla, a los 18 meses de edad.

Grasa intramuscular (MARB, %): porcentaje de grasa intramuscular medido a los 18 meses mediante ultrasonografía.

La escala de valores se sitúa entre 0 y 1

Cuanto más se aproximen las mediciones al uno será indicativo de una menor variación a los valores esperados.

E.Larby

III BREVE HISTORIA DE NICARAGUA

Desde la noche de los tiempos los americanos del norte han considerado que América Central y del Sur eran como su patio trasero, un lugar fértil al que se podía explotar en beneficio propio y aunque muy convulso sería fácilmente controlable y manejable.

Y entre esas «peritas en dulce» tan apetitosas, Nicaragua ocupaba un lugar preferentes en los oscuros deseos de algunos aventureros (empresarios) yanquis.

El primero en arribar para libar ese dulce elixir fue el magnate de los ferrocarriles y del transporte marítimo Cornelius Vanderbilt[1] que aprovechando que la joven república (se había independizado de España en 1821) atravesaba serias dificultades económicas fundó la empresa Accessory Transit Company que pronto se hizo con el monopolio del transporte transoceánico.

Se empezó a pensar en construir un canal que comunicara el Mar Caribe con el océano Pacifico partiendo de Punta Gorda hasta Brito a través del lago Cocibalca[2]

El tal Vanderbilt no se contentaba con hacerse super rico sino que además no quería pagar impuestos, cuando el gobierno nicaragüense presentó sus quejas a la administración americana, que haciendo gala de un cinismo y desvergüenza dignas de mejor causa contestó con su habitual prepotencia: «Una nación que ocupa una posición geográfica tan ventajosa, disponiendo de una pequeña fuerza militar, no puede poseer esta riqueza únicamente en su propio interés y no cumplir sin peligro para sí misma el deber de hospitalidad hacia los ciudadanos de otros países que van allí ya sea en tránsito o para hacer negocios».

El resultado de esta queja fue que los nicaragüenses tuvieron que firmar un tratado, que para más inri se tituló «Tratado de Amistad» que otorgaba a los yanquis la potestad de desplegar tropas en el país si consideraba que sus intereses en Nicaragua estaban siendo amenazados.

Habían transcurrido casi cuatro décadas desde su independencia de España y el país se había convertido, por obra y gracias de sus clases dominantes, en una casa de barraganas mal avenidas. Y los Estados Unidos en el chulo que las explotaba.

Los dos partidos que decían representar al pueblo estaban enfrascados en sus habituales trifulcas, defendiendo exclusivamente sus intereses partidistas.

Los liberales abogaban por que el poder social estuviera en manos de la voluntad popular, los conservadores por su parte eran partidarios de mantener el orden tradicional, unas élites bien formadas dirigiendo a la ignorante plebe.

Y como es habitual entre unos y otros, entre discusiones de si «son galgos o podencos, la casa sin barrer».

En 1855 un aventurero sin escrúpulos, el «coronel» William Walker[3] fue «invitado» por los Don Julianes[4] de turno a visitar el país, el sujeto apareció acompañado por una banda de «amiguetes» (mercenarios o filibusteros como se les llamó) para que le ayudaran a tomar el poder de la joven República que estaba en manos de colaboracionistas pro yanquis.

Y como era de esperar el mercenario, no solo mordió la mano que le alimentaba sino que se tomó el brazo entero, tomó el poder y se proclamó presidente.

En 1893 llegó al poder el liberal José Santos Zelaya que desarrolló una encomiable política de reformas, que fueron tan eficaces que convirtieron a Nicaragua en un próspero país cuyo PIB llegó a superar al de algunos países europeos.

Promulgó una legislación liberal que pronto vulneró ya que gobernó de forma despótica y dictatorial e intentó extender su filosofía política a los países vecinos como Honduras y Costa Rica y lo pretendió a las bravas ignorando el Tratado General de Paz y Amistad que había suscrito con esos países.

Durante sus 16 años de «reinado» la corrupción floreció como las hongos después de las primeras lluvias otoñales.

En su visión mesiánica de su misión, tuvo la «feliz idea» de amenazar los intereses de las empresas americanas.

Tocó varios puntos sensibles para los norteamericanos, estos que son muy suyos y que tienen muy arraigado eso de que «con las cosas de comer no se juega», en este caso con los jugosos contratos, prebendas y regalías que disfrutaban las empresas yanquis en Nicaragua.

Rechazó la oferta de financiación de las entidades financieras norteamericanas, para construir el canal, tras considerar que sus condiciones eran abusivas, de usura y coqueteó con entidades europeas.

Desechó a las empresas de ingeniería y construcción norteamericanas en el Proyecto de construcción del canal transoceánico. Y se negó a que fueran los Estados Unidos el único constructor del proyectado canal.

Se enfrentó al abuso que la poderosísima United Fruits y su homóloga y competidora la Standard Fruit sometían a los agricultores locales y a la sobre explotación de los recursos naturales del país.

La naviera Steamship Co. y la minera «La Luz y Los Ángeles Mining Company» tampoco quedaban libres de sospecha, sus tropelías eran del mismo calibre.

Motivos más que suficientes para que los norteamericanos lo pusieran en su punto de mira y comenzaran a maniobrar para sustituirlo.

Para echar más leña al fuego el general Zelaya tenía ínfulas expansionistas, se quería erigir en el líder indiscutible de la región, esto le llevó a intentar destituir al presidente hondureño para posteriormente enzarzarse con Guatemala que le disputaba le supremacía regional

Las empresas norteamericanas tenían vastos intereses en la zona, por lo que las continuas trifulcas les hacían temer por ellos.

Las relaciones entre ambos países se fueron avinagrando hasta el punto de que en diciembre de 1909 la administración del presidente americano Theodore Roosevelt exigió al gobierno nicaragüense la aceptación de una serie de medidas que no era otra cosa que una inaceptable intromisión en los asuntos internos de un país soberano, la famosa nota Knox, en la que enfatizaba que los Estados Unidos se arrogaban el derecho de intervenir en la zona si sus intereses se veían afectados, se hizo efectiva.

El presidente Roosevelt llegó a acusar a Zelaya de ser un «factor desequilibrador de la zona».

El camino para una intervención armada de la potencia del norte acababa de ser pavimentado.

El detonante fue el fusilamiento por parte del ejército nicaragüense de dos ciudadanos americanos a los que se acusó de mercenarios a sueldo y saboteadores.

Los yanquis habían eliminado uno de sus obstáculos principales en su política expansionista en la zona y de su propósito de convertir a todos los países de centro América en meras colonias, instaurando gobiernos títeres sujetos a sus deseos y conveniencias. Nacieron las «repúblicas bananeras».

En 1912 el gobierno títere instaurado por los norteamericanos ante la inestabilidad social, las innumerables manifestaciones de protesta, el caos y el desorden que recorría el país lanzó una petición de ayuda a sus protectores.

Como la nota habla por sí sola, no hacen falta comentarios: «Mi gobierno desea que los Estados Unidos garanticen con sus propias fuerzas la seguridad y la propiedad de los ciudadanos americanos en Nicaragua, y que extiendan su protección a todos los habitantes de la República».

Durante veinte años los norteamericanos desplegaron en Nicaragua lo mejor de su ejército, la exitosa infantería de marina o marines.

La reacción de los patriotas nicas no se hizo esperar, se inició una cruenta guerra.

El general Moncada se puso al frente de lo que dio en llamarse «Ejercito Constitucionalista» que fue tomando posiciones a pesar de la feroz resistencia de las fuerzas ocupantes. Las fuerzas patriotas estaban ya muy cerca de la capital.

El presidente norteamericano Calvin Coolidge, ante el cariz que tomaban los acontecimientos envió como negociador a Henry Stimson para alcanzar un acuerdo de paz.

En dichas conversaciones Stimson, un viejo zorro de la política, se percató de quien era realmente el general Moncada, un personaje ahíto de ambiciones y de doble moral y le puso sobre la mesa un «pastelito» que el ambicioso general no pudo, ni quiso, rechazar. ¡Le ofreció la presidencia del país!

Lo que se llamó el pacto del Espino Negro fue un rotundo éxito para el hábil negociador yanqui. Este consistía en:

Inmediata desmovilización de todas las fuerzas combatientes incluido el ejército regular nicaragüense.

Entrega de diez dólares, a los combatientes, por cada arma rendida y doble cantidad a los oficiales

Mantenimiento del presidente de la república, con inclusión de liberales en el gobierno, hasta 1928, fecha en la que se celebrarían elecciones y a las que se presentaría como candidato único al general Moncada

Los marines vigilarían y controlarían las elecciones

La creación de una fuerza policial, apartidista, como exclusiva institución armada del país, que sería entrenada por los marines y comandada por oficiales norteamericanos. En Román paladino ¡un ejército de ocupación compuesto por las propias fuerzas armadas del país!

Todos los políticos y mandos del ejército aceptaron los términos.

La promesa a la pro estadounidense élite gobernante que les habían prometido amnistía y prebendas en forma de propiedades y cargos bien «engrasados» convenció a los más indecisos. La compra de voluntades había funcionado a pleno rendimiento.

Solo hubo una «oveja negra» que se negó a ello, el general constitucionalista Augusto César Sandino[5] «el General de Hombres Libres», como le llamaban sus hombres.

En las luchas intestinas entre las diferentes facciones nicaragüenses Sandino, que era un civil, tomó partido por la facción constituyente y por sus propios medios organizó y armó un pequeño grupo que participó activamente en la guerra civil.

No era el cabecilla tradicional que ve los toros desde la barrera, Sandino se involucraba directamente en la batalla, iba codo a codo con sus hombres, con lo que se ganó el respeto y admiración de sus hombres que lo seguían ciegamente. Sus huestes enarbolaban una bandera roja y negra con la inscripción LIBERTAD O MUERTE, que convertirían con el paso del tiempo en el eslogan del Sandinismo. Sus continuas victorias levantaron los celos del general Moncada, un militar tradicionalista, que estaba contrariado por que una columna de desarrapados e ignorantes campesinos obtuviera las victorias que a él se le resistían.

Cuando Sandino acudió al general en busca de ayuda en forma de armamento y municiones, el general no solo se negó a facilitárselas sino que le increpó furibundo: ¿a usted quién carajo le nombró general?

La respuesta de Sandio fue fría y escueta. ¡Mis hombres, señor!!

La fecha de las elecciones presidenciales norteamericanas se aproximaba. Y la intervención en Nicaragua se estaba convirtiendo en más molesto que un dolor de muelas para el presidente americano Hoover.

Quien ante el descontento de su electorado decidió anunciar que los marines abandonarían Nicaragua en 1933, una vez terminado el escrutinio de las elecciones nicaragüenses.

Lo que no dijo el presidente americano era que se habían tomado las medidas necesarias para mantener la influencia americana en el país, vía un gobierno títere y la presencia de la Guardia nacional, entrenada y controlada y dirigida por los yanquis.

Y en estas estaban cuando apareció un siniestro y maligno tumor con el nombre de Anastasio Somoza García[6] que a la sazón era el Director de la poderosa Guardia Nacional

LA DINASTÍA SOMOZISTA

Cuando los marines se retiraron Sandino dio por terminada su misión, firmó un acuerdo con las nuevas autoridades.

Un plan de paz que contemplaba, entre otras muchas promesas, que pronto se incumplirían, lo siguiente:

Amnistía general para todos su hombres
Reconocimiento oficial a la labor realizada en la lucha por la libertad.
El desarme de su ejército.
Entrega de una parcela de terreno baldío en la región del rio Coco para la cooperativa agrícola que se proponía organizar para que sus hombres tuvieran un modo de vida.

Lo que no sabía Sandino era que no solo estaba firmando el acuerdo de paz sino su sentencia de muerte.

En una fotografía de archivo del evento, se puede observar al siniestro personaje Anastasio Somoza dando un abrazo a Sandino, era el abrazo del oso o en términos bíblicos el abrazo de Judas.

El acuerdo firmado, es un ejemplo de falsedad, hipocresía y bajeza moral su artículo primero decía: «El general Augusto Cesar Sandino reconoce que la cruzada en que han estado empeñados él y su ejército ha sido para liberar a la Patria y conseguido este propósito, desea declarar su absoluto desinterés personal y no exige, ni pide, ni aceptará ninguna prebenda, lucro o canonjía que pueda manchar o menoscabar su conducta, el pueblo, al que representamos en este acto, le rinde homenaje a tan loable y noble actitud del patriota General Sandino»

Nada más firmar, el Director de la Guardia Nacional, Somoza, en connivencia con los americanos empezó a preparar el asesinato de Sandino.

Comenzó una etapa de hostigamiento contra sus partidarios, asesinaron a algunos de los ahora indefensos guerrilleros.

Y la traca final fue la trampa que le tendieron.

Sandino y sus acompañantes, algunos de ellos generales y miembros de su partida habían sido recibidos por el presidente de la nación, al que querían exponer sus quejas por el incumplimiento por parte de la Guardia Nacional de los acuerdos de Paz.

Todos fueron buenas palabras y promesas.

Cuando regresaban a Managua fueron detenidos por una patrulla de la Guardia Nacional, los trasladaron a las afueras de la ciudad y fueron ejecutados.

Al mismo tiempo la Guardia Nacional llevó a cabo su particular «noche de los cuchillos largos», masacró a más de 300 exguerrilleros que se habían asentado en la zona de Wiwilí, entre los que había ancianos, mujeres y niños.

Somoza justificó, ante sus acólitos de la Guardia Nacional, el asesinato alegando que Sandino era una amenaza para la paz y la tranquilidad del país.

Cuatro meses después del vil asesinato, en una de las orgías que le organizaban sus esbirros, Somoza entre los efluvios del wiski y su incontinencia verbal declaró ante sus cuates que él había dado las ordenes de asesinar a Sandino.

La implicación de la administración Roosevelt en la trauma quedo de manifiesto cuando los consejeros del presidente americano le hicieron ver la calaña moral y quien era el personaje al que había invitado a visitar la Casa Blanca. El dicharachero Roosevelt tan jovial como era costumbre en él pronunció una frase que se ha hecho mítica : « Somoza is a SOB, but he is our SOB». «Somoza es un hijo de puta, pero es nuestro hijo de puta» Y como diría cualquier otro «pelillos a la mar».

Somoza pretendía presentar su candidatura a las elecciones presidenciales, pero un artículo de la Constitución impedía a los militares en activo ser candidatos.

Pero propició la elección de un títere suyo, y como suele ocurrir demasiado a menudo, los títeres quieren volar por si solos, y al ínclito, recién elegido presidente, no se le ocurrió otra estupidez que pedir a Somoza que dimitiera de su puesto de director de la Guardia Nacional, el resultado fue que el dimitido fue el presidente.

Somoza continuó con sus argucias artimañas y engaños manipulado en la sombra y no tan en la sombra.

Convenció a sus conmilitones y a la burguesía política, en lo que se conoció como el «Pacto de los generales» para que le autorizaran a presentarse a las elecciones, era el año 1950. A pesar, o quizás por ello, de su demagogia populista, obtuvo el apoyo de los ricos empresarios y de los partidos políticos.

Aunque la verdad sea dicha más que partidos políticos eran una «pandilla» sin ideales políticos disputándose el pastel de manejar las arcas públicas.

Por su parte la oligarquía financiera, los auténticos poderes fácticos, pensaban que mientras sus privilegios y sus negocios estuvieran protegidos a ellos no les importaba quien y como gobernaba.

Y así empezó la dinastía Somoza a apropiarse del país.

Nicaragua se convirtió en una dictadura dinástica, aunque para aparentar que se cumplía la Constitución y la presión de los Estados Unidos, , durante breve intervalos la presidencia la ejercía un externo al clan, que no era otra cosa que una marioneta cuyos hilos los movía los Somoza, no en vano la Guardia Nacional, el auténtico soporte del clan, nunca dejó de estar dirigida por Somoza.

Anastasio Somoza García fue ajusticiado por el poeta sandinista Rigoberto López Pérez, quien en un acto suicida irrumpió en una fiesta que se celebraba en honor del dictador y le descerrajo cuatro tiros con su S&W calibre 38.

Aunque el dictador fue evacuado de emergencia a Miami, después de una agonía de cuatro días murió.

A su sepelio asistieron todos los dictadores de la región, la Casa Blanca envió a su familia un sentido pésame, recibió la bendición papal, no se tiene constancia de que su Santidad Pio XII pronunciara eso de que «es nuestro hijo de puta», pero seguramente lo pensó.

Le sucedió su hijo Luis, pero este duró poco, un infarto hizo justicia.

Y entonces llegó Anastasio «Tachito» Somoza Debayle, Anastasio II y con él una ola de terror y represión, hurto y malversación de los dineros públicos. Se organizó una especie de maratón cleptómano, se competía para ver quien robaba más en menos tiempo.

Para consolidar su poder fortaleció a la Guardia Nacional que se convirtió en su ejército personal, a la que, gracias al entrenamiento facilitado por los Estados Unidos en sus bases del Canal de Panamá, convirtió en una máquina perfecta de represión.

Los caciques ya comenzaban a ver las orejas al lobo, la insaciable codicia de la familia Somoza la hizo adentrarse en todos los sectores económicos, minero, azucarero, algodonero, cafetero, pesca, alimentación y los servicios, y como el pastel era el que era, lo que uno ganaba lo perdía otro.

Entre los sectores, empresarios, afectados comenzaron los conciliábulos, las maquinaciones y las conspiraciones.

También ayudó mucho la llegada al poder en los Estados Unidos de un «buenista» llamado Jimmy Carter que pensaba que el mundo se arregla con buenas palabras, y era enemigo declarado de las dictaduras.

Esta entente cordiale entre los caciques empresariales y Somoza empezó a quebrarse después del terremoto que asoló Managua en 1972[7], cuando la desmesurada ambición del clan le llevo a meter sus garras en los sectores que habían sido privativos de las élites empresariales.

Y en el interín estas élites hicieron aquello que se atribuye a los tres monos sabios: Ver, Oír y Callar.

La sangrienta dictadura, las torturas a los opositores, asesinatos de políticos y periodistas, la represión de las manifestaciones, los campos de concentración, las «sacas rurales», los casi 100 000 muertos, un 5% de la población, sin contar el número de heridos y mutilados. Todo esta barbarie se producía mientras ellos ahogaban su conciencia, si es que la tenían, en wiski y champaña en sus lujuriosas fiestas privadas.

Y por ello no pudieron ver que el pueblo ya no soportaba más y la desesperación le llevó a arrojarse en los brazos de un movimiento que prometía liberarle y hacerles libres.

Y nació el FSLN

Que comenzó siendo una amalgama de tendencias y creencias, una organización donde cabía todo y todos, cuya prioridad era botar a Somoza, y había especímenes de todo tipo, color y piel, había sacerdotes cristianos y comunistas irredentos, liberales y conservadores, jóvenes, hombres y mujeres, idealistas y los no tan idealistas.

El movimiento abogaba por el pluripartidismo, la economía mixta y la neutralidad internacional.

El FSLN fue creado en 1962 como una organización clandestina que propugnaba la lucha armada para derrocar al dictador.

Durante 20 años el país se vio sumergido en una cruenta lucha y en esta vorágine de acción represión la gota que colmó el vaso de la capacidad de sufrimiento de todas las capas sociales fue el asesinato de Pedro Joaquín

Chamorro[8] el carismático propietario y editor del periódico que con sus críticos editoriales se había convertido en el adalid de la oposición.

La lucha armada se agudizó y culminó el 19 de julio de 1979 cuando los guerrilleros tomaron Managua y el dictador se dio a la fuga.

[1] *VANDERBILT*

A Dios lo que es de Dios y al Cesar lo que es del Cesar, me viene a colación este dicho para tratar de describir como era este individuo.

Un individuo que como todos Los aventureros y emprendedores tenía sus luces y sus sombras.

Hijo de una familia humilde dejó la escuela a las once años y se puso a trabajar en los muelles neoyorquinos, a los 16 años ya era propietario de un barco que transportaba pasajeros entre Staten Island y la ciudad de Nueva York, al abrigo de la guerra de 1812[9] que enfrentaba a norteamericanos con el Reino Unido y Canadá, amplió su flota para avituallar a los puestos avanzados del ejercito yanqui.

Al terminar la contienda amplió su flota de transbordadores, en 1829 ya era propietario de una importante flota de barcos a vapor. Tenía treinta y cinco años. Se hizo con el control del tráfico por el rio Hudson con una agresiva campaña de precios y ofreciendo unos servicios que sus competidores no pudieron ofrecer.

Posteriormente, y al abrigo de la fiebre del oro que se desató en California creó la Accessory Transit Company para transportar pasajeros y mercancías entre la costa este a San Francisco vía Nicaragua.

Fue un éxito absoluto.

El viaje era duro y largo pero en comparación con lo que ofrecían otras compañías era muy competitivo, el pasaje costaba 300 dólares menos que las tarifas de sus competidores y sus pasajeros arribaban a San Francisco con dos días de antelación.

El periplo era marítimo hasta la desembocadura del rio San Juan, de allí a través del rio llegaban al lago Nicaragua (lago Cocibolca) desde donde en sus 25 diligencias vistosamente pintadas de azul y blanco, los colores de la bandera nicaragüense, recorrían los aproximadamente 20 km. que les separaban de San Juan del Sur, en el océano Pacifico y de allí en sus propios barcos los transportaba hasta San Francisco, un viaje de 5.000 kilómetros.

Este peculiar modo de transporte llegó a gozar de una clientela mensual de 2 000 pasajeros pero es que además transportaba el oro producido en California hasta los centros financieros norteamericanos. Sus ganancias se situaban en un millón de dólares anuales. Años después se jactaba de haber ganado, solo con esa compañía once millones de dólares. Para Nicaragua las ganancias, en concepto de impuestos, fueron unos magros diez mil dólares.

En la década de los 50 del siglo XIX puso su mirada de lince en los ferrocarriles, compró varias líneas de ferrocarril y en 1873 la compañía Vanderbilt puso en funcionamiento la línea Nueva York Chicago.

Al final de sus días su fortuna personal era de más de 100 millones de dólares y su familia se había convertido en una de las familias más ricas y prominentes de los Estados Unidos.

No fue un filántropo pero donó un millón de dólares a la entonces Universidad Central de Nashville, Tennessee que más tarde pasaría a llamarse Universidad Vanderbilt.

Su hijo William Henry heredó 90 millones de dólares y sus cuatro nietos, hijos de Henry, recibieron 8 millones, misógino empedernido donó a su segunda esposa y a sus ocho hijas una mínima cantidad.

2 EL FRUSTRADO CANAL

En fecha tan lejana como 1524, un visionario llamado Hernán Cortés escribió al Emperador Carlos V de España: «*Aquellos que controlen el paso entre los dos océanos serán considerados los dueños del mundo*».

Los españoles siempre se imaginaron que a través de los lagos podía lograrse la ansiada conexión interoceánica. De ahí su empeño por explorar el río San Juan, por medio del cual el gran Lago de Nicaragua, o Cocibolca, vierte sus aguas en el océano Pacifico

Cuando Nicaragua era una colonia española, dos marinos hispanos navegaron por el rio San Juan desde el Caribe hasta el lago.

De esta suerte, quedó demostrada la posibilidad de lograr una fácil vía de comunicación entre ambos océanos, remontando el río San Juan y navegando luego por el gran Lago de Nicaragua. Para llegar hasta el Pacífico, sólo restaba recorrer el estrecho istmo de Rivas, de menos de treinta kilómetros de ancho.

En 1893 el Presidente Zelaya se propuso la construcción del tan anhelado canal que traería importantes logros económicos para el país.

Entabló conversaciones con los sectores financieros de los Estados Unidos y se topó con la arrogancia, prepotencia y desinterés de los gringos.

Los norteamericanos pretendían imponer unas condiciones que eran muy onerosas para los intereses nicaragüenses, ofrecían préstamos a unos intereses que bordeaban la usura y exigían que fuera una determinada empresa americana la que llevara a cabo el proyecto y su posterior manejo y explotación

Zelaya se negó e intentó involucrar a otros países, concretamente al Reino Unido, pero fracasó, al parecer nadie quería enemistarse con el nuevo poder emergente. Así se frustró el sueño nicaragüense de construir su canal.

Con la economía mundial en fase expansiva y los intercambios de recursos entre las naciones creciendo a un ritmo exponencial, la construcción de un canal interoceánico, que uniera el Océano Pacifico con el Atlántico era una idea muy atractiva y prometía convertirse en una fuente de riqueza para el país.

Desgraciadamente para Nicaragua el proyecto nunca se llevó a cabo, en parte por la arrogancia de los yanquis y el exceso de orgullo del presidente nicaragüense, anteponiendo su ego a los intereses del país.

La construcción del canal hubiese significado para Nicaragua un cambio sustancial en su economía y el nivel de vida de su población.

EL NUEVO CANAL

El canal de Panamá, el único existente hasta ahora para comunicar ambos océanos fue construido hace más de 100 años y aunque su reciente modernización permite el tránsito de buques de hasta 170.000 toneladas, se ha quedado obsoleto dado el incremento del tamaño de los nuevos buques. A lo que hay que añadir que el tránsito de océano a océano requiere unas 24 horas.

En los últimos años el sueño de construir un canal interoceánico en Nicaragua ha resurgido y los datos que se manejan son de una magnitud difícil de visualizar.

El proyecto del nuevo canal tendría una manga (ancho) de 520 metros lo qué triplicaría el ancho del canal de Panamá, lo que unido a sus 29 metros de calado (profundidad) permitiría el paso de buques de hasta 400 000 toneladas. El canal de Panamá tiene en su parte más ancha 300 metros y una profundidad de 13,7 metros

MEMORANDO DE ENTENDIMIENTO

La construcción de este canal reduciría en unos 900 kilómetros la distancia a recorrer entre ambos océanos.

En octubre de 2012 el gobierno sandinista firmó un Memorando de Entendimiento con el consorcio chino HK Nicaragua Canal Development Investment Co., propiedad del oscuro empresario chino Wang Jing.

Su trazado discurriría desde la desembocadura del rio Brito en el Pacifico, pasaba por el lago Cocibolca (en la isla Ometepe se construiría un lujoso resort de vacaciones) hasta la desembocadura del rio Punta Gorda en el Atlántico.

El plan previa una inversión de 50 000 millones de dólares y un tiempo de ejecución de cinco años.

El gobierno concedía al consorcio chino la explotación del canal por un periodo de 100 años al módico precio de 10 millones de dólares anuales durante los primeros 10 años, a partir de los cuales Nicaragua recibiría un 1% de los beneficios de la explotación del canal, porcentaje que se incrementaría años tras año.

Complementariamente a la construcción del canal, se construirían dos nuevos puertos de aguas profundas, uno en cada océano, y dos zonas de libre mercado, un aeropuerto internacional y un oleoducto, amén de resorts turísticos a lo largo del canal. que como ya es un karma estándar se construirían con «perspectiva de género» y enfocado al turismo ecológico, ya que en caso contrario no respetarían a la pacha mama ni al cambio climático ni satisfarían a la Greta «Zombie» de turno.

Como el canal cortaría la carretera Panamericana que conecta el norte del continente con el cono sur se construirá un puente de 80 metros de alto y 600 metros de longitud, y otros 600 kilómetros de carretera, así como una línea de ferrocarril.

El proyecto podía parecer el sueño de verano de un melómano y eso es lo que al final resultó.

Los beneficios para Nicaragua de la construcción de este megaproyecto serian múltiples:

Un sustancial crecimiento del PIB de la nación.

Unos sustanciosos ingresos, vía impuestos para las arcas públicas.

La creación de puestos de trabajo durante la construcción y la operabilidad y mantenimiento de las instalaciones.

EL DISEÑO DEL CANAL

El canal estaría diseñado para que buques de hasta 500 metros de eslora y 72 de manga transitaran por él. Su capacidad permitiría que 9 000 buques lo cruzasen anualmente, cifra inferior a los 12 000 que cruzan el canal de Panamá, pero al ser estos de menor tonelaje, los que transcurrirían por el canal nicaragüense transportarían mayor volumen de mercancías.

Los buques, llamémosles panameños tienen una capacidad de transportar hasta 13 000 teus (contenedores)* mientras que el de los nicaragüenses serían 25 000.

El trazado constaría de dos tramos que conectarían el lago Cocibolca, uno partiría desde Brito en el Pacifico y tras 26 kilómetros conectaría mar y lago, esclusa interpuesta, el otro tramo partiría de Punta Gorda en el Atlántico, conectaría con un lago artificial construido exprofeso y tras 127 kilómetros desembocaría en el lago, en este tramo se construiría una esclusa, la longitud total sería de unos 260 kilómetros, incluyendo los 107 del lago.

Cada esclusa estaría compuesta por tres salas de espera 520 m de largo, 75 m de ancho y 27,6 m de fondo y cada una de ellas elevaría los buques. 10 metros.

GEOPOLITICA

En el contexto de la tremenda batalla que se libra entre las dos grandes potencias mundiales China y USA, por la hegemonía mundial, el canal de Nicaragua significaba un vuelco importantísimo en el estatus quo actual.

China siempre alberga el temor de que Estados Unidos que de una forma u otra sigue controlando el canal de Panamá utilice esta vía para bloquear sus importaciones y exportaciones hacia el continente americano.

El canal nicaragüense, bajo control chino, permitiría que la distancia, en términos comerciales, entre los países emergentes asiáticos y los puertos americanos se redujeran drásticamente, por ejemplo: la distancia entre Shanghái y Baltimore se vería reducida en unos 4.000 kilómetros en comparación con si la misma ruta fuese a través del canal de Panamá y en 7 500 km si la vía fuese por el Cabo de Buena Esperanza.

EL TRAFICO DE MERCANCÍAS

Tráfico comercial desde América hacia Asia

Cereales, caña de azúcar, soja, productos cárnicos, mineral de hierro, carbón, petróleo

Tránsito desde Asia hacia América

Productos industriales

La construcción del canal exigiría que los puertos de América del Sur y Central se remodelasen y se modernizasen tecnológicamente para poder acoger a este nuevo flujo de mercancías y a su computarizado manejo.

Y entonces aparecieron los «ecolojetas», los apóstoles del cambio climático en sus aviones privados, los protectores de la pacha mama, las Gretas Zombies de turno y la «madre que parió a panete» para «joder la marrana».

UN PROYECTO FALLIDO

Y comenzaron los contratiempos, el chino, que cual rey Midas prometió convertir Nicaragua en una mina de oro, resultó ser un especulador que perdió parte de su fortuna en diversos fiascos inversores.

Y los «salvadores del planeta» pusieron tales objeciones que la opinión pública empezó a preocuparse por el grandioso proyecto.

Los movimientos eco defensores anunciaban que las desgracias caerían, cual siete plagas de Egipto, sobre Nicaragua.

Unos decían que el trazado del canal discurría por una zona volcánica, el de más allá aseguraba que las excavaciones, millones de metro cúbicos llenarían de lodo el lago Cocibolca, que se convertiría en un mar muerto, reduciría el nivel de oxígeno del lago lo que cambiaría la composición química del agua y afectaría a muchas especies de peces que se encuentran en peligro de extinción, sobre todo al Carcharhinus leucas, un tiburón que sale del mar y se adentra en los ríos.

Algunos «científicos» afirmaron que el tráfico de mega buques tendría funestas consecuencias para la selva tropical, los humedales, la biosfera, la descarga del agua de lastre provocaría una invasión biológica marina, hasta se llegó a afirmar que afectaría a la «inmortalidad del cangrejo de rio». Disparate tras disparate, catástrofe tras catástrofe.

Y lo más grave de todo, y esto ya rebasaba todos los límites, el canal partía en dos el Corredor Biológico Mesoamericano, que se extiende desde Méjico hasta Panamá, que es utilizado por especies animales como el jaguar cuando decide darse un «garbeo» por Centroamérica.

Especies como la guacamaya verde, el mono araña, el águila arpía y la danta centroamericana también se verían afectadas.

La única realidad fue que el proyecto nunca fue seriamente replanteado, nunca hubo estudio de impacto ambiental, ni transparencia y las exigencias de dádivas, coimas y concesiones no hicieron más que verter gasolina al fuego.

Las lenguas viperinas, que tanto abundan, aseguran que todo fue un montaje de la «famiglia» Ortega y sus compinches para expropiar a los campesinos y engrosar así su fortuna personal.

No importaba que, según los promotores, al reducir unos 10.000 kilómetros el viaje desde Asia y los puertos del Atlántico (y viceversa) el efecto invernadero provocado por los gases se reduciría y que además los mega buques reducirían el número de buques navegando por el mundo.

Tampoco importaba demasiado que el PIB nicaragüense se duplicaría y que los puestos de trabajo que el proyecto y su posterior operación generaría, se hablaba de 50 000 empleos durante los cinco años de construcción, 20 000 para mantenerlo operacional, amén de 25 000 empleos financieros, 30 000 en las zonas francas que se crearían y 38 000 en las empresas que se crearían como sinergia.

Al parecer era más importante que los jaguares, se pudieran pasear libremente por todo el continente.

LA POLÍTICA

También hay que tener en consideración, como un grave hándicap para el proyecto, la geopolítica.

Los «sesudos» analistas del Pentágono llegaron a la conclusión y así se lo expresaron a la NSA (National Security Agency) de la posibilidad de que un canal con 29 metros de calado permitiría a los submarinos nucleares chinos atravesar impunemente un canal operado por compatriotas.

Los gringos no se podían permitir que un canal interoceánico, tan vital comercial y estratégicamente situado en su patio trasero fuera construido y administrado por su principal competidor.

Y como se suele decir: «entre todos la mataron y ella sola se murió»

*TEU

Es el acrónimo del término ingles Twenty foot Equivalente Unit (Unidad Equivalente de Veinte pies) que se utiliza como unidad de medida en el transporte marítimo de contenedores y en sus terminales de carga y descarga.

Es un receptáculo normalizado de 6,1 metros de largo, 2,4 de ancho y 2,6 de altura, lo que le da una capacidad de carga de 33 m^3

Su estandarización ha obligado a que los medios de transporte convencionales, buques, camiones y trenes se hayan adaptado a sus medidas.

Su introducción originó una auténtica revolución no solo en las construcciones de buques ad hoc sino también en el universo del transporte.

[3] WILLIAM WALKER

En la década de los 50 del siglo XIX en los Estados Unidos se libraba una incruenta lucha, que en 1861 se convirtió en cruenta, entre los estados sureños, que basaban su economía en la agricultura y la mano de obra esclavista y los estados del norte cuya economía estaba basada en la producción industrial y eran abolicionistas.

En la cámara legislativa, el Congreso, las fuerzas estaban muy equilibradas y para romper el estatus quo ambos bandos iniciaron una política expansionista sin precedentes para tratar de romper la igualdad e inclinar la balanza hacía su posición e imponer sus ideas.

Los estados sureños quedaron en clara desventaja cuando se incorporaron a la Unión los territorios arrebatados a Méjico que eran abolicionistas. Para mantener su nivel económico los estados confederados volvieron sus ojos hacia el Caribe y Centroamérica en busca de mano de obra barata.

WILLIAM WALKER

En este contexto aparece William Walker un esclavista y fanático religioso que al frente de un ejército privado había intentado apoderarse de algunos territorios mejicanos y que había puesto sus ojos en Centroamérica. Walker y sus soldados se habían convertido en algo similar al ejército de los estados esclavistas.

En 1855 estaba en San Francisco acondicionando un viejo bergantín, al que había bautizado como «Vesta» para con sus 58 «inmortales» iniciar su labor de filibusterismo en Nicaragua cuando recibió una invitación que allanaba su camino.

Por mor de esta invitación lo que habría de ser una típica misión de filibusterismo se convirtió en una acción legal. Su Falange Americana había sido llamada en socorro de unos amigos.

Nicaragua estaba al borde de una guerra civil entre liberales y conservadores, el país estaba partido en dos, de hecho se hablaba de que tenía dos capitales, Granada y León, una bajo control liberal y la otra conservadora.

Lo que nunca imaginaron los anfitriones nicaragüenses eran las verdaderas intenciones del filibustero; que no eran otras que el estilo llevado en Texas*; para incorporar Nicaragua a los estados esclavistas del sur de los Estados Unidos. Y en sus ambiciosos sueños esta sería su primera etapa que continuaría con el resto de

Centroamérica y el Caribe hasta formar una especie de estado esclavista.

Su ejército derrotó a los liberales y tomó la ciudad de Granada y en la Catedral sobre una alfombra roja se proclamó presidente de la Nación.

Derogó las leyes antiesclavistas, decretó el inglés como lengua oficial del país e incluso cambió la bandera nacional.

Se mantuvo en poder durante dos años hasta que fue derrocado y regresó a los Estados Unidos, donde fue recibido como un héroe, él había hecho suya la doctrina Monroe de «América para los americanos», pero para los del Norte a los del Sur «pues eso que le den».

Todavía en 1956 el presidente Pierce en su mensaje al Congreso norteamericano calificó a los filibusteros como «pacificadores», añadiendo que «una partida de ciudadanos californianos puso fin a la guerra civil en aquel país y lo pacificó»

Sus ansias aventureras le llevaron a dirigir otra incursión, esta vez fue Honduras el país elegido, donde la baraka lo abandonó. Allí fue capturado, juzgado y condenado a muerte.

Así narró, el 6 de octubre de 1860, el periódico The New York Times el hecho: «Marchó desde su celda hasta el lugar de ejecución con paso firme y semblante inquebrantable, tres soldados avanzaron y dispararon sus mosquetes esparciendo su cerebro y su cráneo al viento».

*LA ANEXION DE TEXAS

Durante la época colonial se autorizó que colonos de origen estadounidenses se asentaran en Texas con sus esclavos negros incluidos, en 1820 el emperador mejicano Agustín de Iturbide y Aramburu, un militar criollo de ascendencia vasco-navarra confirmó esa autorización a pesar de que su país había abolido la esclavitud.

No se dio cuenta de que estaba poniendo al lobo a cuidar a las ovejas, o quizás le cegaron los dólares americanos que engrosaron, presuntamente, su buchaca.

En 1830 se habían establecido en el nuevo territorio 18 000 familias provenientes de Mississippi, Missouri, Tennessee y Alabama estados todos esclavistas recalcitrantes.

Estos colonos encontraban mejor mercado, dada su proximidad, en el vecino Estados Unidos que en los lejanos centros de consumo mejicanos.

Cuando el gobierno de Santa Anna aumento sustancialmente los impuestos y denegó el permiso de nuevos asentamientos los tejanos se sublevaron y proclamaron su independencia.

Declaración que no fue aceptada por el gobierno mejicano, los que dio lugar a una desigual guerra entre la nueva República y el imperio mejicano.

La guerra fue muy intensa, en solo siete meses de octubre de 1835 a abril de 1836 se libraron doce batallas con un resultado de 7 a 5 para los sublevados.

La batalla final tuvo lugar el 21 de abril de 1836 con la crucial batalla de San Jacinto en la que el presidente mejicano Antonio López de Santa Anna fue capturado y obligado a firmar el tratado de Velasco donde se reconoció la independencia de Tejas.

La administración norteamericano, con vistas a una futura integración del extenso territorio apoyó a los insurrectos., hecho que ocurrió en 1845 y que dio lugar a una guerra entre Méjico y los Estados Unidos.

En 1848 y tras su derrota los aztecas se vieron obligados a firmar el Tratado de Guadalupe-Hidalgo; oficialmente llamado Tratado de Paz, Amistad, Límites y Arreglo Definitivo entre los Estados Unidos

Mexicanos y los Estados Unidos de América, por el que cedían Texas, Nuevo Méjico y California a los yanquis.

Méjico perdería más de la mitad de su territorio y sería recompensada por daños de guerra con 15 millones de dólares.

La frontera entre ambos países se estableció en el Rio Grande.

A partir de esta contienda los Estados Unidos se consolidaron como una potencia bioceánica, con salidas a los océanos Atlántico y Pacífico, lo que le permitiría una posterior expansión por este último hasta sus posesiones de Hawái.

4 JULIANES Y QUISLINGS

DON JULIAN

En el año 711 las tropas bereberes de Tariq Ibn Ziyad desembarcaron en la aldea de Carteia en la bahía de Algeciras e iniciaron tras su triunfo en la batalla del Guadalete su expansión por Hispania.

Según la historia los cuatro navíos en los que se desplazaron los invasores fueron facilitados por un tal D. Julián Urbano que a la sazón era el Conde de Ceuta y responsable del mando del estrecho.

Con esta acción, traición, D. Julián quiso vengarse del, supuesto, agravio recibido del rey Don. Rodrigo que habría abusado de su hija favorita.

La prosa popular decía: «ella dijo que hubo agravio, él que gusto compartido»

QUISLING

El líder noruego Vidkun Quisling encabezó el régimen colaboracionista noruego con la Alemania nazi durante la Segunda Guerra Mundial.

Don Julián en español y Quisling en inglés son sinónimos para referirse a un ciudadano que colabora con el enemigo, sinónimo de traidor o colaborador.

N.A. Las lenguas viperinas no dudan en afirmar que a estos términos se unirá, más pronto que tarde, el de Sanchista (no entiendo muy bien porqué, pero eso es lo que afirman por los cenáculos madrileños y sus aledaños).

[5] *AUGUSTO CESAR SANDINO*

Criado en una familia modesta, trabajó en la propiedad rural de su padre hasta que a los 20 años decidió buscarse la vida por sí solo.

Deambuló de aquí para ya sin rumbo fijo, hasta recalar en la mina San Albino, de propiedad norteamericana, y en ese lugar inició su lucha por la causa nacionalista.

A los pocos meses había formado una cuadrilla y compró unos vetustos rifles a unos traficantes de armas.

El país estaba inmerso en una guerra civil, liberales y conservadores se habían enzarzado en una guerra fratricida, Sandino era de la opinión de que la guerra debía ser librada contra el ejército invasor, el estadounidense, no entre hermanos.

Aunque su primera batalla la perdió, eso solo hizo reafirmar su creencia en la lucha contra el invasor.

Se refugió en el cerro del Chipote, de más de 800 metros de altitud y situado en las inmediaciones de Quiaili en las provincia de Novo Segovia, que con el paso del tiempo se convertiría en un lugar emblemático para los sandinistas.

En Rio Grande se entrevistó con el general Moncada que a la sazón era el comandante general del ejército liberal que luchaba contra los conservadores que estaban apoyados por los Estados Unidos. Sandino le pidió armas y municiones que le fueron denegadas.

Sandino y su columna se dirigieron hacia Puerto Cabezas y allí, con la ayuda de las barraganas del puerto, recogió las armas que la Marina había decomisado a las huestes conservadores y que habían arrojado al mar.

Sandino era el primero en dar ejemplo, marchaba al frente de su columna enarbolando una bandera roja y negra con la inscripción LIBERTAD O MUERTE.

Su guerra de guerrillas le reportó tales éxitos que despertó los celos del general Moncada, que un día, agriamente, le espetó: «¿A usted quien coño le ha nombrado general?», a lo que Sandino, humilde pero firmemente contestó: «Mis hombres, general».

El general Moncada se rindió ante los estadounidenses y transmitió a Sandino las condiciones del armisticio.

Sandino no puede contener sus lágrimas, una vez más, el país ha sido abandonado, vendido cual almoneda, se debatía en una duda hamletiana, entregarse él también, rendirse y entregar las armas, o seguir luchando en una desigual guerra que solo tendrá como final su muerte y la de los suyos. Enfrente tenía al poderosísimo ejército americano, con sus barcos, sus aviones, sus cañones y su temible y bien entrenado cuerpo de marines.

Antes que rendirse decide inmolarse para servir de ejemplo a las futuras generaciones.

Esta drástica decisión transforma una guerra librada por generales oportunistas al frente de unos soldados que han sido incorporados por leva y por lo tanto desmotivados, en una guerra patriota, un ejército compuesto por el pueblo, unos desharrapados campesinos, que se llaman entre sí hermanos y que inician la primera guerra de guerrillas librada en suelo americano.

Guerrillera

Su lema es muy elocuente: Patria y Libertad, con un sello que representa a un campesino degollando con su machete a un soldado yanqui.

En el cerro de El Chipote había visto la luz el «Ejercito Defensor de la Soberanía Nacional».

Tras sus numerosas victorias se empezó a crear la leyenda del «General de Hombres Libres».

La retirada de los norteamericanos, que debería haber sido un hito importante en la historia del país y un reconocimiento a la labor de Sandino y sus partidarios, se iba a convertir, por mor de la ambición y carencia de dignidad de unos pocos en una pesadilla para Sandino y sus hombres.

La traición y la muerte le aguardaban emboscadas en las amables palabras de unos políticos corruptos y traidores.

El presidente Sacasa y Sandino acordaron un plan de paz en el que el gobierno prometía no solo una amnistía general para todos su seguidores sino también el reconocimiento a la justicia de su causa.

A cambio de la entrega de sus armas se les prometía la entrega de un trozo de terreno baldío para que iniciaran una nueva vida como agricultores.

Como muestra de la sordidez y bajeza moral del acuerdo que le ofrecieron a Sandino, en el artículo primero se dice:

«Los representantes del general Augusto César Sandino declaran, ante todo, que la cruzada en que han estado empeñados él y su ejército ha propendido a la libertad de la Patria; y de consiguiente, en el momento actual, desean consignar en nombre de su representado, su absoluto desinterés personal y su irrevocable resolución no de exigir ni aceptar nada que pudiera menoscabar los móviles y motivos de su conducta pública, Quiere él, asentar como

principio o base inamovible, que ningún lucro o ventaja material aspira a conseguir. En vista de las precedentes manifestaciones de elevado desinterés, los representantes de los partidos Conservador y Liberal Nacionalista rinden homenaje a la noble y patriótica actitud del referido general Sandino».

Y en ese beso de Judas no solo participó el presidente Sacasa sino que también lo hizo el Director de la Guardia nacional Anastasio Somoza.

En ese acuerdo solo hubo un hombre que actuó de buena fe, Sandino.

El siniestro Somoza ya había perqueñado, con la connivencia del indigno presidente, un plan de aniquilamiento del ingenuo y confiado héroe nacional.

Todavía estaba fresca la tinta del acuerdo de paz y ya comenzó el hostigamiento y acoso a los sandinistas.

A pesar de las varias visitas de Sandino a Sacasa y las promesas de este, el acoso continuaba, las tropas de Somoza asesinaron a varios sandinistas que estaba desarmados y regresaban confiados a sus hogares.

En Wiwili, donde se habían concentrado la mayoría de los desarmados sandinistas la Guardia Nacional cerró el cerco y amenazaba con aniquilarlos.

Sandino decidió viajar a la capital y entrevistarse por enésima vez con el Presidente.

Sandino no lo sabía pero para este viaje el billete era solo de ida.

El 21 de febrero de 1912 Sandino acudió a su cita con la muerte, después de cenar con el presidente en el Palacio Presidencial, regresaba a Managua con sus fieles acompañantes cuando fueron interceptados por la Guardia Nacional, conducidos a un descampado *y ejecutados. Al unísono los 300 sandinistas desarmados que se habían refugiado en Wiwili junto con sus mujeres e hijos fueron masacrados por los esbirros de Somoza.*

Algún tiempo después de estos hechos, en una fiesta privada que sus cuates le ofrecían, el Director de la Guardia Nacional, Anastasio Somoza, quizás llevado por los efluvios del buen wiski escocés y su desmesurado ego, no tuvo empacho alguno en declarar: «Yo ordené ejecutar a Augusto Cesar Sandino».

6 EL CLAN SOMOZA

EL FUNDADOR

Anastasio Somoza García hijo de un modesto hacendado se vio envuelto en un lio de faldas a la tierna edad de 16 años, al dejar embarazada a una sirvienta de su casa, por lo cual su familia lo envió al Pearce School of Business de Filadelfia a estudiar administración d empresas.

Dio lo que vulgarmente se conoce como «braquetazo» al casarse con Salvadora Debayle Sacasa sobrina del prominente político Juan Bautista Sacasa que posteriormente sería presidente de la República.

Deambuló de aquí para allá como un pollo descabezado, fracasando en todos los negocios que emprendió. Fue acusado de falsificar moneda, y tuvo que salir a uña de caballo de la ciudad, a la que regresó, ironías del destino, convertido en Administrador de Rentas por decisión de su tío el Ministro de Hacienda, Albino Román y Reyes.

El cafetal colindante con el de su familia pertenecía al general Moncada, cuando este estaba negociando el acuerdo del Espino Negro, con los norteamericanos, le nombró traductor oficial.

A los pocos meses de haber acogido en su casa al general Moncada, al que el terremoto de Managua había dejado sin hogar, Anastasio fue promovido a Ministro interino de Relaciones Exteriores, las aldabas seguían funcionando, lo que le permitió relacionarse más estrechamente con la Legación estadounidense, y establecer una relación muy estrecha con el representante yanqui Mr. Matthew Hanna, al parecer sus habilidades como bailarín le había convertido en la pareja de baile ideal para la señora Hanna.

En las elecciones presidenciales, su protector, el general Moncada fue derrotado por un tal Sacasa, Juan Bautista, un personaje de carácter débil e influenciable; para entendernos un Rajoy nicaragüense; que aceptó postergar a uno de sus generales preferidos y nombrar a Anastasio Director de la Guardia Nacional. El timorato Sacasa estaba metiendo a la zorra en el gallinero.

Sin experiencia militar alguna se le nombró general y se le puso al mando de la poderosa Guardia Nacional, con el consiguiente «cabreo» de los generales de dicho cuerpo que eran graduados de la Academia Militar y habían conseguido sus entorchados luchando contra los sandinistas y por lo tanto atesoraban más méritos que el advenedizo Somoza.

Al siguiente día las tropas estadounidenses abandonaban el país y dejaban el campo libre a Somoza, con un presidente de la República débil y timorato pronto Somoza se convirtió en el «puto amo». De ahí a la presidencia del gobierno solo había un pequeño trecho que Somoza se apresuró a recorrer.

Al igual que nuestro Somoza patrio, un tal Pedrito, ha colonizado y puesto a su servicio todas las instituciones del estado, Somoza hizo igual con la Guardia Nacional, una institución que había nacido para preservar y garantizar la democracia la puso a su exclusivo servicio.

El individuo que se convirtió en un tigre sediento de la sangre de sus conciudadanos era una marioneta en manos de los gringos. Hasta el punto de que cuando el presidente Roosevelt decidió invitarle a una visita a la Casa Blanca, ante la renuencia de sus consejeros ante tal visita, todo campanudo dijo: «Será un hijo de puta, pero es nuestro hijo de puta». Y se fue a pasear por los jardines de la Casa Blanca en su silla de inválido.

Anastasio pretendió presentarse a las elecciones presidenciales de 1944 pero la Constitución no permitía a los militares en activo participar en temas políticos, por ello apoyó a un tal Leonardo Argüello que no era más que un títere suyo, y como suele ocurrir muy a menudo, la marioneta se quiso deshacer de su creador y tuvo la «feliz idea» de pedirle a Somoza que dimitiera de su cargo de Director de la Guardia Nacional, el tal Argüello duró en el cargo 25 días. Fue derrocado por Somoza que se autoproclamó presidente.

Como las Constituciones en según qué países se cambian como el que cambia de camisa, Somoza llegó a un acuerdo con el partido conservador, liderado por otro general, un tal Emiliano Chamorro, para modificar el artículo que prohibía a los militares las prácticas políticas. Somoza se aseguró el poder hasta 1956.

La familia Somoza se apoderó de la nación y la convirtió en su finca privada, situación que se prolongó durante cincuenta años. establecieron una dictadura hereditaria, como suelen hacer todos los dictadores de uno u otro signo. Su miembro más conocido, por su lado oscuro, fue Anastasio Somoza Debayle más conocido como Anastasio II

Los Somoza, al igual que hiciera Franco, se auto consideraban «el bastión del anticomunismo».

Para consolidar su posición abolió el ejército y lo sustituyó por la Guardia nacional que se convirtió en su ejército personal, a la que convirtió, gracias al entrenamiento facilitado por los Estados Unidos en sus bases del Canal de Panamá, en una máquina perfecta de represión.

El primer Anastasio fue ajusticiado cuando en una de la orgías que le organizaban sus cuates, un joven Kamikaze se coló en la fiesta sacó su Smith and Wesson calibre 38.y colocó cuatro sangrientas rosas rojas en su blanca y almidonada pechera, en forma de disparos, que mancharon su inmaculado esmoquin blanco.

Y aunque fue trasladado de urgencia a un hospital en Miami, después de cuatro largos días de agonía dejó este, para él, apacible mundo.

Su sepelio fue un desfile de lo más granado de los dictadores mundiales, el Papa Pio XII le envió su bendición y su familia recibió una entrañable carta de pésame enviada por la Casa Blanca.

Cada 21 de septiembre, el poeta Rigoberto López Pérez, el autor de los cuatros disparos que acabaron con la vida de Anastasio, es homenajeado por el régimen sandinista.

Le sucedió su hijo Luis, pero la providencia divina, o quien sea que organiza esas cosas, lo fulminó con un mensaje en forma de infarto.

Y a dictador muerto, dictador puesto, llegó al poder otro Somoza, Anastasio Somoza Debayle, alias «Tachito».

Una dictadura no la impone un solo hombre, necesita rodearse de otros que le secunden, mercenarios a los que hay que colmar con prebendas, canonjías y lisonjas, y también necesita adormecer al pueblo llano bien embruteciéndolo con la propaganda o bien sometiéndolo por el terror y la represión.

El lema que acuñó Anastasio II se explica por sí solo: «Plata para los amigos, plomo para los enemigos y palo para los indiferentes».

Los amigos eran los Miembros de la Guardia Nacional, todos los niveles de este cuerpo de élite, tenía que ser prostituido, corrompido y comprado, de arriba abajo, generales, oficiales e incluso soldados rasos, todos recibían su recompensa.

Algunos representantes de la Justicia también entraban en la categoría de «amigos»

Los bienes de las personas asesinadas, detenidas o que abandonaban voluntariamente el país eran confiscados y entregados a los «amigos». Migajas en comparación con las riquezas que acumulaban los Somoza, pero cada persona tiene su precio.

El plomo iba dirigido a todo aquel que osara oponerse a los deseos o intereses del sátrapa y sus secuaces, principalmente los sindicalistas, el clérigo rebelde y especialmente los guerrilleros del FSLN.

El palo se utilizaba principalmente para tener atemorizada a la indefensa e ignorante ciudadanía, nadie sabía nunca en quien se podía confiar, cualquier comentario podía significar una condena de cárcel, la muerte, la posibilidad de ser «suicidado» o sufrir un estúpido accidente.

El régimen se valía de varios instrumentos cada cual más terrible y despiadado y con una misión específica cada uno:

La EEBI (Escuela de Entrenamiento Básico de Infantería) que se especializó en la represión de la insurgencia y que llevó a cabo masacres indiscriminadas contra la población, bajo la sospecha de colaborar con los guerrilleros.

La clandestina, secreta y privada «Mano Blanca» una organización de asesinos profesionales a los que se les encargaba trabajos puntuales como asesinatos selectivos de dirigentes políticos, sindicalistas y militantes importantes del Frente Sandinista.

«Trabajitos» que las fuerzas de seguridad oficiales no «debían» llevar a cabo.

La OSN (Oficina de Seguridad Nacional) una extraña mezcla de investigadores y asesinos cuya misión era denunciar y perseguir a todo aquel que osara levantar la voz.

Y por último el SAC (Servicio Anticomunista), como fiel lacayo del imperialismo norteamericano, el régimen se había contagiado de la paranoia yanqui, que veía comunistas hasta debajo de las piedras, el SAC daba seguimiento específico a todo aquel, fuera lo que fuese, que expresase simpatía a la ideología marxista-leninista.

Toda esta argamasa de entidades represoras se sustentaba en una especie de pirámide del terror, el represor de más bajo nivel, el que hace el trabajo sucio, siente pavor de contrariar o decepcionar al represor de cuello blanco y hará lo que sea necesario por satisfacerle.

El investigado a su vez se siente impotente porque sabe que el investigador tergiversará lo que diga para acomodarlo a la decisión que ya tiene tomada, el investigado es culpable sí o sí.

Se estima que la brutal represión se cobró un peaje de más de 50 000 personas

Para darse cuenta de la magnitud de la represión, en los 19 años, 5 meses y 29 días de intervención americana en la guerra de Vietnam las bajas estadounidenses fueron 58 000.

LA ACUMULACIÓN DE RIQUEZA

El clan Somoza se mostró insaciable en su afán de acumular riqueza.

Era el mayor exportador de café del país, poseía las mayores explotaciones ganaderas y agrícolas, eran propietarios de la flota mercante y de las líneas aéreas, los prostíbulos también eran de su propiedad y los lugares de juegos de azar.

Y para mayor escarnio los salarios de sus empleados se pagaban con cargo al erario público.

LA HUIDA

Y llegó el «día de la alegría», como a partir del 17 de julio del año 1979 se recuerda el día en que Anastasio Somoza, el mayor genocida de Nicaragua, se largó del país.

Dos días después las primeras columnas del Frente Sandinista de Liberación Nacional entraban en la capital y se iniciaba otro periodo borrascoso en la turbulenta historia del país

LA EJECUCIÓN

El sátrapa llevaba una confortable y cómoda vida en el Paraguay bajo el manto protector de otro dictador el general Stroessner.

El 17 de septiembre de 1980, el sátrapa circulaba en su coche blindado, un Mercedes Benz blanco, por, ironías del destino, la avenida del generalísimo Franco de la capital paraguaya, cuando un individuo armado con un fusil de asalto M-19 descargó su tambor mientras que otro con un bazooka RPG-2 al hombro lanzaba un proyectil que destruyó totalmente el vehículo.

El cuerpo del dictador quedo totalmente calcinado y en su cuerpo se encontraron 25 proyectiles.

Se barajaron muchas hipótesis sobre los autores del atentado, pero lo esencial era que el mundo se había librado de una alimaña sanguinaria.

[7] TERREMOTO DE MANAGUA

En 1972 Managua era como una vieja ciudad española, acogedora, muy humana, como muy familiar, todo el mundo se conocía y la gente iba caminado por sus tranquilas calles al trabajo, a efectuar sus compras o simplemente a pasear.

Era una ciudad limpia, ordenada, segura y pacífica. Sus habitantes amaban su ciudad y su tranquila forma de vida. Estaban orgullosos de su condición de managüenses.

Pero sus habitantes ignoraban y nadie se había preocupado de advertirles de que estaban asentados sobre una falla volcánica, que caminaban sobre arenas movedizas que en cualquier momento, como en una maldición bíblica, se los tragaría.

Al día siguiente del terremoto, el periódico de mayor difusión del país, por medio de su director Pedro Joaquín Chamorro escribía lo siguiente en su editorial: «El terremoto ha sido un ensayo de ese Juicio Final, y eso significa que nunca como ahora, debemos reflexionar sobre el equilibrio de la creación a través del cual, el Ser Supremo reclama su verdadero y perenne lugar como Señor de todas las criaturas que entre sí, deben ser iguales y tratarse con equidad y justicia».

Una forma como otra cualquiera de querer atribuir como castigo divino a algo que es solo consecuencia de la ignorancia del hombre al asentarse en el lugar inadecuado.

Managua está situada en el orilla sur del lago Xolotlán dentro de la Cadena Volcánica Centroamericana por lo que tenía ya un largo historial de seísmos.

La placa tectónica de Cocos en el Pacifico Oriental se mueve hacia el oeste y se hunde paulatinamente bajo la placa del Caribe.

Desde 1931 Nicaragua ha sufrido 10 movimientos sísmicos, de los que 5 fueron en el Océano Pacifico, y uno en Chinandega, otro en Nagaróte y un tercero en Cosiquina, Managua por su pate sufrió dos uno en 1931 y el que nos estamos refiriendo, en 1972.

PREMONICIÓN

Un avispado y observador redactor del periódico La Prensa, el ingeniero Carlos Santos Berroterán le hizo ver, en la tarde del 22 de diciembre, al director del periódico las similitudes que había entre la sequía que asolaba el país y la misma situación en el año 1931 que precedió al terremoto de ese año y solicitaba autorización para publicar un artículo sobre el tema y de alguna manera alertar a la población. El director decidió que el articulo saldría en primera página, articulo al que seguirían otros sobre el mismo tema en los días siguientes.

El calor era asfixiante y sobre las 22:00 horas se sintieron tres leves temblores, a los que los ciudadanos no prestaron atención, esos temblores eran para los managüenses como el pan nuestro de cada día. Ni tampoco prestaron atención al rojizo cielo.

EL TERREMOTO

Eran las 24:30 horas de la madrugada del 23 de diciembre cuando un temblor, que duró 30 segundos, pero de una intensidad de 6,2 en la escala de Richter destruyó la ciudad, en menos de una hora se produjeron dos replicas.

Lo que había sido una bella y entrañable ciudad quedó reducida a un amasijo de tablas y escombros.

Si los daños materiales eran incalculables el peaje humano fue escalofriante, casi 20 000 personas perdieron la vida y otras tantas sufrieron heridas, a lo que se unió el humo de los incendios declarados que hacía irrespirable el aire.

Los servicios de agua, electricidad, comunicaciones y alcantarillado quedaron fuera de servicio.

Se inició un éxodo generalizado, unas 200 000 personas trataban de escapar, los supervivientes querían salir de ese infierno en que se había convertido su otrora habitable ciudad, abandonaban sus pertenecías y salían en coche, los menos, en carros tirados por asnos, en bicicleta y, la mayoría, a pie; los «espabilaos», los oportunistas, los sin escrúpulos de siempre aprovecharon las circunstancias para saquear las propiedades abandonadas.

El gobierno decretó la Ley Marcial y hubo algunos fusilamientos.

En la zona antigua de la ciudad más del 90% de los edificios fueron convertidos en escombros, donde quedaron enterradas muchas personas. Las estructuras de los escasos edificios que resistieron estaban tan dañadas que tuvieron que ser demolidas.

Allí solo había desolación, muerte y calles agrietadas y llenas de escombros.

LAS CAUSAS

El ser humano es el único animal que tropieza dos veces en la misma piedra y que no suele aprender de sus errores, al parecer nadie sacó conclusiones del terremoto de 1931.

Cuando se reconstruyó la ciudad después del seísmo de 1931, los constructores, los especuladores y las sabandijas, buscaron el enriquecimiento rápido y construyeron estructuras frágiles incapaces de soportar cualquier otro suceso. El control de calidad brilló por su ausencia y no se llevaron a cabo estudios tectónicos.

LA AYUDA HUMANITARIA

Incluso en aquellas fechas, las noticias volaban, y ese mismo día el mundo entero estaba al corriente de la catástrofe, e inmediatamente reaccionó.

Los primeros en reaccionar fueron las Cruz Rojas de todos los países que enviaron sus reservas de alimentos, mantas, agua y tiendas de campaña. Sus miembros, médicos y psicólogos portando medicamentos y material sanitarios fueron enviados de inmediato para ayudar en las tareas de atender, física y psicológicamente a los damnificados. Los equipos de salvamento con sus perros adiestrados para detectar a personas enterradas viajaron de inmediato.

Se iniciaron en todos los países campaña de captación de fondos.

Los Rolling Stones recaudaron en un concierto benéfico en los Ángeles unos 300 000 dólares.

Pero lo que las buenas gentes no supieron fue que gran parte de esa ayuda NUNCA llegó a su destino, se perdieron en los almacenes que el sátrapa, la «urraca» máquina de esquilmar en que se había convertido la cohorte del dictador Somoza, se apropió de ella para revenderla y engrosar sus ya voluminosas cuentas corrientes en paraísos fiscales.

LA RECONSTRUCCIÓN

Cuando al pragmático dictador Franco le informaron de que al presidente de su gobierno y potencial heredero, Luis Carrero Blanco, lo habían «volado» al cielo de Madrid, su reacción fue decir un lacónico: «No hay mal que por bien no venga».

Eso mismo debieron pensar los nicaragüenses.

La pésima, la infame gestión de la catástrofe que realizó el gobierno dictatorial, con su líder a la cabeza, el latrocino fue tan descarado, tan flagrante, tan burdo y grosero que engrasó el resentimiento que el pueblo, a través del Movimiento de Liberación Nacional, el Frente Sandinista de Liberación Nacional, estaba mostrando hacia sus dirigentes.

Hasta los oligarcas nacionales se rebelaron, la competencia en los negocios del clan Somoza había llegado a extremos inaceptables, se pasaron, en bloque, a los sandinistas. En su fuero interno debieron pensar que a esos chicos nuestros, tan díscolos y revoltosillos, ya los meteremos en vereda.

Parecían pupilos aventajados de ese partido español, el PNV,(Partido de los Negocios Vascos) que recogían las nueces que las ensangrentadas manos de sus «chicos» hacían caer del nogal. Arzallus el jesuítico dirigente vasco dixit.

Lo que nunca llegaron a intuir (ni los nicaragüenses ni los vascos) era que esos díscolos muchachos no eran más que lobos disfrazados de ovejas idealistas.

8 PEDRO JOAQUÍN CHAMORRO

Desde su puesto como propietario y director del periódico más influyente de Nicaragua fua un acerbo critico de la dictadura de los Somoza, era como la «mosca cojonera» que día sí y día también no dejaba de aguijonear al dictador.

Para entendernos era la Cayetana Álvarez de Toledo que cada día fustiga a el robot que ejerce de tri ministro en el camarote de los Hermanos Marx en que se ha convertido el gobierno del cleptómano Sánchez S.A.

Chamorro había estudiado en el Instituto Pedagógico «La Salle» de los Hermanos de la Escuelas Cristianas, donde había tenido como compañero de clase a su, ahora, oponente, Anastasio Somoza Debayle.

¡Joder! pensará más de uno, que habilidad tienen las instituciones religiosas, llámense Hermanos de la Salle, Jesuitas u Opus Dei para generar dictadores, entre ellos por ejemplo Stalin.

Chamorro estudió derecho en la Universidad de Managua y en la de Méjico.

Sus actividades en favor de los derechos humanos en Nicaragua le valió varios arrestos, hasta en cinco ocasiones fue encarcelado.

El 4 de abril de 1954 un grupo de opositores, entre ellos algunos miembros de la Guardia Nacional habían planificado atentar contra el dictador cuando este circulaba por la carretea Panamericana a la altura de Jinotepe, pero fueron delatados por un traidor. Chamorro tuvo suerte porque fue sentenciado a dos años de prisión, algunos de los conjurados fueron torturados y fusilados.

Después de otra condena por rebelión y tras seis meses de confinamiento consiguió escapar y pedir asilo político en Costa Rica.

Tras dos largos años de exilio en aquel país, Chamorro y otros 110 opositores fue aerotransportado hasta Nicaragua. La eficiente, para mal, Guardia Nacional los capturó y fueron condenados a nueve años de prisión, salió libre un año después por una amnistía general. A veces los dictadores son muy «generosos» y como buenos cristianos aplican esa regla cristiana de perdonar los pecados ajenos.

EL ASESINATO

Pedro Joaquín se había convertido en un grano incomodo en la tafanario de Somoza.

Estaba reunido con los miembros de la UDEL (Unión Democrática de Liberación) porque aunque Somoza había aceptado negociar con ellos, el ala más radical del FSLN se oponía a todo tipo de negociación, para los sandinistas era el todo o el nada, o se iba Somoza a las bravas o no había acuerdo alguno. Era el lunes 9 de enero de 1978.

Al día siguiente salió de su casa a bordo de un flamante Saab deportivo, para dirigirse a su trabajo, cuando un coche se situó a su lado y le dispararon tres disparos de escopeta, el Saab derrapó y se estrelló contra un poste de conducción eléctrica. La muerte fue instantánea.

Tras una misa de corpore in sepulto sus restos mortales, seguidos por una multitudinaria procesión, fueron depositados en una tumba del Cementerio General, donde reposan desde entonces.

En 2012 la Asamblea Nacional de Nicaragua lo honró con el título de «Mártir de las Libertades Públicas», lo que proviniendo del régimen narcotraficante, sangriento y represivo de los sandinistas parece más una burla que una distinción.

Pero así es la vida

9 GUERRA ANGLOESTADOUNIDENSE

En 1783 tras ocho años de una encarnizada guerra, las trece colonias británicas que se habían declarado independientes de la Gran Bretaña vieron alcanzados sus deseos, habían nacido los Estados Unidos. Los britis habían sido derrotados en la batalla de Yorktown.

A la pérfida Albión la derrota y la independencia de sus colonias les debió saber a «cuerno quemado», vamos que les sentó como una patada en la entrepierna y se dedicaron, costumbre muy suya, a hostigar a la flota mercante de la neonata nación.

Por un lado querían asfixiar económicamente a el recién creado país y por otro lado querían seguir manteniendo su hegemonía naval y al tiempo defender a sus colonias canadienses de una más que probable expansionismo estadounidense.

Expansionismo que ya se estaba dando hacia el oeste y el sur, donde los territorios bajo la jurisdicción del reino de España estaban siendo amenazados.

En 1812 los estadounidenses cansados de este hostigamiento decidieron atacar a las colonias canadienses, donde había una gran mayoría de colonos angloparlantes y que mantenían fluidas y rentables relaciones comerciales con los estadounidenses, así como fuertes lazos culturales.

Por otra parte los estadounidenses consideraban un asunto de honor nacional luchar contra la prepotencia y arrogancia de los británicos que se creían en el derecho de asaltar e incautarse de sus barcos mercantes. El derecho a la libre circulación por los mares era un concepto sacrosanto para los estadounidenses.

En junio de 1807 se había producido un grave incidente entre las fragatas HMS Leopard y la USS Chesapeake. El presidente americano Jefferson exigió a los británicos que abandonasen las aguas territoriales del nuevo estado.

En mayo de 1881 son los estadounidenses los que se toman cumplida revancha la fragata USS President ataca a la corbeta inglesa HMS Little Belt a la que causa 13 muertos y 19 heridos. Para los americanos es la venganza por lo ocurrido en 1807

Durante tres años de 1812 a 1815 se produjeron múltiples encontronazos en el mar y en tierra.

Los ingleses que también estaban enzarzados en Europa en guerra con la Francia Napoleónica se encontraban en inferioridad numérica y de equipamiento, barcos principalmente, pero en su favor jugaba que sus tropas eran fuerzas regulares bien entrenados mientras que los americanos eran una milicia, una mezcolanza de voluntarios y reclutados a la fuerza.

Tras la estrepitosa derrota de 1814 en Bladensburg el presidente americano comentó: «Nunca hubiese creído que la diferencia entre una tropa regular y una milicia fuera tan enorme si no hubiese visto lo ocurrido ese día».

En 1814 Napoleón fue derrotado en la batalla de Paris por la Santa Coalición, formada por Reino Unido, España, Portugal, Rusia, Prusia, Suecia, Austria, y confinado en la isla de Elba; hecho que pudo propiciar un cambio de rumbo en la guerra americana.

Los ingleses dispusieron de más tropas para defender a sus colonias americanas. Liberaron tres ejércitos que enviaron a la guerra de ultramar.

Invadieron el condado de Maine y tomaron la capital del estado Washington D.C. e incendiaron el Capitolio y la Casa Blanca, la residencia del presidente.

Los yanquis respondieron y destruyeron a las fuerzas británicas desplegadas en el noroeste y el sueste del país. Nueva York y Baltimore se mantuvieron bajo control americano por tres veces los atacantes británicos fueron repelidos.

En Nueva Orleans sucedió igual, los atacantes británicos fueron rechazados.

España mientras tanto trataba de mantener la neutralidad de sus colonias, hasta que un tal Mateo González Manrique gobernador de Florida, tomó, por su cuenta y riesgo, la decisión de apoyar a los británicos, como respuesta los norteamericanos tomaron la ciudad española de Pensacola.

La última batalla se libró en Nueva Orleans donde los británico fueron derrotados en su intento de invasión. Una batalla inútil e innecesaria ya que ambos bandos habían firmado un acuerdo de paz. Desgraciadamente para los muertos y heridos aún no se habían inventado los teléfonos móviles que transmiten las noticias incluso antes de que acontezcan.

En diciembre de 1814 se firmó en Gante (Bélgica) el tratado de paz que ponía fin a esa guerra entre «primos»

Y como cada cual cuenta la feria según su particular punto de vista resultó que:

Para Canadá fue una victoria porque evitó ser conquistada por las hordas estadounidenses.

En el Reino Unido se consideró que había sido una victoria sobre su ex colonia.

Y en los Estados Unidos se consideró como el nacimiento del espíritu de unidad nacional y la demostración ante el Reino Unido y el mundo de la demostración de fuerza de la nueva nación y de su espíritu independiente.

Es decir todos contentos y como se.suele decir: «todos felices y comieron perdices y a mí no me dieron porque no quisieron».

E.Larby

IV LA DECISIÓN

Comenzaba a clarear, los débiles rayos solares inundaban poco a poco el entorno, vi salir a Víctor vestido con su atuendo de trabajo, montar en su caballo tordo y salir al galope seguido de su fiel Juan.

Mavi dormía apaciblemente envuelta en su chal, dudé si despertarla, me levanté sin hacer ruido y subí a mi habitación, estaba tratando de conciliar el sueño, cuando unos golpecitos en la puerta me despertaron de mi semi letargo, oí que la voz de Adelita decía tenuemente: Señor, la Señora le está esperando para el desayuno.

Me afeite rápidamente y como dicen en mi tierra de adopción me duché «a carajo sacao», me puse lo primero que encontré a mano y bajé.

Mavi estaba fresca como una rosa, sentada esperándome.

Adelita se había esmerado, la mesa lucía un recipiente con zumo de naranja recién exprimida, cosecha propia, una jarra de leche, una humeante cafetera y un apetitoso plato de rodajas de pan de pueblo recién orneado , y un enorme bol de tomate batido con ligero olor a ajo.

-Buenos días «bello durmiente»- me saludó con sorna. Debía pensar que se me habían pegado las sábanas. ¿Qué tal has dormido?.

-Yo regular ¿y tú?, te veo preparada como si fueras de excursión al campo y relajada como si hubieras dormido 10 o 12 horas.

-Me debí quedar dormida en el porche y tengo algo de dolor de espalda, te agradezco que no me despertaras porque entonces me habría desvelado y no hubiera podido dormir en toda la noche-.

-Me pasa muy a menudo, me lo han dicho, pero nunca recuerdo nada, diría muchas tonterías me supongo-.

-No me parecieron tonterías sino cosas muy interesantes, que parecen que te atormentan, espero que un día las completes, y saques a relucir todos esos esqueletos que todos tenemos en el armario, creo que te iría muy bien-.

-Algún día, ahora termina el desayuno que nos vamos de excursión-

Había tomado la decisión de no preguntar nunca nada, de dejarme llevar por ese torbellino que era Mavi cuando se ponía en movimiento.

En la puerta nos esperaba el dichoso coche sin capota. Mavi observó mi mirada y lanzó una divertida carcajada al ver mi cara.

-No te preocupes ese lo usaremos cuando estemos en el monte, ahora iremos en mi coche privado-, añadió con una sonrisa pícara.

Un precioso volvo azul marino descapotable se acercaba majestuosa y silenciosamente hacia nosotros.

En su confortable interior no se notaba si el vehículo estaba parado o rodando.

-¿Porque dices que es privado? No te imagino alquilando vehículos-.

-Este vehículo solo lo utilizo yo, nadie en mi ausencia se atrevería a usarlo, ¡ni mi hijo!

-Vamos a ir, se dignó informarme, hasta la laguna Don Manuel para que contemples un lindo lago, allí dejaremos el volvo a la custodia del encargado del aparcamiento y seguiremos en el 4X4 abierto que tanto te gusta-, el retintín, el cachondeo era patente, le gustaba burlarse de la gente pero lo hacía de forma tan natural y cariñosa que en vez de ofender resultaba hasta agradable, un poco de sana ironía de vez en cuando no hace daño parecía pensar.

-Y nos acercaremos a las Cascadas de la Gruta Bohemia- Y como el día había empezado con bromas e ironías se me ocurrió hacer el saludo militar y decir: Sí bwana.

En la recepción del complejo turístico la recibieron, como ya era norma general, con respeto y lisonjas.

Saludó efusivamente a una joven de muy buen ver, agradable, educada y con una deslumbrante sonrisa «profidén» que dejaba ver una dentadura blanca y que parecía esculpida por un escultor, tal era su perfección.

Brigitte. le dijo Mavi, ¿por favor le puedes decir a uno de los chicos que le muestre a mi amigo Franja las instalaciones mientras tú y yo platicamos un poco?. Aunque Mavi todo lo pedía por favor y con la mejor de sus sonrisas, la gente reaccionaba como si fueran órdenes.

Brigitte alzó su brazo derecho y como salido de la nada surgió un jovenzuelo con unas pantalones rojos y una chaqueta amarilla que inclinando su cabeza nos saludó muy ceremoniosamente.

Paquito, dijo Brigitte, muéstrale a este caballero las instalaciones y que entre en una de las cabañas, cerciórate en la recepción de cuales están desocupadas.

Paquito era locuaz y parlanchín y estaba encantado de servir de guía a un amigo de la jefa.

El recinto estaba muy bien acondicionado para aquellos amantes de la naturaleza que les gusta hacer senderismo y vivir sumergido en la naturaleza salvaje.

Las cabañas eran grutas acondicionadas, muy espartanas pero confortables, el chico me llevó de paseo por el bosque de robles centenarios, sin parar de parlotear sobre las excelencias del lugar, hasta un mirador desde donde se podía observar las aves y la fauna que puebla la zona.

Nos acercamos a echar una ojeada a una de las tres cascadas del recinto.

Terminé cansado y sediento en el jardín de las hortensias, donde le pedí al muchacho que me llevara al edificio, y me dispuse a disfrutar de una fría cerveza Búho imperial mientras Paquito se mantenía a distancia atento a cualquier indicación.

Se me acercó raudo cuando levanté el brazo, y le alargué un billete de cinco dólares que dignamente rechazó, alegando que no les permitían recibir propinas. A pesar de que para él era una pequeña fortuna se mantuvo firme en su actitud, el contraste con los americanos del norte, donde las propinas son obligatorias, y si no la das ellos se la toman por su cuenta, no dejó de sorprenderme agradablemente.

Mavi y Brigitte salieron por una puerta lateral a la recepción felices y contentas congratulándose de los resultados.

Nos despedimos entre sonrisas y lisonjas.

¿Y ahora?, me atreví a preguntar.

-Ahora te voy a llevar a mi lugar de contemplación, de reflexión, donde me refugio cuando estoy deprimida o tengo que tomar una decisión importante, el cerro del Sombrero-.

¿Dónde está ese santuario tuyo?, no sabía que había por aquí algún monasterio perdido en el monte.

-No es un monasterio, no hay construcción alguna es el pico de una montaña-

-No pensarás subir andando me alarmé-

-Tenemos el 4x4 capaz de subir hasta los 1.514 metros de altitud por los senderos de los excursionistas, Miguelito es un experto y conoce muy bien el camino, no te preocupes-, siempre decía no te preocupes lo que hacía que yo me preocupara aún más.

-No, si contigo no me preocupo, contigo estoy «acollonado» todo el tiempo, no gano para sustos, voy a terminar muriendo de un infarto-.

¡Venga quejica!, y me dio un manotazo en la espalda que me hizo tambalear, donde está ese valor torero de los españoles, donde esta ese espíritu conquistador de esos paisanos tuyos que conquistaron este continente. Los españolitos de ahora sois unos blandengues.

Al llegar a la cumbre, Miguelito sacó dos sillas de esas que usan los directores de cine y se retiró a una prudencial distancia.

Mavi se dejó llevar por la nostalgia, y comenzó a hablar consigo misma: Aquí en plena naturaleza me siento libre, en paz conmigo misma y rememoro tiempos pasados en los que creía ser feliz.

Sentada en este mirador, contemplando de lejos el zigzagueante discurrir del rio Macho, y oyendo la energía con que discurre por el abrupto curso, siento que mis baterías se cargan, me vuelve la energía perdida y me dan más ganas de continuar viviendo y alejo de mi al perro negro y grito ¡quiero vivir!.

Me pregunto si tengo algo de que arrepentirme y me contesto que el lamentarse, además de ser una pérdida de tiempo es una especie de autocompasión, sentirse víctima.

Me digo que cada uno vive la vida que las circunstancias, sus errores y sus aciertos, le ha hecho vivir.

Volvió la cara hacía mí y pareció percatarse de mi presencia, y dijo:

He leído en algún sitio una frase que me impactó, esa que dice que el ser humano es él y sus circunstancias.

Fue el filósofo español Ortega y Gasset, literalmente la frase fue «yo soy yo y mi circunstancia», y se refiere a las condiciones que marcan la vida de cualquier ser humano, donde, cuando y en qué lugar nació, en que familia, sus estudios, sus vivencias, sus aciertos y sus errores.

-Tenía razón ese señor, porque a medida que pasan los años me convenzo más de que la niñez es el momento más crucial de nuestra existencia, que nos marca, mucho más de lo que podamos imaginar-.

-Pero dejemos la filosofía que aún nos queda mucho camino- Y se levantó casi de un salto, no dejaba de sorprenderme esa vitalidad que demostraba en cada movimiento, parecía hacer sido entrenada en una academia militar.

Me percaté de que no iniciábamos el camino de regreso sino que continuábamos al frente, ¿No decías que íbamos a regresar?.

-No Darling-, de vez en cuando soltaba una palabra o una frase en inglés, -dije que nos queda un largo camino por delante; y eso como tu bien sabes, en toda tierra de garbanzos significa adelante no atrás-.

A sus órdenes, contesté tratando de ser jovial, pero empezaba a pensar: «esta vieja loca me va a llevar a casa Dios y nos perderemos, pero confiaba en el conocimiento que Miguelito parecía tener de la zona.

-La bajada fue de vértigo, tenía la impresión de que la parte trasera se levantaría y nos haría volcar dando una vuelta de campana-.

Después de un tiempo que no supe calcular, estaba tan aterrorizado con los continuos giros y tumbos del coche que solo tenía ojos para la carretera y calibrar el peligro de cada recoveco del camino. No quería mirar a los lados porque los barrancos eran impresionantes y las vías por las que discurríamos eran estrechas, a veces parecía que las ruedas iban en el aire.

El terreno pareció alisarse algo, pasamos por una especie de arco en cuyo frontal se podía leer: Finca Queveri.

El camino de tierra surcaba unas praderas enormes, las vacas pastaban a sus anchas.

Transcurridas casi dos horas me estaba preguntando ¿Dónde diablos está esa finca como se llame? Cuando en la lejanía pude vislumbrar una construcción.

Mavi, como ya era costumbre fue muy bien recibida por sus anfitriones.

-Tras las presentaciones de rigor, me ofrecieron una bebida y Mavi me dijo: -Relájate y descansa, nosotros tenemos que hablar de unas cosas, pero terminamos en seguida. Tuve que ir a los lavabos porque los nervios me habían disparado las ganas de vaciar la vejiga.

Regresamos justo a punto para la cena. La cara de Víctor parecía la de un Dios enojado, con mucho cariño pero con firmeza reconvino a su madre.

-Mamá que locuras estás haciendo, tú ya no estas para esos trotes, debes cuidarte y no meterte esas palizas, todo los que necesites saber sobre esos sitios lo tenemos aquí en nuestro ordenador-.

-Sí, pero a mí me gusta verlo personalmente, ya conoces eso de que «el ojo del amo engorda el caballo», ¿Quién te asegura que la información no está manipulada?

Mamá sigues tan suspicaz como siempre, llevamos asociados con ellos ¿Cuánto? 20 años.

Ahora entendía el viajecito, no había sido una excursión campestre, sino un viaje de negocios. ¿Hasta dónde llegaban las posesiones de lo que parecía era una jubilada jugadora de golf?.

Pasaron varias días en calma, todas las noches nos sentábamos en el porche sorbiendo nuestros punch run o nuestros Cardenal Mendoza, contenía las ganas de preguntarle, de interrogarla sobre su pasado que me empezaba a resultar fascinante, como una nicaragüense había llegado a Costa Rica y hecho esa fortuna que aparentemente era enorme. ¡Joder haber si esta tía es una narcotraficante y en algún remoto lugar de sus dominios tenía una plantación de amapolas!. Cualquier día aparecen aquí los de la DEA con los marines en sus helicópteros y la «cagamos», pero en seguida desechaba estos lúgubres pensamientos. Me parecían gente encantadora y sana, no había nada sospechoso ni en ellos ni en sus empleados.

Dos días después de nuestra excursión por la montaña, Mavi me dijo que deseaba, que necesitaba, pasear por la playa, caminar descalza por la orilla del mar, se notaba tensa y necesitaba relajarse, pero que no quería ir a un sitio demasiado concurrido.

Yo estaba de «oyente», convidado de piedra y como no conocía el país no pude aportar ninguna sugerencia. Ella estuvo un buen rato meditando y de pronto dijo: ¡Iremos a la playa de Garza!, allí solo hay surfistas.

Miguelito, bajo las estrictas ordenes de Mavi, conducía con sumo cuidado por la carretera estrecha, llena de baches y socavones, en tono jocoso le había dicho: «Miguelito como te metas en unos de sus profundos socavones y me aboyes la carrocería te voy a descontar las reparaciones de tu sueldo. Él con sus característico deje de los negros sudamericanos solo contestó: «Sí, mi ama». ¡Cuántas veces te he dicho que no me llames ama!, tú no eres mi esclavo, eres mi chófer y además muy bien pagado. Sí mi ama, tiene usted razón en que soy su conductor, pero lo de bien pagado no es muy exacto!. Miguelito, pareces un sindicalista, todo el tiempo pidiendo aumento salarial, hablaré con mi hijo, a ver que se puede hacer. ¡Gracias, mi ama!.

Estuvimos un buen rato paseando por la orilla, las cristalinas aguas nos acariciaban los pies, era como un relajante masaje.

Miguelito sacó las sillas, pero Mavi decidió sentarse directamente sobre la blanca y fina arena.

Extendió su mirada hacia el horizonte y se ausentó del mundo.

Venciendo mi innata timidez y el pudor que me daba indagar en una vida ajena, y para no molestarla en su meditación, suavemente le susurré al oído.

Mavi, ¿me vas a seguir contando esos retazos de tu vida, que aparentemente te atormentan? Sabes muy bien que guardándolos te hacen daño, todos tenemos esqueletos en nuestro armario y si los sacamos a pasear parece que se difuminan o por lo menos su efecto dañino se diluye.

Exhaló un hondo respiro, dijo: «Hasta donde hablé aquel día».

Hasta la masacre de la avenida Roosevelt

Guerrillera

El sangriento espectáculo que había contemplado me desequilibró mentalmente, por primera vez en mi frívola vida enfrentaba una realidad que hasta entonces había ignorado, o mejor dicho, no me había interesado en absoluto.

Llegué a casa y sin hablar con nadie subí a mi habitación y me puse a llorar desconsoladamente.

Pasé la noche en un duermevela, tenía pesadillas, veía una de esas enormes segadores entrando en un maizal y comenzaba a cortar los tallos, que se convertían en seres humanos.

Me despertaba con la sensación de que tenía las manos y la ropa manchadas de sangre, si cerraba los ojos la pesadilla era recurrente.

Llamé a mi fiel sirvienta María y le pedí que me subiera los periódicos quería saber si daban noticias del suceso. Los diarios oficialistas no decían nada pero el opositor La Prensa sí que hablaba largo y tendido sobre el tema.

Dedicaba amplia cobertura al tema, en primera página a tres columnas hablaba de la carnicería que la Guardia Nacional había perpetrado sobre inocentes y desarmados manifestantes que su único delito había sido manifestarse contra la tiranía del gobierno de Somoza y relataba minuciosamente los hechos.

La UNO (Unión Nacional Opositora) había convocado, con mensajes difundidos por las radios y el periódico de los escasos medios de oposición, una convocatoria a reunirse en la plaza de la República en la capital, el domingo 22 de enero de 1967.

Al atardecer alguien gritó: «vamos a botar del poder a los Somoza», los manifestantes se dirigieron hacia el Palacio Presidencial y enfilaron la Avenida Roosevelt, a la altura del edificio del Banco Nacional se toparon con un batallón de soldados de la Guardia Nacional.

Un individuo estaba encaramado al camión de bomberos preparando la manguera para con chorros de agua a presión disolver a la multitud, de pronto sonó un disparo y el sujeto se desplomó y cayó como un saco de patatas al suelo. Estaba muerto.

El oficial al mando de la tropa ordenó abrir fuego a discreción.

Los guardias abrieron fuego, las balas de sus fusiles automáticos M1 Grand causaron la muerte de unos 1 500 manifestantes Los organizadores de la manifestación se refugiaron en un edificio cercano, que fue blanco de los disparos de una tanqueta Sherman.

El periódico, en su editorial, narraba los hechos y enfatizaba que aunque no se descartaba que el autor del disparo que provocó la mascare hubiese sido efectuado por un exaltado manifestante, conociendo la caradura moral de los esbirros de la Guardia Nacional, este disparo hubiese sido un acto de bandera falsa, de la propia Guardia Nacional.

Destacaba el hecho de que por primera vez en la historia del país se había producido una comunión entre todas las fuerzas del espectro político del país, así en la UNO se habían integrado políticos conservadores, liberales, democristianos, socialistas y hasta comunistas.

Guerrillera

Y hacía hincapié en el apoyo recibido por parte de la oligarquía nacional que con estos actos se unían al rechazo a la dictadura somocista.

Lo que no decía el editorialista era el hecho que había producido este cambio de opinión de la oligarquía. Me vino a la memoria un comentario de mi padre en una cena con sus compañeros de profesión. Aunque con alguna confusión recuerdo que dijo: «Desengañaros, este régimen no caerá mientras los grandes empresarios no vean peligrar sus negocios y cuantiosos beneficios, pero cuando Somoza y su desmesurada ambición colida con los de ellos, entonces sí reaccionarán, y esto, queridos amigos, ya está sucediendo, Somoza está entrando en sectores que antes eran terreno propiedad de los que todos conocemos y a los cuales no voy a nombrar, solo deciros que los últimos informes, secretos, a los que he tenido acceso, destaca que en este minúsculo país hay al menos 210 individuos cuyos bienes superan los 30 millones de dólares, y esos serán los que promoverán una insurrección popular, pero solo cuando vean amenazados sus bienes, prebendas, canonjías y favores».

Al leer las noticias me di cuenta del carácter profético de esa observación de mi padre.

El editorial del periódico lo firmaba un tal Pedro Joaquín Chamorro[1]

Volví a llamar a mi sirvienta favorita y la instruí: -María vete con Pepe el chófer al salón de belleza Beatiful Lady, pregunta por Lucrecia y dile que venga a cortarme el cabello y que traiga unas pelucas. No admitas excusas dile que la ordeno que venga y tráela aunque sea a rastras-.

Cuando Lucrecia terminó su trabajo, le abrí mi armario y la dije: -Lucre, cariño, necesito que me hagas un favor, escoge de este nutrido vestuario los tres vestidos que más te gusten-.

Ella estaba confundida, pero hizo lo que le ordenaba.

-Estos tres creo que le sentaran muy bien-, me dijo, mostrándome tres de mis mejores vestidos, uno de Yves Saint Laurent, el segundo de Balenciaga y el tercero del Pedro del Hierro.

-¿Te gustan?- Le pregunté.

-Son divinos-

-Pues te los regalo, si tú me regalas el vestido que llevas puesto-

Me miró con cara de no entender nada, en su expresión pude leer que pensaba algo así como :Esta caprichosilla o me está tomando el pelo o se ha vuelto loca.

Venga decídete que no tengo todo el día.

Llamé a un taxi y de la casa salió una persona irreconocible para cualquiera que estuviera vigilando, en aquellas fechas nadie estaba libre de ser vigilado, los chivatos, los informadores, los correveidiles se contaban por miles, cualquiera podía ser un esbirro a sueldo de la temible policía secreta. La Oficina de Seguridad Nacional de la Guardia Nacional sospechaba de todos y de todo. Nadie, ni los supuestamente más afectos al régimen, estaba libre de sospecha.

Me apeé en la confluencia de la Avda. Argüello con la Avda. Sureste, caminé distraídamente mirando escaparates, por el cristal de los establecimientos ojeaba tratando de detectar si alguien me seguía me estaba volviendo paranoica, en el portal del número 48 de la Avda. Sureste una placa dorada exhibía Sergio González , Arquitecto, antes de entrar al edifico ojeé por última vez la calle.

Pulsé el timbre y la puerta se abrió. Una atractiva secretaria con una exigua minifalda y un generoso escote al ver mi aspecto me interrogó.¿ Desea algo?

-Deseo ver al Sr. González-

¿Tiene cita?

-No, pero es muy urgente-

-Lo siento pero si no tiene cita el Sr. Arquitecto está muy ocupado y no podrá recibirla, pida cita y vuelva otro día-

-Por favor dígale que es de parte de la señorita Álvarez-Cifuentes-.

Al escuchar esto, la minifaldera dio un respingo, todo el mundo sabía quién era Álvaro Álvarez-Cifuentes.

Cuando Sergio que era uno de mis muchos pretendientes, bueno más que pretenderme a mí, era a la fortuna de mi padre, salió de su despacho, como se suele decir «cagando leches», a saludarme.

Fui directa al grano

-Sergio, quiero hablar con tus amigos, esos «amigachos» tan especiales que tienes-

¿A qué «amigachos», te refieres?

-Sergito, no te hagas el tonto conmigo, tú y yo sabemos a los que me refiero-.

-¿Estás segura de los que dices? Piénsalo bien porque es un paso que una vez que lo das no te será fácil echarte atrás-.

-¡Déjate de monsergas!, ya soy mayorcita para saber lo que hago, dime donde puedo contactar con tus «amiguitos»-.

Me dio la dirección de un lugar del que no tenía pajolera idea de donde estaba aquel tugurio que se llamaba Bar El Polvillo-. Me tuvo que mostrar en un mapa como llegar usando el transporte público.

En vez de El Polvillo el sucio local debería llamarse la Polvareda, la suciedad campaba a sus anchas, el local estaba mal iluminado, olía a perro muerto y las sillas y mesas estaban a punto de colapsar, en el destartalado y viejo mostrador un camarero con un mandil aún más sucio que el mostrador, con el cabello sin lavar ni peinar, una boca desdentada y una barba de varios días me miraba con unos ojos lascivos e inquisidores, en la cara se reflejaba su pensamiento, otra aspirante a «putilla», cada día vienen dos o tres a ofrecerse para vender sus favores, el hambre está causando estragos entre la población más desfavorecida.

-Me envía Sergio-

-No conozco a ningún Sergio-

- El «listillo»- dije, este era el nombre de Sergio en la clandestinidad.

El hombre no dijo nada, solo indicó con la cabeza una desvencijada escalera. Al empezar a subir creí que todo el andamiaje se derrumbaba, a cada paso la cochambrosa escalera parecía quejarse, gruñía y se removía.

La escalera desembocaba en un estrecho y mal iluminado pasillo, a ambos lados unas puertas con unos números descolgados sostenidos a la puerta por un herrumbroso tornillo estaban a punto de caer al suelo, vi una puerta abierta, en una desvencijada mesa tres individuos mal encarados, sucios, barbudos y con unos restos de puritos colgándoles de las comisuras de los labios jugaban a las cartas.

El que parecía ser el jefe, me miró analizándome como si fuera una yegua y me espetó. ¿Eres tú la nueva putilla, que me dijo Ramón que me traería?.

Me sentía humillada, sucia, insultada, contuve las ganas de soltarle alguno de mis insultos preferidos, pero me controlé.

-Me envía «el listillo»- acerté a decir

Su actitud cambió radicalmente, parecía que mi «amigo» Sergio era alguien importante.

Me estuvieron interrogando, aunque no dejaban de lanzar miradas obscenas a mis piernas y a mis pechos que mostraban su canalillo por el amplio escote de mi vestido.

Me lanzaron mil y una preguntas, se turnaban y repetían la misma pregunta de forma diferente, trataban de encontrar alguna discrepancia, algún resquicio que pudiera levantar sus sospechas.

Finalmente parecieron convencerse de que era genuina, que no era un topo.

Me tendieron sus sucias manos en un gesto de saludo mientras decían algo que sonaba a bienvenida o algo parecido. Aparenté que no veía sus tendidas manos.

El cabecilla me dijo, -alójate en la habitación tres, si tienes familia deberías enviarles una nota diciéndoles que te vas con una amiga a pasar unos días al campo, así no se alarmarán y avisaran a la policía de tu desaparición, y aunque la bofia no hará ni puto caso hay que tomar precauciones. Antes de enviar nada me la tienes que mostrar.

-Ya se la dejé «al listillo». Él sabe a quién enviársela.

Llevaba tres días, que se me hicieron etenos, encerrada en aquella lúgubre y desangelada habitación y empezaba a estar paranoica, comencé a pensar que las cosas no eran como yo había imaginado, unos golpes en la puerta me sacaron de mi frustración, y una voz gangosa y ronca gritaba: ¡recoger todo, nos vamos!

En el pasillo había dos chicas de más o menos mí misma edad y dos jovencitos con pinta de imberbes que parecían asustados y aturdidos.

Nos metieron en un pequeño autobús de siete plazas y emprendimos un viaje a nadie sabía dónde, nadie dijo nada, nadie nos informó de nada, éramos como ovejas que las llevan al matadero y no se enteran.

El renqueante autobús enfiló la NIC 7 y vimos pasar kilómetros tras kilómetros de la semi despoblada carretera y extensas zona boscosas mientras los nombres de las cercanas poblaciones eran señaladas por grandes cartelones.

El viaje de casi ocho horas fue incomodo, tenso, caluroso y húmedo, cuando llegamos a nuestro destino, Bluefields, estaba sudada, hambrienta y cabreada. Empezaba a cuestionarme que «cojones» hacía yo allí, pero intuía que no había vuelta atrás, que no podía decir eso tan manido de «que se pare el mundo que yo me apeo».

Nos dirigieron al puerto pesquero y entonces el sujeto que acompañaba al conductor, que no había abierto la boca durante todo el viaje, dijo, tratando de parecer jovial: -tienen que aparentar que son un grupito de jovencitos que están exultantes porque van a realizar una excursión en barco.

Maldita la gracia que tenía el espectáculo que teníamos que montar, estaba sudada, hambrienta, cansada y tenía ganas de hacer pipí.

El barco parecía una reliquia del pasado, con la pintura de su casco descascarillada, el nombre casi borrado y el acceso era por medio de un tablón de madera desnudo, sin unos malditos quitamiedos para apoyarme.

Un vejete que portaba un raído uniforme que en su día había sido azul y con unas franjas amarillentas en su bocamanga y una gorra de un blanco amarillento en su cabeza, nos guio hasta nuestro alojamiento.

El camarote era estrecho y maloliente y en el solo había dos literas con tres camas cada una, el hombre nos indicó que al final del pasillo estaba el baño, él lo llamó «el retrete».

No habíamos terminado de tendernos en nuestros camastros cuando aquello empezó a vibrar, como un animal herido aquella estructura se quejaba y se lamentaba, parecía que se iba a descuajeringar y milagrosamente comenzó a moverse.

Un jovenzuelo, no tendría más de quince años, con unos pantalones cortos, una camiseta con la efigie del Che Guevara o de alguien, que se le parecía, que en su día había sido blanca y que ahora era de color indefinido, nos gritó ¡ya pueden salir a cubierta y tomar el aire!. Sus descalzos pies parecían tener alas, porque mientras nosotros nos tambaleábamos por el movimiento del barco, o lo que fuera aquel armatoste, él volaba escaleras arriba.

El espectáculo era de una indescriptible belleza, el vetusto buque se deslizaba majestuoso por las tranquilas aguas del mar Caribe.

El viejo marino se erguía orgulloso en su puesto de mando y nos saludó agitando su mano derecha, le hice señas de que si podía subir al puente, su brazo derecho me invitó a hacerlo.

Me ofreció una taza de humeante y oloroso café negro.

-¿Almirante, adónde vamos?-, le pregunté tratando de parecer jovial.

-¡A la soleada Cuba, mi niña!-

-¿A Cuba, y que vamos a hacer allí?-

-Mi niña, ese no es mi problema, a mí me pagan por llevarlos allí, yo lo hago, recibo mis dólares americanos y me vuelvo, ahora disfruta de la travesía y de este mar tan azul y descansa porque serán tres días muy largos y no siempre el mar estará tan calmado como ahora, que cuando el Caribe se encabrona se pone muy revuelto el muy «jodido»-.

Como Jesucristo que resucitó al tercer día así hicimos nosotros que nos recuperamos de los mareos y los vómitos que nos causó ese «jodido mar» como le había llamado el Almirante, arribamos a un lugar que pude ver se llamaba Trinidad.

Había un reducido comité de recepción y un enorme cartelón que rezaba en grandes letras: ¡Bienvenidos a Cuba hermanos del FSLN[2]!

Nos ofrecieron unas bebidas y abundante fruta y nos condujeron a un mini bus, en sus laterales dos enormes letreros FSLN.

Una agraciada y jovencita mulata nos anunció: en pocas horas, estaremos en vuestro punto de destino, la base de entrenamiento de las fuerzas especiales de Cuba, en Matanzas, allí os convertirán el luchadores por la libertad, recordar siempre Libertad o Muerte, ese es vuestro lema y ese es el nuestro.

Así se inició mi camino hacia mi conversión en una máquina, fría y sin alma, de matar.

EL ENTRENAMIENTO

Llevábamos casi un mes en esa base, había perdido la noción del tiempo, nos levantaban a las cinco de la mañana y entre carreras, ejercicios, adiestramiento en el montaje y desmontaje de los diferentes tipos de armas personales, lucha cuerpo a cuerpo no nos dejaba ni un minuto libre para pensar. Al caer el sol empezaban las clases teóricas. Me entregaron unas raídas hojas copiadas de una cosa que ampulosamente llamaban el Manual del Perfecto Guerrillero[3], las hojas estaban sucias y manoseadas, su anterior propietario había dejado sus huellas personales en las amarillentas cuartillas, me costaba Dios y ayuda recordar las exhaustivas instrucciones que aquel mamotreto contenía, casi 200 páginas de instrucciones, e indicaciones manuales de marcha, ataque, retirada, camuflaje individual y de instalaciones y equipo.

Todo orgullosos los instructore cubanos nos enfatizaban que el aprendizaje de ese «librillo» nos salvaría la vida, que era un compendio de los programas de instrucción de las mejores fuerzas especiales del mundo, los Navy Seals americanos, los Sayeret Matkal israelitas y los maestros y pioneros ingleses del SAS.

Una tarde noche nos dijeron, preparar vuestros equipos, mañana nos vamos de excursión.

Nos las prometíamos muy felices, pensábamos que nos concederían un día libre y aunque no había llevado conmigo mi colección de bikinis y tangas que solía usar en mi añorada Nicaragua y en sus hermosas playas, sí que me tendería al sol y dejaría volar mi imaginación.

Durante el largo trayecto me percaté que durante nuestra estancia en la base no nos habían permitido relacionarnos con nadie, solo con los instructores que eran unos fanáticos convencidos, hacíamos vida aparte, comedor, alojamiento; no salimos nunca de la base, no conocimos a nadie salvo a nuestros instructores. Nos decían que por motivos de seguridad, que había que mantener el secreto de la ayuda que Cuba estaba prestándonos.

La euforia duró lo que dura un pastel a la puerta de un colegio, cuando el instructor dijo: Vais a conocer y entrenaros allí donde empezó nuestro glorioso movimiento ¡Sierra Maestra!

Esa noche no pude conciliar el sueño, me preguntaba: ¿Dónde diantres me he metido? Esto no es ese romántico movimiento guerrillero al que me uní, esto era una guerra total, además manejada y manipulada por una nación extranjera que para más inri era comunista. Empecé a pensar que no era más que una niña caprichosa que se había metido en un jardín sin flores.

Me cuestionaba ¿Adónde nos va a llevar esto?, siempre había escuchado en mi entorno como en las tertulias después de las cenas, mi padre y sus amigos comentaban que los regímenes comunistas eran algo así como indestructibles, que eran como PitBulls o Rottweiler que cuando atrapaban a una presa, en este caso a un país, no lo soltaban nunca.

SIERRA MAESTRA

Un gran cartelón proclamaba Parque Nacional Desembarco del Granma.

En la playa de las Coloradas nos condujeron al pie del monumento La Portada de la Libertad, allí una uniformada jovencita, que lucía una esplendorosa sonrisa que dejaba ver su irregular dentadura nos explicó que este era el punto exacto donde los heroicos comandantes Fidel Castro[4] y Ernesto Che Guevara[5] pusieron su planta para librarnos de la oprobiosa dictadura.

Y para ilustrarnos un poco recitó de carrerilla una historia sobre la revolución y sus bondades. Era como un robot relatando una fantástica historia que se veía a las claras que ni ella creía. Cuba era una isla de miel y leche.

Nos acercamos curiosos a una réplica, a escala real, del famoso yate Granma en que arribaron desde Méjico.

De este encantador sueño nos sacó el instructor jefe que nos informó: Ahora vamos a realizar el mismo periplo que recorrieron nuestros héroes y vamos a revivir, como entrenamiento, algunos de las escaramuzas que ellos experimentaron.

Uno de los imberbes de la expedición que parecía haber estado en las batuecas, preguntó qué porque se llamaba playa las Coloreadas, el instructor jefe , él prefería que le llamáramos «camarada instructor», pero el tipo era tan zafio, tan ordinario que no le podíamos llamar camarada, lo fulminó con la mirada, su expresión dejaba traslucir su pensamiento: ¡Y este gilipuertas quiere liberar su país, vaya recua tenemos aquí!.

La joven sin perder su impostada sonrisa le explicó que era debido a la proliferación del mangle rojo que da colorido a las lagunas.

Nos entregaron unos pistolones que parecía de juguete y unos chalecos y nos dijeron que los juguetitos eran para disparar rayos no sé qué y que los chalecos emitirían unos sonidos que demostrarían que habíamos sido alcanzados por los disparos enemigos.

Avanzábamos penosamente en zigzag para evitar a las patrullas «enemigas», nos escondíamos en la maleza para evitar los ametrallamientos de la aviación, entre las patrullas y los aviones me «mataron» varias veces, el instructor jefe me rescataba y sus ojos decían ¡con esta lerda no va el FSLN a ninguna parte, vaya carajota tenemos aquí, con esta «mastuerza» no hacemos carrera ni en cien años, esta dura en la guerrilla lo que un helado en el Sahara, tiene menos futuro que un tuareg y su camello en el polo norte!.

Estuvimos vagabundeando por los montes y valles no sé el tiempo, quizás un mes o mes y medio, sobreviviendo como podíamos, alimentándonos de lo que daba el entorno, construyendo improvisados refugios, moviéndolos y camuflándolos casi diariamente, escondiéndonos de la aviación y esquivando a las patrullas.

Un buen día el instructor principal nos dijo:¡Ya estáis preparados para liberar vuestro país! Me pareció notar un deje de cachondeo en su forma de pronunciar esas palabras.

Deshicimos nuestro camino y volvimos a liberar nuestro país.

Dos días después de nuestra excursión por la montaña, Mavi me dijo que deseaba, que necesitaba, pasear por la playa, caminar descalza por la orilla del mar, se notaba tensa y necesitaba relajarse, pero que no quería ir a un sitio demasiado concurrido,

Yo estaba de «oyente», convidado de piedra y como no conocía el país no pude aportar ninguna sugerencia. Ella estuvo un buen rato meditando y de pronto dijo: ¡Iremos a la playa de Garza!, allí solo hay surfistas.

Estuvimos un buen rato paseando por la orilla, las cristalinas aguas nos acariciaban los pies, era como un relajante masaje.

Miguelito sacó las sillas, pero Mavi decidió sentarse directamente sobre la blanca y fina arena.

Extendió su mirada hacia el horizonte y se ausentó del mundo.

EL CAMPAMENTO

Mavi como hablando solo para ella continuó su relato.

Regresamos al pasado, en el mismo crujiente vaporcito que nos había llevado a Cuba, atracamos en Bluefields, allí nos esperaba el renqueante autobús con el mismo individuo al volante, por un momento pensé que todo había sido un sueño.

Uno de los adolescente, que seguía con la misma «caraja» de siempre, preguntó, ¿volvemos a Managua?. El malencarado conductor volvió su mugriento rostro, olvidándose de la carretera, el autobús dio un respingo y casi nos deslizamos por un talud, y de su desdentada boca salieron unas palabras que me costó entender: «No camarada, vamos al santuario desde donde el General de Hombres Libres, Augusto César Sandino, liberó a la madre patria», el sujeto parecía haberse aprendido de memoria el discursito.

Si el viaje de managua a Bluefields había sido algo dantesco, esté resultó mucho peor, una continua subida por una carretera mal asfaltada, muchos tramos de arena y piedra, unos precipicios que era mejor ignorar y unas pendientes que el renqueante vehículo parecía que no conseguiría salvar, me veía empujando aquel trasto.

No paramos en todo el viaje, no podíamos exponernos a que una patrulla de la Guardia Nacional nos detuviera, más de doce horas metidos en aquel vetusto autobús, cuando llegamos a las Garitas un bello pueblecito en la falda del Cerro, nos tomamos un pequeño descanso, vaciamos nuestras vejigas, nos refrescamos en la fuente publica, alguien nos acercó una hogaza de pan y unos tazones de una bebida caliente al que llamaba Atol.

Eran las seis de la mañana y el conductor nos instruyó, vamos a descansar unas horas en ese cobertizo, montaremos guardias de media hora, a las diez Carlitos, el guía indígena os llevará de excursión no olvidéis que sois universitarios agrícolas que estáis realizando un estudio sobre la flora y fauna de Novo Segovia.

Durante tres días estuvimos subiendo y subiendo por escarpadas pendientes, vadeando arroyos llenos de pirañas, soportando la lluvia y la humedad y sintiéndonos continuamente vigilados, comiendo lo que nos habían preparado en la aldea y durmiendo como y cuando podíamos, el campamento estaba a solo cien metros de la cima del cerro, demoramos tres días en recorrer los 700 metros desde la aldea, las alarmas eran continuas y nos teníamos que agazapar hasta que el pastor pasara con sus cabras y ovejas, no podíamos dejar huellas.

Yo no esperaba encontrar un campamento tipo militar, con sus barracones dormitorios, su comedor y su cocina perfectamente construidos y mantenidos limpios como los chorros del oro, pero si esperaba algo medianamente organizado.

Lo que encontré fue una especie de acampada hippie, allí parecía que cada uno se buscaba la vida, chamizos de troncos aquí y allá, alguna que otra tienda de campaña, gente deambulando de un sitio para otro, corrillos de hombres bebiendo y jugando a las cartas, mujeres mal encaradas que nos miraban como si fuéramos enemigas y muchas niñas, de entre 15 y 16 años, que nos miraban con unos tristes y melancólicos ojos, entre ellas algunas embarazadas.

Desde un chamizo de troncos y hojarasca tres mujeres vestidas con unos raídos uniformes se dirigieron hacia nosotras, los chicos habían sido recogidos por un individuo también de uniforme, las tras féminas se nos acercaron exhibiendo una calurosa sonrisa de bienvenida y se presentaron: Yo soy Juanita la doctora, dijo la primera y estas son Isa que es arquitecta y os ayudará en la construcción de vuestro chamizo y esta otra es Laura que como es abogada no os servirá de nada, solo para enredaros, y las tres profirieron una alegre y estruendosa carcajada celebrando la broma.

En seguida me sentí identificada con ellas, y al parecer también ellas sintieron la misma sintonía.

Nos convertimos en inseparables, gracias a ellas pude sobrevivir en aquella tóxica sociedad donde lo que imperaban eran el machismo, la adición a las drogas, al alcohol y al sexo.

Nos protegíamos de los abordajes e insinuaciones zafias de aquellos malolientes sujetos dormíamos en el mismo cobertizo con nuestros Kalanhnikos al lado y nuestro machete bajo los ramajes que nos servían de almohada.

Ellas fueron las que me informaron de quien era quien en aquella variopinta sociedad, de quien tenía que cuidarme y de quien fiarme.

Que no aceptara el casusa que me ofrecieran porque estaba hecho de maíz, piña y naranja y aunque era dulzón, contenía un 47% de alcohol lo que lo hacía muy pero que muy peligroso, puedes aparecer al lado de alguien con el que no pretendías dormir esa noche.

¿Y esa niñas embarazadas? Pregunté un día.

Esa es una tristísima, historia que un día, cuando esta pesadilla termine, habrá que llevar a un tribunal y castigar a los culpables, unos por acción y otros por omisión, quizás también a nosotras mismas.

¿Qué ocurre? Indagué.

Son niñas que algunos de nuestros compañeros, rapta y se las trae obligadas al campamento para que sea su concubina, algunos desalmados cuando se aburre de ellas las lleva a la selva, algunos, los menos desalmados, si se les puede llamar así, las abandonan con sus bebes cerca de un poblado, los más lo que hacen, es abusar por última vez de ellas y las asesinan, las descuartizan y arrojan los trozos a los arroyos y se divierten viendo cómo son pasto de las pirañas.

Lo que me resultaba todavía más vomitivo y repugnante era la forma en que algunos, los más sádicos y depravados, comentaban, al volver de sus acciones guerrilleras, ellos les llamaban «cacerías», sus fazañas, con que placer se vanagloriaban de a cuantos enemigos habían ejecutado y como lo habían llevado a cabo.

Había uno cuyo rostro, si es verdad eso de que la cara es el reflejo del alma, se iluminaba cuando relataba como había cogido por sorpresa a un desprevenido centinela, y de un solo tajo de su afilado machete le había «rebanado» el gaznate y moviendo sus sucios dedos, como si estuviera palpándolo, narraba como la sangre les salía a borbotones y se deslizaba por sus manos.

Otros se vanagloriaban de que ese día habían violado a dos o tres mujeres.

Y los había que decapitaban a sus víctimas y volvían con sus todavía sangrantes cabezas colgadas al cinto como trofeos de guerra. Era repugnante y vergonzoso.

Bruscamente el tono de voz cambió, del susurro nostálgico con el que estaba relatando su regreso al país paso a su tono natural, agradable, pero enérgico-

¡Miguelito! busca al marineo de siempre y dile que prepare su barca, quiero ir a la isla de los loros.

Cuando escuché la palabra isla me entraron las del «beri», me veía en medio del océano Pacifico buscando una isla perdida sabe Dios donde. ¿No pensarás ir a una isla remota, verdad?

Está aquí al lado en Puenteareas y desde allí se puede ir a nado, pero ni tu ni yo estamos para eso o ¿quieres intentarlo?

No gracias no tengo complejo de delfín o de pato.

Está a unos 10 kilómetros de aquí y con la barca a motor llegaremos en menos de una hora. Te preguntarás porqué quiero visitar esa isla. Es uno de mis lugares de relajación y de recuperación de mi energía, está deshabitada, cubierta de bosques bajos, pastizales y arbustos me permite recrearme en el bellísimo panorama que me circunda, cierro los ojos y puedo escuchar a la variada fauna silvestre, sus cantos, sus mensajes, sus vivencias, puedo distinguir, con mis ojos cerrados, la especie que está emitiendo esos sonidos, sin son fragatas, pelicanos, gaviotas y sobre todo el de los loros de nuca amarilla.

Sentados en nuestras cómodas sillas de tijera estábamos deleitándonos con el suave calorcillo del sol y recreándonos en el colorido de los loros, cuando Mavi dijo: «Creerás que estoy senil, pero necesito aislarme del mundanal bullicio, encontrarme conmigo, hacer una especie de introspección».

No se me ocurre pensar eso, creo que tienes el «coco» muy bien amueblado, a veces me salen expresiones de mi ciudad, ese ciudad que tanto me ha marcado, ese Cádiz, original, único e irrepetible, tu cabeza funciona mejor que el de gente más joven, lo que creo es que tienes un esqueleto en tu armario, tienes algún trauma que te está corroyendo lentamente y que si no lo dejas salir te devorará y hasta te puede llevar a una situación impensable.

Acaban de publicar que una víctima de la masacre del 7 de octubre en Israel, que fue torturada y violada repetidamente, un año después de los hechos no ha podido superar su depresión y se ha suicidado, a ti te puede suceder algo similar, no sé qué te ha pasado, pero debe ser muy grave porque te está carcomiendo.

¡Que exagerado eres!, pareces andaluz, se nota que has vivido muchos años em esa bendita tierra. ¿Acaso has estudiado psicología?

No, pero por mi trabajo he tenido que lidiar con gentes de todo tipo y pelaje y para ello he tenido que ilustrarme, hacer algún cursillo de análisis de la personalidad, lenguaje corporal y esas cosas sobre como catalogar a las personas, además, recuerdo lo que decía una tía materna, que no era muy letrada pero si sabía, con esa sabiduría natural que algunas personas tienen para lidiar con los problemas, ella solía decir: «el diablo sabe más por viejo que por diablo».

Mavi pareció recapacitar sobre el significado de estas palabras. Y volvió a retomar el hilo de su relato.

«Cuando regresamos de Cuba, nos llevaron a hurtadillas a un campamento guerrillero ubicado en el cerro del Chipote».

«Mi fama de inútil total para la lucha guerrillera me precedía, seguramente los cubanos habían informado de nuestro «progreso» en el adiestramiento, porque me dedicaron a tareas administrativas y de logística, solo esporádicamente participaba en actos de combate, mientras los comandos salían a guerrear, a hostigar a los soldados y en acciones de rapiña, yo sesteaba en el campamento al cuidado de los heridos y de los reservistas, siempre prestos a salir pitando si pintaban bastos y el campamento se veía amenazado.

Pero en esas esporádicas actuaciones activas, ocurrió lo que, y tengo que darte la razón, me atormenta y me está matando pasito a pasito.

Parecía una patrulla de rutina, solo teníamos que cerciorarnos de que la Guardia Nacional no merodeaba cerca de nuestro campamento. Yo iba en retaguardia con el MK.47 en posición de preparado.

Y entonces ocurrió.

Y rompió a llorar de forma compulsiva y desconsoladamente.

EL ORFANATO

Una mañana después de desayunar me dijo: hoy te voy a enseñar otro de mis sitios secretos. Enseguida pensé otra aventura con esta «chiflada», si consigo salir con vida de estas aventuras voy a empezar a pensar que soy cuasi inmortal.

¿Y se puede saber con qué me quieres sorprender hoy?

Impaciente, si te lo digo ahora ya no será una sorpresa, me dijo con una sonrisa maliciosa; me temí lo peor.

Me tranquilicé cuando al llegar al pueblo nos dirigimos a una tienda de juguetes, la encargada dio un salto de alegría cuando se percató quien era la visitante. Se deshizo en elogios, ¡que alegría verla doña María, cuanto tiempo, que magnifica la veo, cada día más joven, etc, etc, etc.!

Mavi sonreía, pero directa como era, le dijo Tere te veo muy bien, vamos al grano y empezó a dictarle, diez para los peques. 15 para los de 3 y 5 años, 12 para los siguientes, 7 para los mayorcitos y que les podemos ofrecer a los teenagers, son ya 20 y cada día vez me cuesta más entenderlos, nada de consolas ni teléfonos móviles, algo instructivo que les haga esforzarse y aprender.

Salimos los tres como si fuéramos reyes magos mientras Tere con fruición contaba los billetes, el maletero del exclusivo Volvo, no daba abasto, llenamos el resto de coche con los juguetes, íbamos enterrados en ellos.

A unos cinco kilómetros entramos por un portalón, en cuyo arco de entrada había escritas tres letras OMB y por el camino de gravilla aparcamos delante de una casona estilo colonial, al oír el ruido del coche, unas monjitas salieron presurosas a indagar quien osaba romper la paz del lugar, su gesto adusto se transformó en otro de alegría al reconocer el vehículo.

¡Bienvenida Mammy Blue!, gritaron a coro.

El nerviosismo de las monjitas era patente, no sabían que hacer ni que decir para agradar a tan, eso parecía, importante visita. Nos ofrecieron té helado, que tomé con deleite porque entre el calor que hacía y el cargar con los paquetes de juguetes teñía la boca seca.

¡Vamos a ver a nuestros pajarillos!. Dijo una vitalista Mavi

Salimos a la explanada exterior, al fondo distinguí unas construcciones tipo hangares, no pude reprimir la curiosidad y preguntarle a Mavi, ¿no iremos a montarnos en uno de esos aviones que tanto te gustan y volar a Uganda o a Mongolia para llevar estos regalos?. Porque estás tan «majara» que de ti espero cualquier cosa, porque esas instalaciones son las de un aeropuerto militar.

Siempre mi querido amigo tan mojigato y «acoquinado», esas instalaciones son la residencia y las aulas de mis niños. Esto es un orfanato. Mi orfanato.

La madre superiora había perdido la compostura y gritaba desaforadamente ¡Salid todos, salid todos ha venido Mammy Blue.

Un enjambre de niños de ambos sexos y monjas salieron a la carrera de los pabellones y meciéndose al ritmo de la melodía comenzaron a entonar una pegadiza melodía con una letra que me pareció amañada para la ocasión, quizás la prosa no estaba muy cohesionada pero era enternecedora.

Oh mammy, oh mammy, mammy blue, oh mami blue
¿Por qué no vienes cada día?
Tus visitas nos llenan de alegría
Somos tus hijos preferidos
Somos tus hijos más queridos
Alegra esa cara ya
Eres nuestra querida mamá
Te querremos toda la vida
Tu eres nuestra mamá preferida
Oh mammy, mammy blue, oh mammy blue

Las lágrimas se deslizaban por la mejillas de Mavi, eran tan abundante que semejaban un regato caudaloso. Sentí que la emoción me embargaba tuve que hacer un gran esfuerzo para dominarme, estaba a punto de llorar yo también.

De algún sitio surgió un sillón, Mavi sentada en él, con la ayuda de las monjitas empezó a distribuir los juguetes que entregaba con una sonrisa y un emocionado abrazo a cada uno de los niños, la veía feliz y relajada como nunca antes la había contemplado..

Íbamos en el coche de regreso a casa y le pregunté por qué la llamaban Mammy Blue y que significaba la frase OMB que he visto en el portal de entrada. Su sonrisa burlona afloró de nuevo

Una mañana, me levanté y como me pasa cada día estaba tarareando una canción y ese día era Mammy Blue, que curiosamente la escribió un francés , en un embotellamiento, y la hizo popular un grupo español los Pop Tops.

Y decidí construir ese orfanato, hablé con las monjitas de un convento de la ciudad que ya estaban haciendo esa labor y nos pusimos manos a la obra. E iba tarareando esa pegadiza canción de ahí surgió llamarlo Orfanato Mammy Blue.

¿Y qué te impulsó a ello?

Tú no has visto la miseria que hay en el país, como las familias desconocen las más elementales medidas de protección contra embarazos no deseados, las niñas a los 13 años ya son fértiles y son violadas por sus parientes más cercanos o por depredadores sociales, el aborto está prohibido pero se practica clandestinamente, las muertes de estas infelices criaturas, niñas y bebes, son numerosas y los tienen, no sé si decir la suerte de sobrevivir son abandonados, algunas madres los dejan tirados en las calles, otras, más dignas, lo depositan a las puertas de las instituciones religiosas, que no dan abasto ni tienen medios.

Quizás lo hice para tratar de compensar el daño causado.

¡¿Que daño, que hiciste que te atormenta tanto!?

Esta noche te lo cuento.

Recuerda que lo prometido es deuda y te voy a exigir que la pagues.

Levantó su mano y con deje de ironía, dijo: «Puedo prometer y prometo que esta noche te contaré una triste historia».

Esa misma noche, después de la cena, estábamos platicando con nuestro habitual cardenal Mendoza, cuando le recordé su promesa. Ella trató de escabullir el bulto.

Me levanté, me tapé el ojo izquierdo con un trozo de servilleta mojada y con aire furibundo le dije: ¡Jovencita, soy el pirata Barbarroja y como no cantes La Traviata en mandarín, te rebanaré con mi alfanje el gaznate.

Ella siguió la broma y con aire de damisela aterrorizada gritó: ¡No por favor, el gaznate no, cantaré, pero no me obligues a cantar la Traviata que no me la sé, cantaré por la Calle de Alcalá que me la sé mejor!

Se echó al coleto un buen trago del brandy y cerró los ojos.

Íbamos en una misión rutinaria de patrulla, un campesino nos había informado de que por los alrededores merodeaba una sección de la Guardia Nacional, yo iba en la retaguardia del pelotón, estaba tensa, no había participado en muchas acciones y ese puesto era muy delicado, muy importante, había que estar en alerta permanente, la tensión era insoportable, estaba nerviosa y al mismo tiempo aterrorizada, un mínimo descuido y caeríamos abatidos.

De pronto unos matorrales se movieron y escuché unas voces, reaccioné automáticamente, disparé mi kálashnikov, se oyeron unos gemidos y después el silencio. Acudí corriendo, mis compañeros me siguieron, cuando llegué no podía creer lo que mi ojos veían, empecé a vomitar, tiré el arma, me caí al suelo entre convulsiones, y lloraba, gritaba y maldecía, miraba al cielo e injuriaba a Dios y a toda su cohorte celestial.

Mis compañeros me dieron unos golpes en la cara para tratar de calmarme, esto me irritó aún más si cabe, me levanté y agarré a uno por el cuello y le apreté, lo hubiera estrangulado, estaba fuera de sí, de no ser porque me golpearon en la cabeza.

Sentí un fuerte golpe en la nuca y perdí el sentido.

Desperté en el campamento y una mano me pasaba un paño húmedo por la frente, reconocí a Juanita , la doctora, que me hablaba dulcemente, ¡tranquila cariño, todo ha pasado! ¿Qué ha pasado, pregunté?, una voz que me parecía familiar me decía: ¿no te acuerdas de nada?, no que ha pasado porque me duele la cabeza.

Mejor que no recuerdes nada.

Me convertí en una especie de zombi, me llamaban «la loca», de no ser por el grupo más culto de las guerrilleras, Juanita la Doctora, Isa la arquitecta y Laura la abogada, no sé qué habría sido de mí. Ellas me cuidaban y protegían.

Me contaron, mucho más tarde, que entre los dirigentes de la cuadrilla se discutía que hacer conmigo, era un estorbo y un peligro, unos proponían abandonarme en un poblado indígena, los más radicales preferían darme «matarile», yo estaba ausente, pero Juanita la doctora se plantó, en una de esas reuniones, desenfundó su pistolón, se lo plantó en la cara de uno de ellos, el más belicoso, y con voz firme e intimidadora dijo: «¡no somos asesinos ni abandonamos a nuestra gente, ¿así queremos liberar a nuestro país de la tiranía?, al primero que ose volver a plantear este tema, juro por mi santa madre, que le descerrajo un tiro entre los ojos, a esa niña la vamos a proteger y llevar con nosotros hasta que la podamos dejar en un hospital, esa niña no está loca está traumatizada!». Yo, nosotras dirigiéndose a las otras tres la llevaremos y la curaremos.

Cuando por la presión de la Guardia Nacional nos retirábamos o porque avanzábamos, a medida que ganábamos terreno, hacia la capital, ellas me transportan en una improvisada camilla.

Cuando en 1979 conquistamos la ciudad y el tirano se piró, me internaron en una institución psiquiátrica. Juanita se convirtió en mi ángel de la guardia. Allí permanecí un par de años.

El día que me dieron de alta me encontré con que no tenía donde ir, Juanita me dio cobijo en su casa y me ayudó a recordar quien era. Poco a poco me fue reconstruyendo, paseándome por la ciudad, intentando que recordara sitios. Un día me dijo, tengo que ir al orfelinato, ven conmigo, quizás te distraigas un rato, llegamos a una gran mansión que me resultaba familiar, intentaba recordar, tarea vana, una joven vestía una bata blanca, y la llevaba abierta, lo que dejaba ver un lujoso vestido, que me pareció inapropiado para una enfermera, de repente se me hizo la luz, era mi vestido de Chanel preferido. de pronto sentí un impulso, subí las escaleras y me dirigí a la que había sido mi habitación.

Pregunté de quien era la casa. Una especie de comisaria política me dijo: «Has dicho bien, era de un fascista redomado que ha huido como una rata, el abogado Álvaro Álvarez Cifuentes, que está en busca y captura para ajustarle las cuentas». Algo me hizo callar.

¿Qué iba a hacer ahora?, no tenía donde ir ni en quien confiar ¿Podía hacerlo en Juanita? Ella ya debía sospechar que mi familia había sido importante, la educación y las formas no se pueden ocultar. La tanteé un poco, ella también era de cierta clase, en la Nicaragua de entonces no se estudiaba medicina siendo de familia humilde.

Tomé la decisión de sincerarme. No se sorprendió en absoluto.

El régimen establecido ya había enseñado la «patita», se había instalado un régimen represivo, totalmente comunista, Daniel Ortega era un nuevo dictador.

Juana me comentó que ella también tenía sus problemas, este no era el régimen que había soñado, que muchos, como yo, que se unieron a la guerrilla nunca pensaron en un régimen comunista, la Iglesia se había desencantado, así como los liberales y los empresarios, muchos escapaban a la cercana Costa Rica, yo te llevaré allí y podrás emprender una nueva vida.

Tras este largo relato que Mavi había soltado casi sin respirar, traté de alguna manera de animarla, -yo nunca he estado involucrado en acciones violentas, debe ser muy duro matar a alguien y me imagino que a mucha gente le ocurrirá algo semejante y su cerebro funcionara igual-.

-Ya había matado antes, no era mi primera vez, aunque siempre lo hice en defensa propia, cuando veía mi vida amenazada, y eran o campesinos que nos espiaban y que por unas monedas nos delataban, o en refriegas con los miembros de la guardia nacional y lo sentía porque esos guardias, la mayoría, eran gente reclutada en levas que las mandaban al matadero sin piedad, y sentía lastima por ellos, me sentía mal pero era su vida o la mía-.

Me quedé atónito al oír estas palabras, no podía imaginarme que tenía ante mí a una persona que en nombre de una utopía había terminado con la vida de otras personas, culpables o inocentes, sin dejar mi perplejidad, la pregunté: ¿Entonces que fue?

-No quiero hablar de eso-

-Tienes que hacerlo, insistí, has empezado y ya no puedes volverte atrás, o sacas ese demonio que tienes dentro, esa especie de piraña que te está devorando interiormente o no la harás nunca-

Empezó a llorar desconsoladamente, entre convulsiones, como si estuviese poseída y el demonio fuera saliendo lentamente de su interior, balbuceó: -Había oído gritar y gemir a los que había disparado, pero esta vez eran unos gritos diferentes, de todas formas, siguiendo las consignas de no hacer prisioneros ni dejar huellas, corrí para rematar a los heridos y a los moribundos-

-Y lo que vi me trastornó, tumbados en diferentes posturas estaban los cuerpos de seis niños, cuatro chicos y dos chicas que no tendrían ni ocho años, sentí que algo se rompía en mi interior-

-Me había convertido en una asesina de inocentes criaturas-.

1 PEDRO JOAQUIN CHAMORRO

Véase nota 8 del capítulo III

2 EL FSLN

El Frente Sandinista de Liberación Nacional era una amalgama de tendencias políticas y religiosas, había sacerdotes, liberales, comunistas y todo aquel desafecto al régimen somocista y a su política de represión.

Organización en la que, como es habitual, los personajes más abyectos, los psicópatas sin dignidad terminan fagocitando y apoderándose de ella, para ponerla enteramente a sus intereses personales, traicionando a todos.

3 MANUAL DEL GUERRILLERO

PRINCIPIOS FUNDAMENTALES DE LA GUERRILLA

El principio de la guerra de guerrillas es que un pequeño grupo de combatientes pueda enfrentarse a un ejército convencional con mayor número de efectivos y mejor pertrechados.

La acción guerrillera debe ser continua, mes a mes, semana a semana, día a día, las 24 horas del día, para de esta forma mantener en continuo estado de alerta al enemigo y socavar su moral y su efectividad hasta que la desmoralización y el caos se apodere de él. Atacar constantemente en el lugar más inesperado, golpear y retirarse, sin dejar al enemigo la posibilidad de reorganizarse, recomponerse y contraatacar, sin defender ninguna posición, actuar como fantasmas.

El engaño debe ser un arma fundamental hay que aparentar que se ataca en un lugar cuando realmente la acción se lleva a cabo en otro.

Cuando las guerrillas combaten contra un ejército superior, se retiran cuando el enemigo avanza, lo hostigan si se detiene, lo atacan cuando se retiran o están carentes de municiones o de moral.

Los siete mandamientos, o premisas, del movimiento guerrillero son: La planificación, el estudio del objetivo, el factor sorpresa, la ofensiva, la movilidad y el cambio de procedimiento.

La Planificación

Decidir el cómo, el cuándo y el donde, objetivos se deben estudiar hasta el mínimo detalle y ser planteados de la forma más simple posible, flexibles, con diversas opciones y ser precedidos de un conocimiento exhaustivo del entorno, número de efectivos, su grado de preparación, su moral y disciplina, sus medios de transporte, su armamento.

Selección del objetivo

¿Qué utilidad tiene destruir, o capturar, ese objetivo para la guerrilla o para el enemigo? No se debe emplear los escasos recursos disponibles en acciones que no aporten beneficios tangibles.

El factor Sorpresa

Sin este factor resultaría descabellado lanzar un ataque contra fuerzas numéricamente superiores. El ataque debe ser veloz, agresivo y concentrado en un solo objetivos. La consigna es golpear y escabullirse.

La Ofensiva

La guerrilla solo debe atacar nunca defender una posición y muchos menos ser emboscada.

La movilidad

Esto obligará al enemigo a vivir en un permanente estado de alerta, nunca se sentirá seguro, esta inseguridad socavará su moral y su espíritu de lucha, se sentirá impotente para localizarnos y atacarnos, para conseguir esta movilidad es imprescindible conocer perfectamente el entorno e ir ligero de equipaje, utilizar unidades pequeñas y disponer de planes flexibles o planes B con rutas de escape.

Concentración de fuego

Identificar el punto más débil del enemigo y concentrar toda la potencia de fuego sobre ese punto.

Diferencia de procedimientos

Es de vital importancia modificar constantemente la forma de actuar, evitar un modus operandi, esto desorientara al enemigo y nunca dispondrá de un procedimiento adecuado para contrarrestar el ataque.

ORGANIZACIÓN

La organización debe ser compartimentada, hay que establecer el adecuado sistema de seguridad y de comunicaciones, no contactar directamente con los grupos de apoyo, hay que usar intermediarios y es imprescindible granjearse el apoyo de los lugareños.

Hay que establecer un sistema de suministros, una red de contrainteligencia y de alarma.

ORDEN DE COMBATE Y MARCHA

Esta se debe adaptar en todo momento a las circunstancias, forma del terreno y acción a llevar acabo.

ORDEN ABIERTO

Columna táctica, encabezada por el jefe se forman columnas de a dos, separados un metro entre sí. Esta marcha se practica solo en la retaguardia o si se está alejado de las posiciones enemigas.

EN COLUMNA

Los integrantes se colocan en una hilera separados entre sí por unos 15 metros, aunque la distancia se puede reducir o aumentar según las características del terreno.

Esta marcha es fácil de controlar, y es muy rápida, al tiempo que tiene una gran capacidad de fuego al flanco pero escasa al frente. Se puede practicar cuando se está muy lejos del enemigo.

EN ROMBO

Los integrantes se colocan formando un rombo con el jefe colocado en el centro y separados entre sí por unos 30 metros evitando formar líneas rectas.

Esta formación permite capacidad de observación y fuego en todas las direcciones. Pero carece de potencia de fuego en una dirección.

Esta marcha se emplea cuando se está cerca del enemigo pero no se conoce su ubicación exacta.

EN GUERRILLA

Los miembros del comando forman una línea sinuosa, evitando estar a la misma altura y separados unos 10 metros entre sí.

Eso le otorga una gran potencia de fuego al frente pero queda desprotegida al flanco.

ORDENES SILENCIOSAS

En la guerrilla el silencio puede marcar la diferencia entre matar o morir, por lo que es oro puro, todas las indicaciones deben ser con manos y brazos. Aunque también se utilizan en pleno combate donde el ruido de los disparos impide la correcta audición.

Estas son algunas de las más utilizadas.

Atención- Brazo derecho alzado con la mano abierta y palma al frente, girando el brazo 180° a la derecha.

Adelante- Igual pero moviendo el brazo al frente.

Alto- Brazo derecho alzado, mano abierta y palma al frente.

Listos- Brazo extendido al frente, con la muñeca doblada de forma que la palma mire al frente y los dedos hacia arriba.

Reunión – Brazo derecho alzado con el puño cerrado y el dedo índice hacia arriba, moviéndose en un círculo.

Formar en columna táctica- Los dos brazos extendidos al frentes con las palmas de las manos hacia abajo.

Formar en columna de hileras – Brazo extendido al frente y la palma de la mano hacia abajo.

Formar en columna – Ambos brazos alzados hacia arriba con las palmas de las manos mirando al frente.

Formar en rombo- Ambos brazos alzados en ángulo de 45° y doblados en un ángulo de 90° y las palmas de la mano orientada hacia abajo.

Tenderse - Brazo derecho extendido al frente, mano abierta y la palma dirigida hacia abajo y moviendo la mano de arriba abajo varias veces.

Paso ligero - Brazo derecho alzado con el puño cerrado, los dedos hacia el frente, moviéndolo hacia debajo de forma que el codo forme un ángulo de 90° y el antebrazo permanece paralelo al cuerpo.

Cambio de dirección – Brazo derecho alzado, mano abierta y palma dirigida al frente, bajando el brazo mientras se gira el cuerpo hacia la dirección deseada.

Guerrilla – Ambos brazos extendidos hacia los lados, manos abiertas y palmas hacia abajo, si el despliegue es en una sola dirección se extenderá solo el brazo que corresponda.

Enemigo a la vista – Ambos brazos alzados sosteniendo el fusil e indicando la dirección en la que se ha avistado al enemigo.

Rompan fuego – Doblar enérgicamente el brazo derecho, la palma de la mano dirigida al centro del pecho.

Alto el fuego – Brazo derecho doblado a la altura de la cara con la palma abierta hacia la cara moviéndola varias veces arriba y abajo.

Fuera de acción – Golpear la palma de la mano izquierda con el puño de la derecha enfrente del pecho.

Abrigo y cubierta

Cubierta es lo que nos protege de la vista del enemigo peo no de su fuego, puede ser arbustos, hierbas, rocas.

Abrigo es lo que nos protege en ambos casos, puede ser un hoyo, una trinchera, un tronco de árbol o un tocón.

Posición de tiro y observación

Cuando nos situamos en posición de tiro, tenemos que disponer de un abrigo o cubierta para no exponernos a ser alcanzados pero que al tiempo nos permita ver al enemigo y poder batirlo.

Debemos disparar desde el lado derecho del abrigo, ya que si lo hacemos desde arriba nos hacemos visibles y si decidimos hacerlo por la izquierda perderemos la protección del abrigo o cubierta

MOVIMIENTOS

Los movimientos de un guerrillero pueden ser:

A pie- El guerrillero lleva su fusil en posición de porten o en cuelguen y debe estar pendiente a cualquier eventualidad, no hacer ruido y pisando cuidadosamente

A la carrera- El guerrillero debe trasladarse a la mayor velocidad posible desde la posición de tendido al nuevo punto de resguardo, cuando se está bajo el fuego enemigo el movimiento debe ser rápido y preciso, para ellos se debe seguir la siguiente secuencia: primero se selecciona el punto de destino, luego se ponen los brazos a la altura de los hombros, se adelanta la rodilla derecha y se incorpora, el fusil se lleva en posición de porten, al llegar al destino se salta para que los pies estén a la misma altura pero separados, se doblan las piernas para apoyarse sobre las rodillas y luego sobre los codos.

A Gatas – Se apoya sobre las rodillas y los codos poniendo especial atención en no levantar las caderas, se avanza con el codo y la rodilla derechos, después sobre el codo y la rodilla contrarios, la mano derecha sujeta el fusil por el cañón arrastrándolo por la culata de forma que el cerrojo quede hacia arriba. Este movimiento sirve para evitar ser vistos por el enemigo y tiene mucha utilidad en las incursiones nocturnas.

A rastras – Cuando se está frente el enemigo los movimientos son los mismos que a gatas pero completamente tendido, con el fusil entre los brazos

Movimiento y fuego

Tanto en ataque como en retirada este movimiento se produce cuando un grupo de luchadores se mueve sin perder el contacto entre ellos y disparando sus armas al unísono, aunque es el movimiento más peligroso es al mismo tiempo el más sencillo y rápido.

A saltos – Los saltos pueden ser sucesivos o alternos El movimiento sucesivo es menos peligroso, ya que mientras un grupo apoya y protege con su fuego contra el enemigo, el otro avanza a la carrera, una vez alcanzada la posición se intercambian los papeles, el más avanzado cubre al que se ha quedado atrás hasta que el segundo grupo alcanza la misma posición que el primero

En este el segundo tipo de avance el segundo grupo rebasa las posiciones del primero y avanza unos cientos de metros más.

CAMUFLAJE

GENERALIDADES

Es una técnica según la cual se pretende engañar o despistar al enemigo mediante tergiversaciones y falsas representaciones de personas, instalaciones y equipos.

Impedir que el enemigo nos detecte y así poder acercarnos a sus posiciones y en caso contrario a que él nos detecte en sus servicios de reconocimiento.

En la guerrilla nos tenemos que valer de todo lo que la naturaleza nos ofrece maleza, troncos, hierba, rocas, tierra.

Fabricados por la mano del hombre, como redes, uniformes capturados, mallas, corcho quemado, pinturas y carbón.

El objeto camuflado se tiene que confundir con el entorno.

Los camuflajes de las instalaciones y equipo deben tener formas irregulares para seguir la pauta que marca la naturaleza, hay que evitar las formas regulares.

```
Tc 05.00                          TACTICA

1) PROPOSITO DE ESTE FOLLETO
        Servir de guía a los instructores/organizadores y asistentes en la preparación de
        clases y en la instrucción en general.

2) ALCANCE
        Este folleto trata principalmente de los principios de la guerra de guerrillas, las
        operaciones que realizan las guerrillas, su organización, mandos, sistemas y
        tácticas en general. Sin embargo, con anterioridad, se explican los fundamentos
        de camouflaje, de orden abierto y tácticas de unidades convencionales, cuyo cono-
        cimiento resulta indispensable para la comprensión de la táctica de guerrillas.

3) ORGANIZACION
        Este folleto está dividido en 25 conferencias que corresponden, cada una, a las ma-
        terias de cada hora de instrucción, de acuerdo con el programa de la asignatura.
        Las primeras 9 conferencias se refieren a camouflaje, orden abierto y algunos
        principios muy elementales de táctica de unidades convencionales. A partir de la
        conferencia No. 10, estas se refieren específicamente a la táctica de guerrillas.
        Las conferencias comprendidas de la No. 17 a la No. 24 tratan de ejercicios prac-
        ticos en el terreno y en ellas se pretende dar una idea general de como puede
        ser conducido un ejercicio de este tipo y presentar un ejemplo que puede ser o
        no utilizado por el instructor/organizador y el sistente, de acuerdo con su
        criterio.


Tc 05.01                          TACTICA

CONFERENCIA No.1

MATERIA: Orden Abierto

1.- GENERALIDADES
    Definición.- Orden abierto es la serie de movimientos y formaciones que indican los
    dispositivos de combate o marcha que deben ser adoptados por las diferentes unidades
    en operaciones, así como, la forma en que se ejecutan dichos movimientos y como y cu-
    ando utilizar las formaciones.
    Objetivo.- Indicar al jefe la forma en que debe situar sus hombres o unidades suba-
    lternas de acuerdo con las diferentes situaciones posibles. Facilitar el control y la
    rapida adopción de un dispositivo determinado debido al conocimiento que tiene cada
    hombre o unidad subalterna, de la posición que debe ocupar y como alcanzarla.

2.- FORMACIONES DE LA ESCUADRA - COLUMNA TACTICA
        En esta formación los hombres se situan en dos hileras paralelas con un intervalo
    de 1 yarda y de manera que el primer hombre de la hilera de la izquierda este situado
    a la misma altura que el segundo hombre de la hilera de la derecha.

                        [1]      1.- Jefe
                                 2.- Fus-Base
                     [3] [2]     3.- Fus. (Cazador)
                                 4.- Fus. (Granadero)
                     [5] [4]     5.- Fus. Aut.
                                 6.- Fus. Aut.
                     [7] [6]     7.- Fus. (Aux. FA)
                                 8.- Fus. (Aux. FA)
                     [9] [8]     9.- 2do. en mando

        Esta formación es usada solamente en la retaguardia y otros lugares a gran distancia
        del enemigo, para mover fácil y rápidamente los hombres.
```

4 FIDEL CASTRO

Otro mito creado por la bien engrasada maquinaria publicitaria del comunismo caviar y la descerebrada progresía de los «hijos de papá», que como, en su confortable y parasitaria vida, tienen pocas cosas de las que preocuparse, se aburren, «matan moscas con el rabo» y se dedican a salvar a los desheredados de la tierra.

Se educó en los colegios católicos privados de La Salle y Dolores en Santiago de Cuba, cursó bachillerato en este último y los concluyó con la Compañía de Jesús en la Habana. En 1945 ya era Bachiller en Letras.

Sus maestros jesuitas del colegio de Belén decían de él: «Se distingue en las asignaturas de letras y ha sabido ganarse la admiración y el respeto de todos, ha decidido cursar la carrera de Derecho y estamos seguros de que su vida estará llena de páginas brillantes, tiene madera de líder».

Muy perspicaces estos jesuitas, aunque cometieron algunos «insignificantes» errores: las páginas fueron de sangre y la madera fue de genocida.

En 1945 estaba matriculado en Derecho en Ciencias Sociales y Diplomático en la Universidad de la Habana, carreras ambas que prostituiría hasta el máximo cuando decidió convertirse en tirano y no en defensor de la democracia.

Como aprobó todas las asignaturas, dedicó el verano de 1947 a ser héroe, se enroló en una expedición que fue a luchar contra el dictador dominicano Rafael Leónidas Trujillo. ¡Hay que ver lo que les gusta a estos «salva patrias» meter las narices en casas y vidas ajenas!

Es en esta etapa cuando abraza las ideas marxistas, leninistas, estalinista y todas las «istas», aunque las mantuvo bien ocultas.

En 1950 ya era Doctor en Derecho Civil y licenciado en Derecho Diplomático. Abrió bufete y se dedicó, eso dicen, a la defensa de las personas y sectores más humildes.

En marzo de 1952 se produjo el golpe militar que aupó al poder al espadón Fulgencio Batista y Fidel, justo es reconocerlo, fue de los primeros que alzó la voz para denunciar el carácter ilegítimo y dictatorial del nuevo gobierno.

En 1953 había organizado y entrenado a un grupo de más de 1 000 estudiantes y obreros y con 160 de ellos protagonizó, como preludio de lo que habría de venir, un asalto al cuartel de la Moncada, en Santiago de Cuba.

Aventura que como era de esperar dio con sus huesos en una cárcel

En su juicio, en su calidad de abogado, asumió su propia defensa, durante las sesiones, en su alegato «La Historia me absolverá» dejó unas frases que se transformarían en su programa futuro, dijo: «Ningún arma, ninguna fuerza es capaz de vencer a un pueblo que se decide a luchar por sus derechos. Ejemplos históricos pasados y presentes son incontables. Está bien reciente el caso de Bolivia, donde los mineros, con cartuchos de dinamita, derrotaron y aplastaron a los regimientos del ejército regular».

La frase la Historia me absolverá fue una hábil manipulación de la agitprop progre porque lo que realmente dijo Fidel fue: «La historia lo dirá todo». Pero bueno una mentirijilla más no importa «pelillos a la mar».

La Historia me Absolverá, fue publicada por sus seguidores, y se convirtió en el manifiesto del Movimiento 26 de Julio.

Fue condenado a 15 años de prisión.

Batista no era aficionado al futbol, porque si no conocería esa manida frase de «quién perdona termina pagándolo caro».

Y eso es lo que aconteció, el dictador les concedió una amnistía y todos salieron libre.

Castro y su cohorte se instalaron en Méjico.

En sus entrenamientos en la capital azteca, acuñaron una frase que se haría muy conocida: «En 1956 seremos mártires o libres», anunciando que en ese año iniciarían una arriesgada aventura que los llevaría al poder o a la tumba.

Guerrillera

  Sus actividades paramilitares, escalada de montañas, paseos por los montes, prácticas de tiro, defensa personal y prácticas de guerrilla no pasaron desapercibidas para los «manitos que entre copa y copa de tequila y algún que otro corrido mejicano, se decidieron a hacer algo.

  Hicieron una redada y los detuvieron, pero solo «un ratito», porque pronto los liberaron, las casas refugio fueron allanadas e incautaron armamento, que luego volvieron a adquirir en el mercado negro. ¿Como regresaron estas armas a su lugar de origen?. Misterios de la ciencia mejicana.

  Fidel y sus cuates entendieron que había que salir pitando, es decir pirarse cuanto antes, compraron un yate, ¡joder de dónde saca esta gente la «pasta gansa» si no dan palo al agua!

  El 25 de noviembre de 1956 el yate Granma surcó el rio Tuxpan, y se adentró en el golfo de Méjico en busca de la gloria o el fracaso. A bordo 82 jóvenes soñaban con alcanzar el Olimpo de los Dioses.

  El 2 de diciembre arribaron a la playa de la Coloradas, pronto fueron detectados y atacados por la soldadesca al servicio del dictador, unos fueron abatidos y otros detenidos, a los que pronto le dieron «matarile». Los supervivientes se pudieron refugiar en la Sierra Maestra. Donde se hicieron fuertes y desde donde iniciaron su lago camino que finalmente los llevaría hasta la capital y al poder.

  El octavo día del mes de enero de 1959 una triunfal columna de barbudos entró en la Habana donde una multitud enfervorecida les aclamó. A esa ilusionada muchedumbre les duraría poco la alegría, en pocos días pasarían de «Guatemala a Guatepeor», de una dictadura fascista a otra comunista.

LA TOMA DEL PODER

A los pocos días de la toma del poder, ordenó una brutal campaña de represión, no solo contra los colaboradores del régimen dictatorial de Bautista, sino también contra sus propios partidarios.

Se instauraron los tribunales populares que en juicios sumarísimos condenaban a muerte a los ciudadanos incluso con carencia de pruebas, las milicias de barrio espiaban y denunciaban a todo aquel insensato que se atreviera a cuestionar al Dios viviente en que se había convertido Fidel.

Noche tras noche las tapias de los cementerios eran testigos mudos de los fusilamientos.

Convirtió el fuerte de la Cabaña en un centro de tortura y muerte.

Prohibió la libertad de expresión, de reunión, a los sindicatos libres y abolió los partidos políticos. Promulgó una nueva Constitución hecha a imagen y semejanza de la de la URSS.

Su poder era absoluto, ostentaba la presidencia del Consejo de Estado, del consejo de Ministros y del Partido Comunista cubano. Cargos a los que se aferró como un ostión lo hace a la roca. No le hizo falta proclamar, a voz en grito, aquello de: «el Estado soy yo».

Retuvo todos los cargos hasta febrero de 2008 cuando un cáncer lo apartó de la vida pública, pero como pretendía instaurar una dictadura hereditaria le cedió la poltrona a su hermano Raúl.

En nombre del poder revolucionario, proclamó el 16 de abril de 1961 el carácter socialista de la Revolución Cubana. Los norteamericanos reaccionaron a su manera, decretaron un embargo comercial a la isla.

La amenaza de una invasión yanqui se palpaba en el ambiente, muchos cubanos en su fuero interno la deseaban, Fidel la temía.

Para garantizar la supervivencia de su revolución se hecho en bazos de la Unión Soviética y convenció al entonces presidente del Politburó comunista, Nikita Jrushchov a instalar en la isla rampas de lanzamiento de misiles, así como a construir una base para acoger submarinos nucleares.

Los Estados Unidos no podían permitir este dislate, no permanecerían impasibles a la instalación de armas nucleares a escasos kilómetros d sus costas. El país estaba expuesto a un ataque nuclear al que no tendría tiempo para responder.

Durante 14 largos días el mundo contuvo la respiración, en esos inciertos días tuvo lugar la conocida como Crisis de los Misiles *

Con su odio eterno a EE. UU, y su arrogancia y prepotencia, llevó al mundo al borde del cataclismo que puedo provocar una guerra nuclear.

No obstante hay que reconocer que a pesar de este sistema represivo se consiguieron mejoras importantes en los sectores económicos, educacionales y de asistencia sanitaria. Prácticamente el analfabetismo fue erradicado y la sanidad cubana fue puesta como ejemplo para todos los países del entorno.

Sin embargo estas mejoras no se llevaron al ámbito político donde el retroceso en las libertades llegó, a veces, hasta convertirse en implacable.

Se estableció la prohibición de desplazamiento entre localidades de la isla sin permiso previo y los desplazamientos al extranjero fueron cancelados.

Los ciudadanos que desearan emigrar lo harían después de ser obligados a dos años de trabajos para la comunidad. En la década de los 70 el gobierno español firmó un acuerdo con Cuba por el cual acogería a un cierto número de esos ciudadanos que desearan abandonar el país. Llegaron a España en un mes de diciembre vestidos con camisas de manga corta y una mano delante y otra detrás.

Los sectores a los que la presión golpeó con más fuerza fueron los periodistas, los defensores de los derechos humanos y los sindicalistas no afines. En juicios sin ningún tipo de garantía era acusados de mercenarios al servicio del imperialismo yanqui y condenados a largos años de prisión; en las cárceles eran vejados, torturados y sometidos a periodos de aislamiento, incluso se les negaba asistencia sanitaria, muchos murieron en prisión víctimas de la desnutrición y de las enfermedades.

A las Organizaciones Cruz Roja y Human Rights Watch se les vetó el acceso a la isla.

SUS GUERRAS

Con su desmesurado egocentrismo llegó a auto convencerse de que era un enviado de los Dioses o algo parecido y embarcó a su país en una serie de guerras que desangró aún más, si cabe, la ya de por sí paupérrima economía de la isla.

El adalid de controlar la deuda externa, el despilfarro de recursos debido a los gastos de defensa, no dudó en intervenir en todos los conflictos habidos y por haber. Y ningún lugar más adecuado que África, continente que desde el término de la segunda guerra mundial se había convertido en un polvorín, con luchas por la independencia, golpes y contragolpes de estado.

Solo llevaba cuatro años en el poder y en vez de concentrarse en reconstruir su país, envió un batallón de 22 tanques y equipo militar a Argelia donde se libraba la conocida como guerra de las Arenas.

Diez años más tarde, durante la guerra del Yom Kipur a petición de los árabes, envió, esta vez, no un batallón sino una brigada entera de tanques.

Durante 15 años y en el contexto de la Operación Carlota** mantuvo un ejército completo en Angola, se calcula que a lo largo de esos años más de 300 000 soldados cubanos pasaron por ese país africano.

Tropas cubanas también fueron enviadas a Etiopía para ayudar al gobierno socialista.

Los cubanos ayudaron al FSLN en tareas de seguridad e inteligencia militar.

Y en su papel de salvador de América latina,, en 1959, envió un contingente militar para incitar una revolución en ese país.

Intentó derrocar a la dictadura del dominicano Trujillo, enviando a 200 exiliados dominicanos comandados por 10 militares cubanos. Todos ellos fueron masacrados

Venezuela fue objeto de dos intentos de invasión que resultaron un fiasco. Esta vez el propósito no tenía nada de altruista, pues lo que perseguía era instalar un gobierno afín que le asegurara el suministro de petróleo. Y si era gratis total mejor que mejor.

Y hay que reconocer que prestó ayuda humanitaria en forma de envío de médicos, profesores y técnicos en numerosos países.

En mi pueblo esta práctica de beneficiar a otros olvidando a los tuyos se le llama «ser placer de casa ajena», pero como el Comandante no había estado en mi pueblo no lo sabía.

SU HIPOCRESIA

Como no me cansaré de repetir que el marketing político es lo único que saben hacer bien los comunistas y sus monaguillos, así que Fidel, al igual que Mao y Stalin, siempre aparecía en público con uniforme militar, para dar la impresión de hombre frugal, austero y sobrio.

En su vida privada era todo lo contrario

Cuando en 2006 por motivos de salud vestía prendas deportivas, estas eran de las mejores y más caras del mercado. La población se tenía que contentar con lo que buenamente podía vestir.

En 1983 se le detectó una ulcera cancerosa y ante los rumores de su muerte, no tuvo reparos en engañar a su pueblo haciendo circular su limusina, con los cristales tintados, el austero siempre viajaba en esta tipo de vehículo, por las calles de La Habana, con un doble, para hacer creer a la gente que estaba bien.

Y el hombre frugal y austero acumuló una fortuna personal estimada en más de 900 millones de dólares. Otros aseguran que la fortuna acumulada en las llamadas Reservas del Comandante» era mucho mayores, con negocios y posesiones en Cuba y en algunos paraísos fiscales.

El año 2014 se celebró en La Habana la cumbre de la CELAC (Comunidad de Estados Latinoamericanos y Caribeños), Castro invitó a algunos de sus participantes a su casa de la capital, que durante muchos años fue su residencia secreta y que para el servicio cubano de inteligencia era «el Punto Cero».

En las imágenes que se mostraron al público Fidel y sus cuates estaban sentados en unas sencilla mecedoras de mimbre en una terraza desnuda de todo ornamento.

Pero la piscina, el pabellón deportivo, el parque infantil y los amplios jardines con aves exóticas no aparecieron por ningún sitio.

Después de su muerte y en un libro escrito por uno de sus fieles guardaespaldas saltó a la palestra la Isla Cayo de Piedra, que el sátrapa convirtió en su isla privada.

El austero, el frugal, el sencillo servidor público se hizo construir un complejo habitacional con treinta edificaciones, una piscina de agua dulce, el agua salada irrita mucho los ojos, de 25 metros de longitud, y como le encantaba la sopa de tortuga, mandó construir un criadero de estos reptiles, la isla cuenta con un helipuerto y un refugio atómico.

De ser un crítico feroz de los lujos capitalistas pasó a ser uno de sus más acreditados consumidores, caviar Belluga, wiski de 21 años y puros Cohíbas, así como otras delicatesen.

Otro que no mentía sino que cambiaba de opinión.

MUJERIEGO (PICHA BRAVA)

Y como no podía ser menos otro de los placeres de la vida a los que no renunció sino que más bien libó al máximo, fue ¡el sexo!

A parte de los 11 hijos reconocidos no se puede calcular cuantas mueres tuvieron «el privilegio» de ser objeto de deseo del glorioso Comandante, para ellas debía ser un honor, tanto si era casada, viuda, soltera o virgen, de que el Comandante la llevara a su cama. Se dice que dormía cada día en un lugar diferente con la compañía de una joven escogida entre las diez o doce que sus esbirros le procuraban.

Y aunque no fue un padre ejemplar, sí que se preocupó de que a sus vástagos no les faltara de nada.

N.A. En mi libro El Despertar de la Conciencia hay algunas imágenes del lujo de las viviendas de la prole fidelista.

SU BARAKA

El refrán «hay quien nace con estrella y otros estrellado» cobra aquí todo su significado.

Cuando finalmente, Fidel mostró su «patita» y se declaró marxista, leninista, estalinista, pancista y todas las istas, los yanquis, que son muy suyos, dijeron ¡Basta!

No podemos permitir tener a un lunático, iluminado y neurótico individuo sentado en nuestro patio trasero. ¡Hay que neutralizarlo!

Y se dedicaron, con su ahínco habitual a la tarea.

En el periodo 1959-2007 los servicios secretos cubanos aseguran haber contabilizado hasta 638 proyectos para finiquitarlo. Ya serán menos lobos Caperucita.

El sátrapa, como no podía ser menos, está orgulloso de ser el centro de atención y presume de poseer el récord Guinness de haber sufrido el mayor número de atentados.

Lo que si es cierto que al menos cien de estos supuestos atentados se llevaron a cabo, algunos tan imaginativos y extraños como los que la revista «Mental Floss» señala.

MUJER FATAL

Una de las numerosa amantes de Castro, una tal Marita Lorenz, aceptó, supuestamente, una jugosa oferta de la CIA para hacerle ingerir unas capsulas envenenadas, que la meretriz guardó en un frasco de crema hidratante por lo que las cápsulas de disolvieron y el atentado se frustró.

EL TRAJE ENVENENADO

Durante la negociación entre Cuba y Estados Unidos para liberar, a cambio de 53 millones dólares, a los prisioneros del fiasco de la invasión de la Bahía de Cochinos, un negociador americano debía obsequiar a Fidel con un traje de buceo de neopreno forrado con esporas y bacterias que esperaba la CIA que infectarían al Comandante y le ocasionarían la muerte.

Seguramente el negociador se «riló» y le entregó un traje de buceo normal y corriente.

PLUMA-JERINGA HIPODÉRMICA

Alguien, equipado con una aguja hipodérmica impregnada de un potentísimo veneno, tropezaría accidentalmente con Fidel y este no notaría el fino pinchazo.

HABANO EXPLOSIVO

A los «cerebritos» de la CIA se les ocurrió la feliz idea de que un policía de Nueva York, entregara a Fidel, de visita en las Naciones Unidas un puro con explosivos que al encenderlo explotaría. Los sesudos espías no sabían que Fidel, precisamente ante ese temor no encendía personalmente sus puros, un lacayo hacía la labor.

HABANO ENVENENADO

El fracaso con el puro explosivo no disuadió a la CIA de usar los puros, está vez el puro estaría impregnado de toxina botulínica, capaz de matar a una persona casi inmediatamente. El ejecutor recibió el objeto pero, como el miedo es libre, se rajó y no entregó el impregnado habano.

LA CARACOLA EXPLOSIVA

Por si quedaban dudas de que a la CIA le gustan más los explosivos que un globo a un tonto, lo volvió a intentar otra vez.

Esta vez tratarían de sacar provecho de la afición al buceo de Castro, instalaron una caracola de brillantes colores y de una estructura muy original, que cuando el cubano se acercara la caracola a la cara explotaría y lo mandaría a bucear en las nubes.

LA BARBA

La CIA debía estar desesperada, tanto fracaso hería los egos de esos «cerebritos», tan mal acostumbrados ellos a triunfar siempre, así que pensaron cómo hacer para que Fidel perdiera su barba.

N.A Psicológicamente, la barba es signo de fortaleza e indirectamente supone el deseo de alcanzar un alto estatus social.

Los sesudos analistas y estrategas de la agencia de espionaje (asesinato) llegaron a la conclusión de que si Fidel perdía su barba también lo haría su imagen y aparecería ante sus súbditos como débil y falible.

Decidieron impregnar los zapatos de Fidel con sal de talio, un producto que se usa en los cosméticos depilatorios.

LSD

Los analistas de la CIA, debieron pensar eso de que «ha falta de pan buenas son tortas», y se dijeron si no podemos matarle físicamente lo haremos reputacionalmente.

Cuando estuviera Fidel en una de sus interminables peroratas por la radio, en las que durante horas se dedicaba aleccionar a su gente, los espías decidieron que gasearían con el alucinógeno LSD la emisora y se volvería «majareta» ante la sorpresa y el estupor de sus oyentes.

PAÑUELO CON BACTERIAS

A la CIA parece que las bacterias y las toxinas le gustan, sobre todo para recetárselas a otros.

Así que pensó que le enviaría un pañuelo impregnado de estos microorganismos, que cuando los inhalara le provocaría una enfermedad grave.

BATIDO ENVENENADO

Y vuelta la burra al trigo, la CIA lo intentó otra vez con un veneno.

En 1963 Fidel se hospedaba en el Hotel Hilton de La Habana, un camarero había aceptado envenenar un batido que iba a ingerir el mandatario cubano, pero la pastilla que estaba guardada en un frigorífico se quedó adherida a la pared de este y el aspirante a asesino cuando intentó despejarla lo que hizo fue romperla y desparramar el veneno.

Todo lo relatado anteriormente parecen cosas de película pero ocurrieron realmente.

LAS DROGAS

La DEA (Drug Enforcement Administration) la agencia norteamericana de lucha contra el narco tráfico relacionó a Fidel y su régimen con este abominable negocio.

Antes de la revolución, bajo el régimen de Fulgencio Batista, Cuba no solo era el prostíbulo de los norteamericanos sino también el paraíso de la droga, la mafia americana dirigía todos los negocios ilícitos, alcohol, drogas y prostitución, con el triunfo de la revolución estos negocios sucios solo hicieron cambiar de dueño.

En 1961, solo dos años después del triunfo de los revolucionarios se celebró en la Habana una reunión entre El Che Guevara, el director del servicio secreto cubano y el que posteriormente sería presidente de Chile Salvador Allende. Tema de la reunión: Estudiar la creación de una red de tráfico de drogas hacia los Estados Unidos para entre otras cosas, debilitar, enfermar y destruir a la juventud americana y al mismo tiempo conseguir fondos ilimitados para financiar a todas las organizaciones marxistas leninistas que proliferaban en la América latina.

La premisa era: «todo lo que sea dañino para los imperialistas será beneficioso para la causa».

Se creó una red de narcotráfico que involucraba a Chile, Colombia, Méjico y Cuba.

Chile, a la sazón, era unos de los grandes productores de cocaína del mundo y Colombia no le iba a la zaga. La red sería dirigida por militares cubanos bajo el mando del general Ochoa,*** que estaría bajo las órdenes directas de Raúl Castro ,«el hermanísimo», ergo bajo el mando de Fidel.

Cuando en 1989 estalló el escándalo y los tejemanejes de los Castro con el narcotráfico afloró, había que buscar a un chivo expiatorio que desviará la atención, una cortina de humo, que protegiera a los dos hermanos.

Y en esa especie de lotería, el premio gordo le tocó al eslabón más débil de la cadena, el general Ochoa y a su ayudante el coronel Antonio de la Guardia. Ochoa era el general que hasta esa fecha estaba considerado el militar más brillante del ejercito cubano. ¿Mataba Fidel dos pájaros de un tiro? No solo desviaba la atención sobre su persona y la de su hermano sino que también se quitaba de en medio a un posible competidor.

Después de un esperpéntico y controvertido juicio ambos militares fueron condenados y fusilados.

Fidel, el más que presunto narco traficante, se había erigido en adalid de la guerra contra esta lacra, en numerosas ocasiones había hecho declaraciones grandilocuentes sobre el tema.

Veamos alguna de las perlas cultivada más llamativas:

«La droga es hoy uno de los grandes dolores de cabeza, uno de los grandes problemas de la sociedad capitalista».

«En la Cuba del dictador Batista las drogas eran un consumo propio de la mentalidad enajenada del ciudadano en el régimen burgués y este negociaba con las drogas. El narco tráfico era un gran negocio que movía miles de millones de pesos y que de alguna manera estaba permitido, vía coimas y chantaje por las autoridades».

Para simular que luchaba contra este negocio, de vez en cuando, algún infeliz, era detenido y encarcelado, pero a los grandes no se les tocaba un pelo de la ropa.

«Para nosotros, los revolucionarios el narco tráfico es un delito gravísimo y lo combatiremos, si es preciso, derramar hasta la última gota de sangre».

«El capitalismo en el orden social implica muchas cosas más: prostitución, droga, juego, mendicidad, desempleo, desigualdades *abismales entre los ciudadanos, agotamiento de los recursos naturales, envenenamiento de la atmósfera, de los mares, de los ríos, de los bosques y, de modo especial, saqueo de las naciones subdesarrolladas por los países capitalistas industrializados».*

«En el pasado significó colonialismo y en el presente la neo colonización de miles de millones de seres humanos mediante métodos económicos y políticos más sofisticados, pero también menos costosos, más efectivos y despiadados».

«Cuba es uno de los países del mundo más limpios de droga. En nuestro país ese desastroso fenómeno no constituye un problema para la sociedad. Las leyes vigentes sancionan con severidad toda actividad relacionada con el tráfico internacional de drogas, y estamos considerando la posibilidad de poner en vigor leyes aún más severas».

«Hay que luchar contra toda tendencia a la prostitución, y luchar decididamente contra cualquier tendencia a la droga. Este es el país más limpio del mundo».

«Ningún país en este hemisferio ha luchado más consecuentemente contra el tráfico y uso de drogas que Cuba y no precisamente porque los narcotraficantes traten de establecer aquí un mercado de ese estupefaciente, sino porque, dada la posición geográfica de nuestro país, un avión o un barco, por problemas técnicos o errores de navegación, han aterrizado o recalado en nuestro territorio, o porque lanzaban la droga cerca de nuestras costas, o porque, como desgraciadamente ocurrió, algunas cabezas locas concibieron la idea de mezclarse en cuestiones de droga, creyendo que podía ser algo útil».

«Hablar de deportes y de ejercicios físicos es hablar de salud, es hablar de disciplina, es hablar de formación del carácter de los

jóvenes, es hablar de hábitos sanos, es hablar de luchar contra las drogas. El deporte es la antítesis de las drogas; el deporte es la antítesis del alcoholismo; el deporte y el ejercicio físico son el remedio preventivo de numerosas enfermedades que matan o invalidan, como el exceso de peso, o la disminución de capacidades de la persona».

Sin comentarios.

SU MUERTE

El 31 de julio de 2006 debido a una larga y grave enfermedad renunció a todos sus cargos oficiales.

Hay que reconocer que a diferencia de otros individuos que se aferran a la poltrona como un percebe a la roca, Fidel renunció en vida, aunque siguió con la dinastía Castro vía su hermano Raúl.

El 25 de noviembre de 2016 a la edad de 90 años dejo huérfanos a su numerosa prole.

La providencia o quien quiera que sea el que decide sobre la muerte o la vida de una persona se tomó demasiado tiempo en hacer su trabajo.

*CRISIS DE LOS MISILES

Todo comenzó cuando un avión espía norteamericano en uno de sus vuelos de rutinaria vigilancia de la isla, fotografió unas extrañas instalaciones en construcción.

Tomas que fueron analizadas en profundidad por los analistas y cuyo diagnostico fue un mazazo para la administración del Presidente Kennedy, las extrañas construcciones no eran otra cosa que rampas para lanzamiento de misiles nucleares de medio alcance. Algunas de esta rampas ya estaba terminadas y a su lado yacían algunos misiles.

Se formó un comité de crisis que inmediatamente se rompió en dos mitades, los llamados «halcones» defendían la opción de un bombardeo masivo de las construcciones y una posterior invasión de *la isla. Los vilipendiados como «palomas» propugnaban una solución negociada.*

Kennedy pedía, exigía, que cualquiera que fuese la recomendación final esta tenía que ser unánime.

Tras largas y turbulentas sesiones del comité de crisis, en un ambiente de tensión emocional sumamente intensa, decidieron elevar a la consideración del joven presidente americano tres alternativas:

A) Bombardeo masivo de todas las instalaciones.
B) Bombardeo masivo, seguido de una invasión.
C) Un bloqueo naval de la isla, y para suavizar los términos, ya que el bloqueo es una acción de guerra, se utilizó la expresión cuarentena.

Las opciones A y B ocasionarían, sin ningún género de dudas, víctimas mortales entre el personal técnico que los soviéticos habían enviado. Si esto ocurría, los soviéticos, para lavar su imagen, tendrían que reaccionar, provocarían cualquier accidente en otro lugar del globo. Se iniciaría una escalada de acciones y reacciones, que inevitablemente terminaría con un enfrentamiento directo entre las dos superpotencias y al empleo del amplio arsenal nuclear que poseían ambas naciones.

La opción C era la menos beligerante, pero conllevaba el riesgo de alertar a los rusos y perder el factor sorpresa.

Al final de estas tensas reuniones entre los militares, partidarios de la opción B y los políticos que preferían la opción C, el presidente Kennedy se decantó por la cuarentena.

Esta medida imponía que todo buque mercante ruso con destino a Cuba fuese abordado e inspeccionado por un equipo de la marina estadounidense, solo se dejaría continuar su viaje si la mercancía que transportaba no fuera de carácter militar.

El momento de mayor tensión se vivió cuando el sonar de un destructor americano detectó la presencia de un submarino ruso que escoltaba a dos cargueros.

El presidente Kennedy ordenó al comandante del destructor hacer emerger al submarino. El comandante ordenó arrojar contra el intruso cargas de profundidad huecas, sin explosivos, como señal de aviso. El comandante soviético, incomunicado con su cuartel general en Moscú, interpretó mal las señales y pensó que lo estaban atacando e inició los preparativos para lanzar un misil con cabeza nuclear. Este lanzamiento hubiese significado el comienzo de la tercera, y decisiva, guerra mundial.

Solo los buenos oficios del segundo comandante del submarino, que interpretó bien las señales, evitaron la catástrofe.

Hubo un intercambio de mensajes, vía teléfono rojo, entre Jrushchov y Kennedy, seguidos de una reunión entre Robert Kennedy, hermano del presidente y Fiscal General del Estado con el embajador soviético en Washington Anatoly Dobrynin y finalmente se llegó a un acuerdo.

Los soviéticos retirarían sus misiles de Cuba y los americanos procederían de la misma manera con los que tenían instalados en Turquía e Italia, y se comprometían a no invadir Cuba.

Nunca el mundo se había visto tan al borde de un holocausto nuclear.

**OPERACIÓN CARLOTA

En octubre de 1975 y en su absurda campaña de expandir la revolución cubana por el mundo se inició la llamada operación Carlota.

Instructores cubanos fueron enviados a Angola para la formación de batallones de combate de todos los países embarcados en guerras de liberación.

Pero su acción no quedó ahí, el régimen castrista se involucró directamente en la guerra civil congoleña. Lo que en principio era un grupo de asesores pronto se convirtió en un auténticos ejército, equipado con artillería terrestre y antiaérea y aviones de combate Mig21

Durante los 16 años de participación cubana en el Congo, se calcula que unos 300 000 soldados y más de 1 000 tanques fueron desplegados en aquel país.

A estos soldados hay que añadir personal sanitario, profesores e ingenieros, hasta totalizar 450 000 efectivos.

¿A que costo?, eso no le importaba a Fidel. Su pueblo se moría de hambre y enfermedades por falta de alimentos y medicinas pero él camina por el sendero de la gloria, sería el liberador del mundo de la dominación capitalista.

Las tropas cubanas luchaban contra dos ejércitos de mercenarios financiados por los EE. UU., otro de Sudáfrica y un tercero de Zaire.

Esta participación armada cubana fue esencial para que el movimiento comunista MPLA (Movimiento para la Liberación de Angola),se instalara en el poder, a costa de la muerte de 2 655 cubanitos.

En abril de 1975 se produjo en Portugal la revolución de los clavales que terminó con la dictadura de Marcelo Caetano que la había heredado de su predecesor Oliveira Salazar.

Después de un periodo más que revuelto, la situación en el país luso se estabilizó y el nuevo gobierno democrático, aunque a regañadientes, concedió la independencia a sus colonias de ultramar.

Para Angola comenzaron unas décadas de confrontación fratricida, entre dos opciones, la comunista auspiciada por el partido comunista de Angola, el MPLA, y el UNITA de tendencia conservadora y auspiciado y financiado por la CIA. Eran los años más calientes de la guerra fría entre la URSS y los EE. UU.

Y en ese contexto fue donde Fidel creyó encontrar su oportunidad de demostrar quién era él

En diciembre de 1975 Fidel en la clausura del Primer Congreso del Partido Comunista de Cuba tuvo que reconocer lo que ya era un secreto a voces, la intervención cubana en Angola

Su pueblo se moría de hambre y enfermedades y Fidel despilfarraba sus escasos recursos en socorrer a regímenes cleptómanos profundamente corruptos y represores.

La intervención de Cuba en África no se limitó a Angola sino que participo en otros varios países entre ellos el Congo, Tanto en el belga como en el francés.

La operación Carlota concluyó en 1991 cuando el último soldado cubano abandonó Angola

***EL GENERAL OCHOA

El general Arnaldo Ochoa era uno de los escasos militares cubanos que ostentaba el título de Héroe de la República de Cuba.

Y había sido el jefe de las misiones militares de Cuba en Angola y Etiopía, por lo que gozaba de gran predicamento en el ejército.

En los años de guerrilla había combatido a las órdenes de Camilo Cienfuegos en la columna 2.

Cuando se produjo la invasión de Bahía de Cochinos Arnaldo Ochoa estaba allí para combatir a los invasores y cuando se produjo la crisis de los misiles, él estaba en playa Girón para defender a su país de una previsible invasión yanqui.

Guerrillera

Por ello cuando el 14 de junio de 1989, el periódico Granma órgano propagandístico del gobierno cubano, para entendernos como El País en España, publicó, con su hipocresía habitual, la noticia, todo el país quedó consternado, el panfleto decía: «*Nos vemos en el desagradable deber de informar que el General Arnaldo Ochoa Sánchez, quien ha recibido del Partido y de las Fuerzas Armadas Revolucionarias importantes responsabilidades y honores, ha sido arrestado y sometido a investigaciones por graves hechos de corrupción y manejo deshonesto de recursos económicos*».

«*Otros prestigiosos militares, entre ellos, los hermanos De la Guardia también han sido arrestados*».

Los De la Guardia eran dos militares, hermanos, con gran experiencia en actividades encubiertas.

Habían estado apoyando a Salvador Allende en Chile, cuando este fue derrocado por Pinochet en un sangriento golpe de estado, donde el propio Allende encontró la muerte.

En Nicaragua dando soporte técnico a los sandinistas. Sus acciones también los llevaron hasta Angola.

Todo comenzó cuando el ayudante personal de Ochoa, fue enviado ¿por quién? a Colombia, con pasaporte falso, para entrevistarse con el narco Pablo Escobar, a la sazón líder del poderoso Cartel de Medellín. No hace falta ser demasiado inteligente para concluir que fue enviado por el grupo de estudios que planeaba crear una red de narcotráfico y que se había reunido en la capital caribeña en 1961.

Ocho días después de la primera nota, el panfleto insistía en el tema y publicaba una larga perorata en la que destacaba la frase: «*Sabremos lavar de forma ejemplar ultrajes como éste*»

Era como una premonición, una muerte anunciada, todo el mundo en Cuba sabía cuál era la justicia preferida de los hermanos Castro.

EL JUICIO

Desde su imputación hasta el final del juicio todo el proceso estuvo trufado de anomalías, contradicciones y arbitrariedades, tal y como dictaminó, años más tarde, una comisión de investigación de las Naciones Unidas.

Una rata con toga (un Pumpido, uno más de los muchos que proliferan por el ancho mundo) ejerció de fiscal. El fiscal militar, el general Juan Escalona Reguera, no solo se manchó la toga con el polveo del camino sino que se remozó en él.

La rata con toga, en su deseo de agradar a los Castro se despachaba con afirmaciones como: «Por culpa de los acusado, Cuba está siendo víctima de un aluvión de infamias, injurias y mentiras, en una campaña orquestada por las agencias de prensa a sueldo del imperialismo yanqui».

En otras declaraciones se lamentó del daño que hubiese acarreado a la reputación del país si Martínez, el ayudante del general Ochoa hubiese sido capturado después de haberse reunido con el narco Pablo Escobar. El escándalo hubiese sido descomunal y Cuba sería catalogado como un narcoestado.

En su incontinencia verbal, «quien mucho habla, mucho yerra», a la rata se le escapó una perla cultivada cuando dijo: «Cuba enviaba a Angola, a morir voluntariamente a los soldados cubanos».

La consigna era meridiana desde el inicio, había que aplicar un castigo ejemplar a ambos, y como paso previo había que demonizarlos.

El primer paso fue despojarlos de su rango de militares y expulsarlos, con deshonra, del ejército.

Los dos principales imputados los generales Ochoa y Tony de la Guardia fueron acusados de tráfico de drogas en colaboración con el cártel de Medellín. Uso indebido de recursos financieros y materiales. Pero esto solo conllevaba penas menores.

Había que encontrar algo más contundente y que estuviera contemplado en el Código Penal, pensaron acusarles de «traición por los delitos de rebelión y sedición», pero eran actos de difícil justificación así que se inventaron el de «actos hostiles contra un estado extranjero» y para insuflarle gasolina al fuego, la rata puso especial énfasis en leer el artículo 110 del Código Penal que dice: El que sin autorización del gobierno, efectúe alistamientos o actos hostiles contra un estado extranjero, que puedan dar lugar a una guerra, a una alteración de las relaciones diplomáticas, o a medidas de represalia contra el país, o exponga a los ciudadanos cubanos a vejaciones en su persona o a sus bienes será condenado a privación de libertad en un periodo de cuatro a diez años».

Para a continuación enfatizar en el siguiente párrafo del mismo artículo: «si los actos hostiles desembocaban en guerra o represalias contra Cuba, la condena se elevaría a entre diez y veinte años, e incluso podría devenir en pena de muerte».

Durante el juicio muchos testigos para eludir responsabilidades mintieron y otros, debidamente aleccionados exageraron los hechos.

La sentencia de pena de muerte fue ratificada, por unanimidad (como era de esperar) por el Consejo de Estado.

En ella, otra rata, esta vez vestida de militar, mostró su congoja no por la vida del general Héroe de la Revolución y de los restantes acusados, gente que habían arriesgado su vida en batallas y trabajos sucios al servicio de su país, sino: «por la terrible herida que la acción de estos descarriados han infligido al Comandante en jefe, herida que, me temo, será eterna»

LAS SOSPECHAS

Fidel, cuya incontinencia verbal era harta conocido, alimentó las sospechas de que algo oscuro se estaba tratando de ocultar.

Declaraciones como: «Si Ochoa se hubiese declarado culpable, si hubiese aceptado los cargos, no hubiese podido seguir en el ejército, pero hubiese salvado la vida, incluso se hubiese evitado el juicio».

«Si hubiese sido franco, confesado, dicho la verdad y aceptado su responsabilidad, todo hubiese sido diferente».

¿Si los delitos eran tan graves, declararse culpable le exoneraría de ellos? ¡Qué raro!

¿Trataba el comandante de buscar un chivo expiatorio que le eximiera a él y su familia de la sospecha de que era él y solo él el jefe del cartel de la droga?.

La familia del general ajusticiado está convencida de que el único delito que cometió su allegado fue proclamar, que lo mismo que la Unión Soviética había emprendido el camino de la Perestroika y la Glasnost (reestructuración y apertura), Cuba debería seguir el ejemplo. Y esto le supo a Fidel a «cuerno quemado».

Los analistas y diplomáticos extranjeros por su parte barajaron la hipótesis de que los encausados estaban preparando un golpe de estado contra Fidel, esta hipótesis nunca ha sido confirmada.

LA EJECUCIÓN DE LA SENTENCIA

El 13 de julio de 1989 y en virtud de la sentencia de la causa número 1 de 1989 se ejecutó la sentencia.

Al amanecer de ese día el Héroe de la Revolución, el general de las mil batallas, el general Arnaldo Ochoa fue llevado ante un pelotón de ejecución y fusilado.

5 EL CHE GUEVARA

Así como en todos los ámbitos de la vida el comunismo y sus empesebrados enaltecedores son una calamidad, una especie de plaga de Egipto, que «emputece» todo lo que toca, hay que reconocer que en el ámbito de la propaganda, la publicidad y la creación de mitos y leyendas son unos auténticos maestros y este ha sido el caso del che Guevara.

Para unos es un héroe para otros un villano.

¿Luchó por los derechos humanos o no era nada más que un vulgar aventurero, un resentido, un inadaptado y un lobo disfrazado de cordero?

Cada cual compra la versión que más le interesa.

Su tempranero espíritu aventurero quedó plasmado en su «Diarios de Motocicleta» donde recogió sus viajes de juventud por hispano América.

En estos viajes quedó impactado por la extrema pobreza en la que se estaba sumido el continente, esta injusticia quedó tan grabada a fuego en su psique que escribió:. «Siempre estaré al lado de la gente, tomaré las barricadas y trincheras, gritando como un poseso, me mancharé las manos de sangre y con furia enloquecida cortaré el gaznate de todo aquel enemigo que capture».

Toda una declaración de intenciones que en cuanto tuvo oportunidad llevó a cabo, fría y despiadadamente. ¿no parece la declaración de un psicópata en ciernes?

En su mente se instaló la creencia, acertada, de que los Estados Unidos estaban esquilmando a la América latina.

Hay muchas formas de canalizar los ideales y combatir las injusticias. El Che escogió la vía violenta que generalmente fracasa y que origina más violencia. En Cuba triunfó y el resultado es bien sabido.

Para los norteamericanos en general y para la CIA en particular, cualquiera que abogase, fuese político o simple ciudadano, por una distribución más equitativa de la riqueza era simplemente un comunista. La guerra fría estaba convirtiendo a los dirigentes y políticos norteamericanos en unos peligrosos paranoicos que veían comunistas hasta debajo de las piedras o escondidos entre los cocoteros.

Las distintas administraciones norteamericanas, fuesen de la tendencia que fueran, demócratas o republicanos, se embarcaron en todo tipo de acciones, golpes militares incluidos, contra los gobiernos sur y centro americanos, considerados poco afines.

Como se demuestra en la tabla adjunta, referida a la América de habla hispana y durante el siglo XX, ningún estado se libró de esta lacra de los golpes de estado y en todos o estuvo directamente involucrada la CIA, o los auspició y sin ningún género de dudas dio total soporte a los gobiernos salidos de estos actos. En la siguiente tabla se listan por países los numerosos golpes de estado perpetrador en la América de habla hispana. En la siguiente tabla se listan por países los numerosos golpes de estado perpetrados en la América de habla hispana.

Lo que convirtió la América hispana en un polvorín, con revoluciones, golpes de estado, acción y represión. Era el ambiente más propicio para que un aventurero como Guevara se sintiera como pez en el agua.

No tengo la menor duda de que esta mentalidad golpista de nuestros hermanos hispanoamericanos es una triste herencia que les hemos dejado los españoles, y dijo hemos porque algún que otro familiar mío emigró a esas tierras.

Como es público y notorio cada españolito lleva en su ADN el gen totalitario y golpista. Y si alguien alberga la menor duda solo tiene que estudiar historia de España. En los últimos 300 años se han perpetrado 7 golpes de estado amén de numerosas intentonas, empezando por el perpetrado por Juan José de Austria en 1677 hasta el vergonzoso espectáculo del Teniente Coronel Tejero en 1981

Y tampoco hay que olvidar el golpe de estado blando del 11M que aupó al poder a un maligno individuo cuyo «estercolero mental» se ha plasmado en la basura que actualmente nos inunda. Y sin tener en consideración el que se está perpetrando en la actualidad,

Y sin tener en consideración el que se está perpetrando en la actualidad, enero de 2025, ante la dormida y abotargada opinión publica española, que todavía no se ha enterado de lo que se nos viene encima.

A partir de la masacre del 11M y la llegada al poder de un anodino personaje con cara del «tonto Abundio» pero maligno España inició su descenso a los infiernos.

No recuerdo a quien le oí decir que era más peligroso un idiota que un malvado.

Y debe ser cierto porque el personaje en cuestión se empecinó en revivir la guerra civil, en enfrentar, una vez más a los españoles, en ganar una guerra que su bando había propiciado y perdido

Todavía nadie ha podido cuantificar el daño que este maligno personaje ha ocasionado a la concordia entre los españoles tan difícilmente conseguida durante la transición de la dictadura a la democracia. Hoy merced a la infausta influencia de este detestable individuo sobre un sátrapa psicópata sin escrúpulos el país esta otra vez en su larga historia partidos y en riesgo de ser desmembrado.

TABLA DE GOLPES DE ESTADO

PAÍS	N.º	AÑO
ARGENTINA	10	1930, 43, 51, 54, 55, 62, 64, 66, 75, 76
BOLIVIA	18	1926, 30, 34, 36, 37, 40, 42, 46, 51, 52, 64, 70, 71, 78, 79, 80, 81, 82
CHILE	3	1933, 42, 73
COLOMBIA	4	1945, 48, 56, 92
CUBA	5	1924, 25, 31, 32, 70
ECUADOR	4	1938, 44, , 53, 58
SALVADOR	5	1933, 34, 52, 56, 59
GUATEMALA	5	1943, 60, 63, 71. 07
HONDURAS	5	1931, 43, 44, 48, 60, 61, 70, 79
NICARAGUA	5	1930, 54, 63, 82, 93
PANAMA	4	1956, 72, 75, 78
PARAGUAY	2	1936, 47
PERU	3	1931, 68, 89
DOMINICA	5	1921, 36, 54, 89, 98
URUGUAY	8	1914, 19, 30, 48, 62, 68, 78, 92
VENEZUELA	2	1930, 63
TOTAL	88	

No se incluye Méjico porque a este país hay que echarle de comer a parte, nada menos que 242 golpes muchos más que los años de existencia del país.

EL CHE Y LA REVOLUCIÓN

Como esta etapa de su vida al lado de Fidel Castro ha sido glosada en cientos de libros, artículos, documentales y películas vamos a obviarla y nos centraremos en el Che individuo.

Los semianalfabetos milicianos cubanos debieron ver en el Che algo así como una «lumbrera», su título en Medicina le confirió una fama de «tío listo" que valía tanto «para un roto como para un descosido».

Fue comandante de la Fortaleza la Cabaña, situada a la entrada de la bahía de la Habana, Jefe de Capacitación del Ejército rebelde, Jefe del Departamento de Industrialización del Instituto de la Reforma Agraria y ¡presidente del Banco Nacional!.

No hace falta enfatizar como dejó a la economía cubana. Nuestra amada la jacarandosa «marisú», otros críticos más despiadados la llaman «marychusma», y como es lógico la pulla ya está servida y la apodan «la jaca» randosa, parece haber sido una alumna aventajada del Che por el estado en que dejó las arcas andaluzas, pero eso es otro tema.

Se produjeron una combinación explosiva de acontecimientos; en plena guerra fría los norteamericanos tenían la paranoia del comunismo insuflado en su corriente sanguínea, cualquier individuo que pronunciara la palabra «justicia» era catalogado como «comunista» y como unos perfectos pirómanos a los cubanitos, recién instalados en el poder, no se les ocurrió otra «gracieta» que confiscar las empresa americanas instaladas en la isla.

Estados Unidos decretó el embargo económico a la isla, no habría exportaciones ni importaciones. Esta drástica decisión unida a que la economía cubana era dirigida por el Che y Fidel, el resultado fue el esperado, miseria, pobreza extrema, falta de alimentos y medicinas, el caos. Para algunos era una tragedia diaria, para otros fue la oportunidad de sus vidas.

Fidel herido en su desmesurado ego, se declaró comunista y se echó en brazos de la entonces poderosa, o eso parecía, URSS (Unión de Repúblicas Socialistas Soviéticas). A cambio de armas y petróleo de la URSS Cuba suministraría azúcar. Y para más inri, los comunistas expertos en hundir economías, aconsejarían a los cubanitos en cómo hacerlo con la suya.

La admiración entre los dos egos parecía indestructible, a prueba de bombas atómicas, el farsante Fidel ensalzaba así al argentino: «Es un hombre por el que todo el mundo siente afecto, por su sencillez, naturalidad, espíritu de camaradería, personalidad y originalidad, provisto de una gran inteligencia y capacidad teórica».

El Che por su parte decía que Fidel era un ser extraordinario, especial, elegido por los dioses.

Todas estas lisonjas se convirtieron en lanzas afiladas en 1965, vamos que como diría un cheli, se fueron «al carajo», cuando el argentino abrió su boquita de piñón para criticar a la madre del comunismo, la URSS.

Al parecer nuestro amigo el Che era un alma libre, volaba por su cuenta, no tuvo mejor idea que criticar agriamente a la URSS, estos no eran los socialistas que, en opinión del iluminado y clarividente Che debían ser.

Llevado por su incontinencia verbal y el sentido mesiánico que pensaba tenía, le había puesto un petardo en pleno tafanario a su ídolo y admirado Fidel.

Estas fueron las palabras que tanto molestó a Fidel Castro escuchar en los labios del Che: «¿Cómo puede significar beneficio mutuo vender a precios de mercado mundial las materias primas que cuestan sudor y sufrimiento sin límite a los países atrasados y comprar a precios de mercado mundial las máquinas producidas en las grandes fábricas automatizadas del presente? Si estas son las relaciones, los países socialistas son en cierta manera cómplices de la explotación imperial. Se puede argüir que el monto del intercambio con los países subdesarrollados, constituye una parte insignificante del comercio exterior de estos países. Es una gran verdad, pero no elimina el carácter inmoral del cambio. Los países socialistas tienen el deber moral de liquidar su complicidad tácita con los países explotadores de Occidente».

Fidel se lo agradeció a su manera, lo mantuvo en confinamiento domiciliario durante dos años.

El Che, en ese periodo de retiro «espiritual» debió percatarse de que ya, para su amigo del alma, no era imprescindible, es más se estaba convirtiendo en un enemigo político.

EL SOÑADOR

Imbuido de un espíritu mesiánico, soñador y romántico, hizo suyo eso de «dame una palanca y moveré el mundo», el debió pensar dame un Kalashnikov AK47 y cambiaré el mundo.

En un discurso en la ONU en 1964, dejó frases grandilocuentes: ¿Quién amenaza la paz en el mundo, los fusiles de los patriotas que luchan por la independencia de sus países o los cohetes nucleares?

Pensaba que a los ciudadanos, que carecían de alimentos y medicinas y sus estómagos vacíos rugían como leones hambrientos, se les podía contentar con medallas y banderitas. Pensaba que los estímulos morales eran más efectivos que los materiales.

Se autoconvenció de que él, solo él, derrotaría al imperialismo e instauraría la justicia y la igualdad en el universo.

Tras su encontronazo con su amado líder debió llegar a la conclusión de que ya no era bienvenido en Cuba y decidió cambiar el mundo.

Y nada mejor que empezar en África, decidió liberar el Congo ex belga.

EL CONGO

El Congo belga había obtenido la independencia de Bélgica en 1960 y como era norma habitual en las potencias colonizadoras, querían aparentar irse de sus ricas colonias pero no irse totalmente, seguir gobernando en la sombra, instalaban en poder a una marioneta, en el caso del Congo, a un tal Mobuto Sesé Seko, que despóticamente mantenían la ley y el orden. Los movimientos opositores crecieron como las malas yerbas, los movimientos guerrilleros proliferaron como hongos, y en ese caldo de cultivo, creyó el Che, encontrar su oportunidad de convertirse en el liberador del mundo.

Fidel y el Che, el Che y Fidel se habían autoconvencido de que habían sido enviados por la providencia divina para salvar al mundo de la opresión capitalista e imperialista. Ambos dos habían decidido enviar tropas cubanas a otros países para ayudar a los movimientos independentistas a lograr su deseo.

Y el Che había decidido que sería él y solo él quién detentaría ese honor.

En 1961 el presidente democráticamente elegido de la República Democrática del Congo, Patric Lumumba había sido asesinado. Con el apoyo logístico de Tanzania un movimiento guerrillero estaba activo luchando contra la dictadura impuesta por los golpistas.

Para el Che este país, ubicado en el centro de África y con fronteras con nueve países le pareció el lugar apropiado para iniciar su particular cruzada de salvar al continente africano de sus opresores colonialistas.

Y como él era un verso libre y no tenía que dar explicaciones a nadie, un día se presentó en Dar es Salaam sin previo aviso. No dijo aquello de «aquí estoy yo porqué he llegado», pero casi.

Esta inopinada llegada le sentó a los lideres rebeldes congoleños como una patada en la entrepierna.

Y para más inri, el recién llegado se instaló en el campo de batalla, dejándoles en ridículo, con las vergüenzas al aire, ellos que tan cómodamente dirigían la revolución con sus posaderas muy bien cuidadas en la capital tanzana.

Con esta animadversión de los lideres revolucionarios, la ignorancia de las costumbres y del idioma del país, las divisiones internas entre los grupos guerrilleros, la desorganización de estos grupos y sus escasas ganas de morir luchando, el resultado no podía ser otro que el que fue. ¡un auténtico fiasco!

La participación cubana en la rebelión congoleña fue una experiencia desastrosa. Los cuadernos redactados por Guevara comienzan con la siguiente frase: «No hubo un solo rasgo de grandeza en esa vergonzosa retirada».

El Che y sus 120 cubanos tuvieron que salir «por piernas», durante esos nueve meses de picnic seis cubanitos pasaron a mejor vida..

El Che se refugió a lamerse sus heridas, metafóricamente hablando, en la embajada cubana en Dar es Salaam, donde se sometió a diversas operaciones de cirugía estética. ¿Quería pasar inadvertido o fue que su descomunal ego no le permitía mirarse en el espejo, tras ese estrepitoso fracaso?.

Hay un vacío de seis meses en su vida, que permaneció escondido en Praga en una casa secreta que el servicio secreto cubano tenía en esa ciudad.

Y como en la capital de la entonces Checoslovaquia hacía mucho frio, decidió que en Bolivia el tiempo sería más caluroso.

En 1966, intentó extender la revolución a La Paz, Bolivia, ya que creía firmemente en la necesidad de crear «muchos Vietnam» para debilitar el imperialismo estadunidense.

En noviembre de ese mismo año ya estaba con sus muchachos instalado cerca del río Ñancahuazú en una zona montañosa y selvática, ideal para ocultarse de la milicia boliviana en la región del Chaco..

Un heterogéneo grupo de 47 hombres compuesto por cubanos, bolivianos e incluso dos argentinos y una mujer, una tal Tania, se proponía derrocar a una dictadura bien instalada.

Había nacido el ELN (Ejército de Liberación Nacional).

Como al parecer era especialista en nadar contra corriente, sus delirios de grandeza no quedaban ahí, su propósito, como dejó plasmado en su Mensaje a los Pueblos del Mundo (ahí es nada ya repartía consignas al mundo mundial), que fue leído en la reunión de la Trilateral, en su mensaje proponía una guerra mundial contra los Estados Unidos, en sus propias palabras: «crear muchos Vietnams».

Y lo hizo en el momento más inoportuno cuando ambas superpotencias, o eso se creía, la URSS y los EE. UU. estaban en pleno proceso de «coexistencia pacífica» después de décadas de confrontación, de guerra fría.

El Che, sin saberlo ni, quizás, pretenderlo se estaba convirtiendo en un problema común. Al parecer no solo le gustaba ser el enemigo número uno de los norteamericanos sino que ahora también pretendía serlo de los comunistas.

El que se auto consideraba un gran estratega cometió unos errores de principiante, como: Ignorar la realidad política y social de Bolivia; pensar que esta aventura era como una especie de entrenamiento para aventuras más ambiciosas, considerar que Norteamérica no prestaría atención a un país como Bolivia y no *intervendría o subestimar al gobierno y al ejército boliviano, así como menospreciar la ayuda que el partido comunista de Bolivia le podía prestar.*

Y su mayor error fue considerar que cientos, quizás cientos de miles, voluntarios de todos los rincones del mundo se unirían a su movimiento revolucionario a escala mundial.

Al poco tiempo de iniciada su campaña boliviana experimentó los primeros reveses.

En marzo de 1967 dos desertores fueron capturados, y estos cantaron como jilgueros. El gobierno alertó a los norteamericanos y organizó una red de espionaje involucrando a otros países del área.

En sucesivas escaramuzas con las fuerzas gubernamentales, adiestradas por la CIA que envió asesores desde Panamá, fueron cayendo algunos de los guerrilleros más aguerridos y experimentados.

En abril dos miembros de su red de apoyo fueron capturados, Regis Debray y Ciro Bustos, fueron torturados y cantaron hasta lo que no sabían.

Entre junio y julio de 1967 perdieron otros siete componentes.

A principios de agosto la CIA envió a dos de sus agentes, dos ciudadanos norteamericanos de origen cubano.

A finales de ese mismo mes, una columna guerrillera fue emboscada cuando cruzaban un rio, el resto de los guerrilleros tuvo que huir escalando la montaña en dirección a la Higuera, donde sufrieron otra emboscada donde murieron tres de sus componente, el resto huyó monte arriba, al descender por la otra ladera con dirección al rio, fueron sorprendidos por los soldados bolivianos.

El Che dividió sus fuerzas en dos columnas, en la primera iban los heridos y enfermos, la otra, encabezada por el Che se enfrentaría al enemigo.

Tras tres horas de duro combate, el Che fue herido levemente en una pierna y capturado.

Cuando se vio de cerca los cañones de los fusiles, gritó como un poseso :«¡no disparéis, soy el Che Guevara y valgo más vivo que muerto!». El hombre que proclamaba que un guerrillero debe estar dispuesto, en todo momento, a dar su vida por sus ideales, cuando vio la muerte de cerca se «riló» y se entregó. Todos los componentes de la columna excepto uno murieron en combate.

EL GENOCIDA

Por la boca muere el pez, estas son algunas de las frases que mejor definen quien era el Che, en 1951 decía: «Degollaré a todos mis enemigos».

En otra ocasión no tuvo empacho en declarar: «Tomaré las barricadas a sangre y fuego, me mancharé las manos con la sangre de mis enemigos, cortaré el cuello a todo enemigo derrotado que se cruce en m camino».

A renglón seguido de la entrada triunfal de los barbudos en La Habana en enero de 1959, el nuevo régimen, desató una sangrienta represión con fusilamientos masivos.

En una intervención en la Asamblea de la Naciones Unidas, en 1964, no se recató en decir: «Hemos fusilado, estamos fusilando y seguiremos fusilando».

En una reunión de la Tricontinental* en la Habana proclama: «El revolucionario debe ser una máquina de matar».

Cuando fue nombrado director de la Cabaña**, en 1959, se había terminado la sublevación y , teóricamente, el país estaba en paz, pero en la fortaleza se seguía fusilando, mientras el Che sentado en un murete, fumándose un puro, contemplaba las ejecuciones.

Tenía una especie de rechazo genético contra los homosexuales hasta el punto de que los recluyó en un campo de *prisioneros, donde ha imitación de los campos de concentración nazis, hizo inscribir en el frontispicio de la entrada la leyenda: «El trabajo os hará hombres», a este campo le siguieron otros donde se recluyeron a intelectuales, sacerdotes, opositores, políticos, comunistas tachados de tibios y delincuentes comunes». Se construyeron 200 campos en toda la isla.*

En una misiva a su padre, le decía que «gozaba matando» y que si por exportar el socialismo, su socialismo, a los Estados Unidos había que sacrificar «millones de vidas», este era el precio por pagar.

Pero si algo muestra la catadura moral del individuo es la siguiente historia. En 1961 un jovenzuelo de 15 años había pintado en una pared un eslogan contra Fidel, fue hecho prisionero y condenado a muerte, su madre solicitó audiencia al Che.

Este la recibió con los pies sobre la mesa y preguntó: «¿Señora que puedo hacer por usted?». La pobre mujer le explicó que su hijo había hecho una chiquillada, que estaba arrepentido y que no volvería a llevar a cabo otra estupidez, que por favor le perdonara.

El Che le pidió el nombre del chico y la fecha de ejecución. La señora le facilitó la información requerida, de aquí a cinco días, el próximo viernes.

El Che llamó a uno de sus esbirros, la señora pensó que había salvado la vida de su hijo, pero lo que el Che ordenó fue; «Busca al hijo de esta señora y fusílalo para que no tenga que esperar hasta el viernes».

Si es triste que se le mitifique resulta aún más triste que muchos gais luzcan camisetas con la efigie del Che, pero es tanta la ignorancia que son víctimas de la hábil propaganda comunista.

LA TRAICIÓN DE FIDEL

¿Qué impulsó al Che a abandonar su apacible, cómoda y lujuriosa vida en Cuba?

¿Sus ansias de sangre y muerte no se saciaban ordenando ejecutar a gente, o hubo otras causas?

Como hemos referido más arriba sus dos años en el limbo le convencieron de que ya no era bien visto en Cuba y decidió buscar otros lares donde saciar su sed de sangre.

En abril de 1965 le presentó a Fidel su renuncia a todos sus cargos y a la ciudadanía cubana, renuncia que Fidel recibió con alivio, el grano en el tafanario en que se había convertido su otrora alter ego desparecía.

Y como la venganza es un plato que se sirve frio, Fidel hizo pública una carta de despedida que le había dirigido el Che, para ser publicada después de su muerte, en una jugada maestra del barbudo, se quitaba de en medio a un potencial enemigo político y ganaba un mártir.

Fidel era plenamente consciente de que la nueva aventura que pretendía correr el Che, sería su final.

LA CAPTURA

La CIA ya había detectado la presencia del Che en Bolivia y vio la posibilidad de acabar de una vez por todas con su enemigo número uno declarado.

Un joven agente de la agencia, norteamericano de origen cubano, fue el encargado por parte de la agencia de localizar y neutralizar al Che.

La orden fue explicita: ¡lo queremos vivo!

Los ingenuos norteamericanos pensaban que podrían comprarlo y hacer que colaborara dada la animosidad del Che hacia

Cuba después de ser traicionado por su ídolo Fidel, lo que parecían ignorar los yanquis era que el oído que sentía el Che hacía ellos era aún mayor que el desencanto que pudiera albergar contra Cuba.

Fue la embajada soviética en la capital de Bolivia, por medio de su agregado militar, el que informó de la presencia del Che y sus huestes en el país.

¿Cómo sabían los soviéticos que el Che estaba en ese país? Parece que la larga mano de Fidel tuvo algo que ver.

Se montó una operación de caza y captura del ejecito boliviano con medios de la CIA.

En una escaramuza con los infiltrados capturaron a un guerrillero que cantó como un canario en celo.

Informó que la estrategia del che era moverse en tres grupos distanciados entre sí un kilómetro, un grupo en la vanguardia, otro en la retaguardia y que el che siempre iba con el del centro, de forma y manera que en caso de ser emboscados él pudiese evadirse.

El 8 de octubre en una escaramuza en la región del Chaco, fue capturado.

LA EJECUCIÓN

Tras su captura el Che fue conducido a la escuela de la Higuera a la espera de que las autoridades bolivianas decidieran hacer con el prisionero.

Allí mantuvo una larga charla con el agente de la CIA el cubano-norteamericano Félix Rodríguez.

-Comandante vengo a dialogar contigo-
-A mí, al Che, no se me interroga-
-No he venido a interrogarle, nuestras ideas son diferentes, antagónicas, pero yo le respeto, cree en sus ideales, que aunque a mi juicio son equivocados, los respeto. Solo he venido a hablar-

-¿Me puedo sentar y me puede quitar las ataduras?

El Che rehuyó contestar a preguntas de interés táctico que pudiese interesar a la agencia o a los militares.

-Comandante, ¿Por qué eligió venir aquí?-.

-Por tres razones: Una porque pensé que lo que ocurriera en un país tan pobre como Bolivia, no interesaría al imperialismo yanqui más interesado en países más prósperos como Venezuela, Dos, que sabía que el ejército boliviano, sus soldados, estaban mal adiestrados y poco motivados y tres, que Bolivia , por su situación geográfica, era el lugar ideal para expandir mi revolución a los países colindantes como Brasil, Paraguay, Argentina, Chile o Perú-.

En un momento de esta conversación el Che mencionó la pésima gestión de la economía en Cuba a lo que el joven agente secreto le recordó: -Usted fue presidente del Banco Nacional y ministro de Industria y no es economista-.

-Es irónico que yo lo diga, pero así funcionan las cosas, estábamos en una reunión y yo estaba un poco en las «batuecas» pensando en mis cosas, cuando creí entender que Fidel estaba solicitando un comunista preparado, y levanté la mano; pero lo que Fidel había pedido era un economista preparado-.

En otra charla con un militar boliviano este le preguntó: ¿Qué ha venido a hacer aquí, no sabía que ya habíamos hecho nuestra revolución y habíamos llevado a cabo una reforma agraria?

-Lo sabía, pero aún hay mucho que hacer-

-Lo sabemos, pero no nos gusta que vengan extraños a decirnos que tenemos que hacer, como y cuando-

-Tiene usted razón, tal vez nos equivocamos-

-¿Y vino usted motu proprio o lo enviaron?-.

-No, no fui yo, la decisión fue tomada a otros niveles-

-¿Otros niveles, quién el propio Fidel?-

-Otros niveles, no puedo decir más-

Como cada uno cuenta la feria según su particular punto de vista y sus intereses, de esta charla se han dado muchas versiones, el ya setentón agente en una reciente entrevista, creo recordar que a la BBC cuenta su versión, que no tiene por qué ser falsa, estas son sus palabras:. «Si hablas con el gobierno cubano, te van a decir que el Che me dijo que no hablaba con traidores y que me escupió. Si hablas con los cubanos de Miami, te dirán, que cogió miedo, pidió perdón y se arrodilló. Ninguna de las versiones son reales. Yo lo traté con respeto y él me trató a mí con respeto», recalca.

No hubo ni humillación ni desprecio.

Y narra los últimos momentos del Che.

Cuando entré al cuarto donde estaba postrado el Che, solo puede decir.-«Comandante, lo siento», él lo entendió y su cara palideció, sabía que lo iban a matar.

En esos momentos me vino a la memoria las imágenes del arrogante Che con esos abultados abrigos forrados de lana fotografiado con el líder soviético Leonid Brézhnev y con el chino Mao Tse-Tung y ver lo que tenía ante mí, un pordiosero, descalzo, andrajoso y sucio. Sentí pena por él-.

El ejecutor fue un soldado, que al entrar en la habitación y estar ante el Che se puso muy nervioso, el Che le dijo: «Usted ha venido a matarme», el joven soldado estaba tan nervioso que temió que el prisionero le arrebatara su arma, retrocedió, entonces el Che dijo: «póngase sereno, usted ha venido a matar a un hombre», el soldadito retrocedió hasta el umbral de la puerta y disparó su arma.

Hasta en esto hay discrepancias, los órganos oficiales hablan de nueve impactos de metralleta, el autor dice que tres y la enfermera que lavó y amortajó el cadáver dice que solo vio una, directa en el corazón.

¿Por qué el dictador Barrientos ordenó la muerte del Che cuando la CIA deseaba mantenerlo vivo y juzgarlo? Nunca se sabrá. Parece ser que la dictadura no deseaba que un juicio al Che convirtiera a Bolivia y a su dictadura en un foco de atención mundial.

Félix insistió ante la CIA de que sí realmente querían al Che vivo tenían que presionar, desde las más altas esferas al gobierno boliviano porque estos «tíos» lo quieren muerto. Estos no hacen prisioneros.

Habían establecido un sencillo código, 500 era el Che, 600 ejecutado y 700 mantenerlo vivo. La orden fue clara y contundente, 500-600, cuando el norteamericano pidió confirmación esta fue dada 500-600.

LA IMPOSTURA

Un individuo que proclamaba que estaba dispuesto a morir por sus ideas, más bien por sus paranoias, cuando se vio encañonado se riló patas abajo gritando como un desaforado: «No disparen. Soy el Che Guevara. Valgo más vivo que muerto».

LA MAGNIFICACIÓN

Los comunistas siempre han sido expertos en la propaganda, convertidos en los mejores discípulos del fanático nazi Joseph Goebbels y en connivencia con el sátrapa Fidel se convirtieron en los creadores del mito Che Guevara.

Ello unido a la idiocia de la sociedad occidental con sus «sesudos intelectuales» a la cabeza y con el ingrediente de la fobia antiamericana que recorrió Europa durante los años de la guerra fría, propiciaron la creación del mito del luchador contra el imperialismo y de defensor de los pobres. Mito que los «cerebros huecos» mundiales no tardaron en comprar.

En el caso europeo y principalmente en los chauvinistas franceses, la frase ¿Por qué me odia tanto si no le hecho ningún favor?, *toma especial relevancia. Al parecer la imperial Francia con su egocéntrico héroe Charles de Gaulle a la cabeza, no pueden perdonar a los anglosajones y principalmente a los Estados Unidos que les liberara de la bota nazi.*

Y entre ellos destacó el filósofo francés, un auténtico «capullo a la vela», llamado Jean Paul Sartre.

LA INCONGRUENCIA

Lo irónico de todo este tema, es que la muerte de un hombre que fue, o trató, ser el símbolo de la lucha anticapitalista, haya sido utilizada comercialmente por el mismo sistema que el personaje trató de eliminar, al tiempo que la ignorante progresía, las comunistas caviar y los ilustres «come gambas lo hayan convertido en un icono mundial. Y a pesar de esta comercialización, o quizás merced a ella, se le siga considerando un luchador por la justicia social y un adalid del anticapitalismo.

*LA TRICONTINENTAL

Entre el día 3 y el 15 de enero de 1966 se celebraba en Cuba la Primera Conferencia de Solidaridad de los Pueblos de África, Asia y América Latina, ¡vaya título más largo, solo faltaba añadir y de los grandes expresos europeos!.

Para abreviar alguien decidió, con buen criterio, llamarle la Trilateral.

Y ante más de 500 delegados representantes de 82 países que se empeñaron en la noble tarea de salvar a la humanidad de los desmanes del colonialismo y el imperialismo militar y económico. La historia de siempre con música diferente.

¿Y que pretendían estos multinacionales samaritanos?

Pues nada más y nada menos que:

Lucha por la liberación nacional y la consolidación de la independencia y soberanía nacional.

Lucha por el derecho a la autodeterminación de los pueblos.
Apoyo a Cuba contra el imperialismo estadounidense.
Lucha contra el apartheid y la segregación racial.
Lucha en favor del desarme y la paz mundial.

Y como todavía no se había inventado la patraña del cambio climático ni la Pachamama no lo incluyeron entre sus sanos propósitos.

**LA FORTALEZA LA CABAÑA

Construida en el siglo XVIII por los «imperialistas españoles» está situada en la entrada de la Bahía de La Habana y conjuntamente con las fortalezas de La Punta y la de la Real Fuerza defendían a La Ciudad de los ataques de los piratas y de los británicos, todavía más piratas que los genuinos.

Allí entre sus recovecos, sótanos y pasillos, la alargada sombra del Che sobrevolaba toda la instalación y allí fue donde forjó su leyenda de «el Carnicero de la Cabaña».

Y aunque muchos de sus biógrafos y por supuesto la progresía mundial atenúan su actuación contextualizando la situación del momento, no deja de ser cierto que fue responsable de las ejecuciones que allí tuvieron lugar.

Los actos de ensañamiento eran de una iniquidad inimaginable.

El 16 de marzo de 1960, 110 prisioneros fueron mantenidos, totalmente, desnudos durante tres horas en el patio de la fortaleza mientras que los milicianos esquilmaban sus pertenencias, 60 de ellos fueron golpeados y heridos cuando protestaban por esta humillación.

Un preso llamado René Santana fue asesinado por el delito de rezar por los capturados en la invasión de Bahía de Cochinos.

En esa siniestra fortaleza se «ajustició» a 200 personas.

*** INVASION BAHIA DE COCHINOS

En contra de su inveterada costumbre de meter sus narices en todos los asuntos de lo que ellos consideran que es su patio trasero, en el tema de la revolución cubana, y sin que sirviera de precedente, los yanquis no se entrometieron y dejaron hacer.

Pero cuando el inefable Fidel, con su incontenible verborrea, se declaró, en un mitin, marxista leninista, es decir comunista duro y puro, la administración norteamericano cambió el tercio, paso de oyente a interviniente.

Fue cuando se cercioraron de que el presunto demócrata, salvador de su pueblo de la dictadura de Batista les había vendido gato por liebre, dijeron ¡hasta aquí hemos «llegao», bacalao!

¡Qué horror!, exclamaron las buenas gentes, ¡un comunista en nuestra cocina!. Y decidieron actuar, como siempre a su manera. Como cantaría Frank Sinatra, In my own way.

En marzo de 1960 el presidente Dwight Eisenhower, quizás añorando sus días de gloria con el desembarco de Normandía, decidió invadir la isla.

Una soleada mañana de junio de 1960, un individuo se presentó en la isla de Useppa Island en la costa oeste de Florida, en la inmediaciones de la base de entrenamiento del ejército de los EE. UU. de Fort Meyers, y en nombre de la CIA, alquiló la isla.

Durante 10 meses más de 1 500 exiliados cubanos, en un improvisado campamento militar, fueron entrenados por la CIA y el ejército americano para liberar su amada patria.

El 17 de abril de 1961 se sustanció el plan de liberar la subyugada isla.

En el ínterin se había producido un cambio en la presidencia de los EE. UU. El nuevo presidente John F. Kennedy no las tenía todas consigo con ese descabellado plan y la descarada intervención americana. La prometida colaboración de la fuerza aérea estadounidense fue desestimada y el plan, ya incluso antes de producirse, estaba abocado al fracaso.

Los jóvenes idealistas cubanos que soñaban con liberar su amada isla de las garras del comunismo fueron dejados en paños menores.

Y para colmo de sus desdichas, el plan fue alterado pocos días antes, del proyectado desembarco en las inmediaciones de Trinidad, ciudad cercana a la Sierra Maestra, donde en caso de dificultad los invasores encontrarían refugio, se decidió que fuera en la profunda y estrecha bahía de Cochinos, un lugar lleno de manglares y pantanos impenetrables, sin medios de ocultación.

El resultado fue el que fue, los invasores fueron masacrados, 118 de ello murieron y el resto fue capturado.

En los primeros días de cautiverio tuvieron «el honor» de ser visitados por su barbudo captor que en plan amigable y simpático se dirigió a ellos con un jovial: ¡Hola, chicos, ¿cómo estáis, os tratan bien?.

El sátrapa posa su mirada en un cautivo moreno, un inciso: iba escribir negro pero caigo en la cuenta de que es políticamente incorrecto y por eso escribo «moreno», y le dice: «Oye, negro, ¿por qué estás aquí?, a diferencia de Estados Unidos en Cuba eres libre de ir a la playa sin que te discriminen».

«Comandante», le contesta el negrito, «no he venido aquí para ir a la playa, sino para derrotar al comunismo». No hubo ningún tipo de represalia por esta audaz contestación.

Peor suerte corrió un cubano de origen asiático, llamado Jorge Kim, este mantuvo una conversación con Fidel, no se sabe que le dijo, pero al día siguiente fue fusilado.

Finalmente y tras arduas negociaciones los prisionero fueron liberados a cambio de 53 millones de dólares en comida para bebé y en medicinas.

Me imagino adonde hubieran ido a parar esos «milloncetes» en caso de haber sido satisfechos en dólares constantes y sonantes.

V EL EXILIO Y LA CONTRA

Una mañana después de desayunar, sentí curiosidad por conocer como había terminado Mavi poseyendo esta enorme hacienda, decidí preguntarle, aunque no me gusta presionar a la gente para que me cuente cosas, me gusta esperar a que voluntariamente se abran ellos de por sí, pero esta vez mi curiosidad pudo más que mi pudor.

Llevábamos una vida relativamente cómoda y confortable en San José con el estatus de refugiadas políticas, con la nostalgia propia de quién se ve forzada a abandonar su país.

Juanita, la doctora había encontrado trabajo, los médicos siempre son bien acogidos en cualquier lugar, Isa la arquitecta trabajaba de delineante en un estudio de arquitectura y Laura la abogada colaboraba con una ONG que prestaba ayuda a los refugiados.

Estos comenzaban a llegar por cientos, la diáspora escapando del régimen sandinista era imparable, Honduras y Costa Rica se mostraban impotentes para atender a tantos necesitados.

Yo, como no había hecho nada útil en mi vida, me dedicaba a pasear.

Un atardecer al pasar por una agencia de viajes instalada en la Avenida Central me acerqué a curiosear, llamó mi atención un tour a la Hacienda Mavac, productora del café Mavi Tarrazú. El nombre del café me había llamado la atención y la curiosidad me ganó

A la mañana siguiente estaba montada en un destartalado autobús rumbo a San Lorenzo de Tarrazú.

La visita me resultó muy interesante, al final del recorrido por los cafetales y las instalaciones ganaderas, nos ofrecieron un aperitivo en un gran salón, donde el propietario, un señor mayor, de pelo blanco y mirada escrutadora, nos explicó cómo era la hacienda con diapositivas y cifras para luego pasar a saludarnos a todos y cada uno de los visitantes, que a decir verdad no éramos muchos. Había algo que me resultaba familiar, era la forma en que movía sus manos, demostraba que amaba de lo que hablaba, emoción contenida al hablar de como desde una pequeña parcela había ido engrandeciendo la hacienda hasta hacerla una de las más importantes del país. Me recordaba a alguien, pero no podía precisar.

Todavía padecía fortísimas jaquecas que me dejaban postrada en la cama durante días y tenía lagunas mentales, a ráfagas recordaba algunas cosas de mi vida anterior.

Dejé de rebuscar en mi memoria.

LOS SANDINISTAS

Mavi apareció radiante y activa como era norma habitual en ella y sin decir ni buenos días fue directa al grano.

Ya que muestras tanto interés en conocer los entresijos del FSLN y de como un movimiento que se decía popular, defensor de los derechos humanos y toda esa jerga progre, se transforma en un régimen represor que condena, precisamente a esa gente a la que iba a redimir a la miseria. Porque es un hecho fehaciente que el comunismo solo engendra pobreza, solo reparte miseria, corrompe y emputece todo los que sus sucias manos toca.

Te voy a presentar a uno de esos prebostes que después de disfrutar de todas las canonjías del poder pasó, de la noche a la mañana, al ostracismo y tuvo que exiliarse para salvar su vida.

¿De qué le conoces, está aquí?

En San Lorenzo de Tarrazú, en el pueblo, es un refugiado político.

Mavi pidió al chófer que acercara el Volvo a la casa, cuando Miguelito aparcó el coche y abrió la puerta, como de costumbre, para que la jefa entrara esta le dijo:, tomate el día libre, vete con tu familia, hoy voy a conducir yo.

Sin que yo hubiera dicho nada, ella se creyó en el deber de informarme: no quiero que nadie sepa adonde voy ni con quien me veo, esa persona está aquí de incognito, con nombre falso, si alguien lo descubre su vida puede correr peligro.

A unos cinco kilómetros del pueblo en dirección sur nos detuvimos ante una casita de planta baja, con un pequeño jardín y un pórtico cubierto con una frondosa parra. Un señor mayor, con una larga melena blanca recogida en un moño y una crecida barba estaba apaciblemente sentado contando las nubes. Al ver acercarse el coche, intentó levantarse de su mecedora apoyándose en un rustico cayado. Mavi le hizo señas de que no se moviera.

¿Cómo estás? Te presento a mi amigo Franja, es español, es juntaletras y está interesado en saber algo de tus «amigos», el retintín en la pronunciación de la palabra me hizo comprender que el hombre no era un fan de los sandinistas. Dirigiéndose a mí me dijo: Le puedes llamar Paco.

El hombre, dirigiéndose a Mavi le dijo: cariño, ya sabes que me produce mucho dolor recordar esos tiempos, pero si tú me lo pides haré un esfuerzo, trataré de recordar.

Mavi se vio en la obligación de ilustrarme un poco sobre el individuo: Paco fue uno de los primeros y más importantes miembros del FSLN, ocupó cargos de relevancia en el primer gobierno sandinista, hasta que por discrepancias con la dirección, sobre todo con la acumulación de poder que estaba adquiriendo Daniel Ortega[1], en su opinión una persona mediocre pero sumamente ambiciosa, fue defenestrado y conociendo la catadura moral del referido sujeto, decidió auto exiliarse y un día apareció en la Hacienda pidiendo ayuda.

Ante la avalancha de refugiados que huían del terror sandinista, el padre de Mavi había creado una especie de fondo de acogida, aportó una importante cantidad de dinero y contactó con otros exiliados que tenían posibles y organizó algo parecido a un campo de refugiados, con contenedores que habilitó como vivienda y cabañas de madera, para acoger a la inmensa riada de fugitivos que arribaban día sí y día también.

La previsora Mavi había traído unas cervezas y sentados en ese porche comenzamos a hablar, ella se refugió en el lujoso coche con el aire acondicionado a tope, se puso los auriculares y se dedicó a escuchar a Julio Iglesias, del que estaba, platónicamente, enamorada, por cómo se le alegraba la cara cuando se refería al famoso cantante. Esta era la conclusión a la que yo había llegado, porque ella nunca dijo nada.

EL INICIO

Paco cerró los ojos y pareció sumergirse en el pasado.

El 19 de Julio de 1979 fue para mí un día memorable, que nunca se borrará de mi memoria, subido en un destartalado jeep entré con un grupo de mis muchachos en Managua, no podía imaginar que pronto esas flores que nos arrojaban, se convertirían en, metafóricamente hablando, pedruscos.

LOS BUENOS DESEOS

Estábamos llenos de buenos deseos, de grandes sueños, nos creíamos el ombligo del mundo, habíamos liberado a nuestro pueblo. Pero una cosa son los deseos y otra la realidad.

Habíamos surgido del pueblo que sobrevivía entre la miseria impuesta por una élite entregada a los explotadores capitalistas.

Queríamos establecer un sistema más justo, que respetara los derechos humanos y que el desarrollo económico llegara a las capas más desprotegidas de la sociedad, con un reparto más equitativo de la riqueza, erradicar el analfabetismo y las enfermedades endémicas que diezmaban, periódicamente, a los más pobres, a los más desfavorecidos, a los desheredados de la tierra.

Soñábamos con un ejército del pueblo, al servicio del pueblo, no al servicio de las élites dominantes y explotadoras.

Creíamos en que nuestra política exterior podía ser independiente y en la unión de todos los mini estados centroamericanos en un ente global. Imaginábamos los Estado Unidos de Centroamérica.

Y todos estos sueños los llevaría a cabo un gobierno revolucionario y de honestidad contrastada.

Pero antes había que acabar con la dictadura y en esa batalla se involucraron todos los estamentos de la sociedad, sin distinción de credo, ideales políticos, cada uno combatió según su saber y entender, cada uno a su manera, pero el canalizador de esta corriente imparable fue el FSLN.

La prioridad era derrocar la tiranía, más tarde veríamos que pasaba. Fueron muchos los que abandonaron sus quehaceres, sus trabajos e incluso sus negocios para enrolarse en lo que podríamos llamar una cruzada de liberación, aunque esta palabra «cruzada», tenga reminiscencias imperialistas y religiosas eso fue realmente lo que ocurrió.

Inicialmente tuvimos unos fracasos sonados, pero tras los primeros éxitos militares, la represión se acentuó, Somoza decretó el estado de sitio, el tirano detuvo, encarceló y asesinó a todo aquel que a juicio de sus huestes fuese enemigo de la dictadura, perteneciese o no al FSLN.

El detonante de la traca final fue el asesinato de Pedro Joaquín Chamorro el director del periódico La Prensa. La persona y su periódico eran enemigos acérrimos del régimen, los ciudadanos esperaban, día a día, expectantes por leer sus editoriales. Era la resistencia más eficaz y mortífera contra la dictadura.

Su asesinato movilizó a todo el pueblo.

El movimiento nació comunista, los que iniciamos el proceso éramos comunistas convencidos, pero entendimos que sí queríamos triunfar teníamos que disfrazarnos de demócratas y atraer a los cristianos y a la clase media.

LA IGLESIA Y EL SANDINISMO

La llegada de Fidel Castro al poder en Cuba al final de la década de los 50, trajo consigo la intención de instaurar el comunismo no solo en Hispano América sino en todo el orbe, de ahí sus intervenciones en África y en el Centro y Sur del continente americano.

Desde finales de la década de los sesenta los marxistas latinoamericanos habían comenzado a promover una estrategia que fue hábilmente usada por los sandinistas: promover una alianza con los cristianos e infiltrar la Iglesia Católica.

Y la orden más proclive a la labor fueron los jesuitas, siempre tan díscolos y progres, que se dedicaron con toda devoción a propagar las bondades de las doctrinas marxistas.

Los dos centros educativos más importantes de hispano América, el Colegio y la universidad Centroamericana, ambas instituciones privadas, pertenecientes a la orden, fueron un vivero de futuros revoluci9narios, en esos lugares varias generaciones de jóvenes idealistas fueron adoctrinados para expandir esas ideas de generosidad, igualdad y fraternidad que según ellos era la filosofía comunista.

Paco me informó de un hecho deleznable y que no había tenido mucha difusión y que yo desconocía por completo.

Nuestra influencia era tal que en la pared del despacho del Prefecto del Colegio Centroamericano, a la espalda de su escritorio, había colgados dos cuadros, uno de Jesucristo y otro del Che Guevara, y bajo ellos una leyenda: «Ambos lucharon y murieron por los mismos ideales».

Se incorporaron muchos sacerdotes, unos convencidos y otros engañados en su ingenuidad, a la lucha y no lo hicieron para divulgar el cristianismo sino para luchar.

Este disfraz nos procuró el apoyo de demócratas y organizaciones cívicas nacionales e internacionales.

El objetivo común era derrocar al somocismo e instaurar la democracia, nosotros teníamos otras ideas pero las escondíamos.

Esta colaboración de la Iglesia se plasmó en que figuras como Ernesto Cardenal[2] y otros destacados miembros del clero patrio se involucraran de lleno en la lucha guerrillera y posteriormente detentaran cargos importantes en el primer gobierno sandinista.

EL GOBIERNO DE UNIDAD NACIONAL

Se formó una gran coalición, con el solo propósito de acabar con la dictadura somocista, en la que se integraban todos los sectores de la sociedad, demócratas, cristianos, liberales, sindicatos, organizaciones empresariales, de periodistas, campesinas y cívicas. Y a la que se adhirió el FSLN.

Un mes antes de la caída del régimen de Somoza, la Junta de Gobierno de Reconstrucción Nacional se dirigió los nicaragüenses y a los países democráticos del orbe, proclamando:

Desde la responsabilidad histórica que nos ha sido conferida de reconstruir nuestro país, invitamos a los nicaragüenses a que olvidemos nuestras discrepancias partidistas y nos unamos en el proceso de instaurar la democracia y promover el bienestar de nuestros conciudadanos.

La Junta Nacional estaba formado por personalidades de reconocido talante democrático, en él se integraba Violeta Barrios de Chamorro (viuda del opositor Pedro Joaquín Chamarro), el doctor Sergio Ramírez , intelectual y escritor exiliado desde hacía más de 15 años, el magnate expresidente de la Cámara de Industria, el ingeniero Alfonso Rebelo Calleja, y el doctor Moisés Hassan Morales, decano de la Facultad de Ciencias y Letras de la Universidad Nacional de Nicaragua, y entre tanto intelectual y demócrata un, al parecer, inocuo e irrelevante Daniel Ortega, como representante del disfrazado FSLN.

Era una junta señuelo, cuyas inocentes ovejas pronto serían devoradas por el disfrazado lobo.

El inefable The New York Times con su ingenuidad habitual titulaba: «Los sandinistas antes patriotas después, supuestamente, marxistas».

El FSLN como integrante de este gobierno provisional se comprometió, ante la sociedad nicaragüense y mundial a: «contribuir a restaurar en Nicaragua un sistema en el que se respeten los derechos humanos, la igualdad de los ciudadanos ante la Ley, la libertad de expresión y reunión, el derecho y respeto a la propiedad, la libertad de culto, una economía mixta y la no alineación con ninguna potencia extranjera y bla, bla, bla.

Buenas palabras y mejores intenciones que los sandinistas no estaban dispuestos a cumplir ni respetar.

Al igual que las termitas que corroen la madera desde su interior así, en una labor de zapa, el sandinismo fue socavando al gobierno provisional.

El FSLN llegó al poder prometiendo lo mismo que había prometido la Junta de reconstrucción Nacional: «Se promulgará la legislación necesaria para la organización de un régimen de democracia efectiva, de justicia y progreso social, que garantice plenamente el derecho de todos los nicaragüenses a la participación política y al sufragio universal, así como la organización y funcionamiento de los partidos políticos, sin discriminaciones ideológicas, con excepción de los partidos y organizaciones que pretendan el retorno al somocismo».

Pero en realidad lo que el sandinismo tenía in mente era su programa, que textualmente decía:

«El Frente Sandinista es una organización político-militar, cuyo objetivo estratégico es la toma del poder mediante la destrucción del aparato militar y burocrático de la dictadura y el establecimiento de un gobierno revolucionario basado en la alianza obrero-campesina y el concurso de todas las fuerzas patrióticas antimperialistas y anti oligárquicas del país».

Pero nuestra intenciones era bien distintas. Intervino Paco

En una asamblea del movimiento se decidió: que el objetivo número uno era «aislar a la burguesía vendepatria, organizar las fuerzas motrices de la revolución, los obreros y los campesinos, y colocar a todas las fuerzas bajo la conducción del FSLN».

En Román paladino era decir: «Aquí mandamos nosotros y haremos lo que nos salga de la entrepierna, y los demás «ajo y agua», es decir «a joderse y aguantarse».

A nosotros la legalidad nos la había conferido las armas.

LA REPRESIÓN

En septiembre de 1979, ya se habían sentado las bases para instaurar una dictadura popular.

Los sandinistas vulneraron el Titulo IV del Estatuto Fundamental de la Republica que recoge:

«Se declara disuelta la Guardia Nacional de Nicaragua. Que será sustituida por un nuevo ejército, formado por los combatientes del FSLN, por soldados y oficiales de la extinta GN que hayan demostrado un conducta honesta y por cualquier otra persona que haya luchado contra la tiranía somocista y que desee incorporarse al nuevo ejército».

Nosotros decidimos por decreto que: «El ejército y la policía dejaban de ser «nacionales» y eran organizaciones pertenecientes al FSLN.

Y para controlar a la población, creamos, al más puro estilo comunista, los CDS (Comités de Defensa Sandinista), que se convertirían en los «ojos y oídos» de la Revolución. O como las llamó el propio Daniel Ortega, «las turbas divinas».

Instauramos la censura a los medios de comunicación y, vía soborno, subvenciones, canonjías, y hasta extorsión y chantaje, pusimos de nuestra parte a los más importantes. Los compramos, los corrompimos y los empesebramos.

A través de la Dirección General de la Seguridad del Estado se creó una red de vigilancia interna, con un amplísimo elenco de confidentes y «chivatos», en los colegios se instaba a los niños a denunciar a sus padres si estos se mostraban hostiles a la revolución.

Para enmascarar que lo que habíamos instaurado era un sistema de partido único, permitimos que unos grupúsculos, controlados por nosotros, formaran partidos políticos, meramente testimoniales, sin implantación alguna en la sociedad.

Todas estas promesas populistas crearon, en unos sectores de los que no teníamos ni idea de que existieran, unas expectativas que, por desgracia para ellos, no se iban a materializar, sin saberlo abrimos la caja de los truenos, la caja de Pandora.

Sectores que habían estado amordazados durante el somocismo levantaron la voz y empezaron a reivindicar sus derechos.

Los campesinos reclamaban tierras, los misquitos independencia, los sindicatos y diversas asociaciones civiles querían participar en las decisiones del gobierno, todo el mundo exigía derechos y reclamaba reconocimiento.

Nosotros, el FSLN creamos alguna agrupaciones que parecían nacer espontáneamente, libres e independientes, pero que eran controladas por nosotros.

De alguna manera el poder se estaba difuminando.

La afiliación a los sindicatos creció de forma desorbitada y su poder llegó a ser excesivo, en las empresas cuestionaban la labor de los dirigentes e incluso forzaban la dimisión o despedida de los directivos. Sus reivindicaciones eran constantes, hasta exigían la inclusión de obreros, sin la cualificación pertinente, en los Consejos de Administración.

Los CDS tenían un poder omnímodo, se requería su aval para cualquier puesto de trabajo en la administración, ello regulaban las cartillas de racionamiento.

Y como dice el refrán, «no hay peor cosa que un pobre harto de pan», gente que no había sido nunca nada, se vio aupada a posiciones de poder, con capacidad de decidir y ordenar. Y se les subió el poder a la cabeza.

El FSLN que tenía a estas organizaciones como sus correas de transmisión se percató de que todo el asunto se les estaban hiendo de las manos y decidió cortar por lo sano. Lenta pero inexorablemente, las fue debilitando, infiltrando hasta ponerlas totalmente bajo su control. Las asociaciones dejaron de ser organismos defensores de los derechos sectoriales para pasar a ser meros transmisores de la filosofía sandinista.

Algo así como los sindicatos de «come gambas» que tenéis ahora en España, el dardo fue directo, el sujeto parecía tener conocimiento de lo que se cocía en el mundo.

Poco a poco fuimos imponiendo nuestra política, nuestra forma de ejercer el poder.

Los antisandinistas y los tibios fueron siendo gradualmente desprendidos de toda representación o influencia y eran considerados como enemigos de la revolución. O eras sandinista o contra revolucionario..

Y en esta labor de absorción la primera organización en ser fagocitada, absorbida «manu militari» fue la AMPRONAC (Asociación de Mujeres ante la Problemática Nacional), que había nacido en 1977 para luchar contra la dictadura.

Las fundadoras fueron sustituidas por militantes nuestras, y la organización fue rebautizada como la AMNLAE (Asociación de Mujeres Nicaragüenses Luisa Amanda Espinoza).[3]

Con la desaparición de la AMPRONAC una organización pluralista y democrática, formada por mujeres de todas las clases sociales descabezábamos a un potencial y poderoso enemigo como era el colectivo femenino, muy crítico con nuestra política.

Esta política propició que muchos funcionarios, la base de la maquinaria que hace funcionar a un gobierno, abandonaran sus puestos, unos por decisión propia, otros represaliados, y el país, cosa que también se vieron forzados a hacer los indios misquitos. Los puestos vacantes fueron cubiertos por sandinistas sin preparación ni voluntad de trabajar solo querían un salario y ver como podían sacar tajada de su inmerecida posición.

Lenta pero inexorablemente nos fuimos adueñando de toda la administración.

LA CAJA DE PANDORA

Nuestra declaración de respetar el derecho a la propiedad y a la igualdad de todos los ciudadanos, destapó la Caja de los truenos de todas las tensiones internas que habían estado larvadas durante el somocismo.

Podríamos decir que éramos unos ilustres ignorantes, gente del asfalto, porque tampoco entendimos la idiosincrasia del campesinado, no teníamos ni idea del mundo rural y mucho menos de la región del Caribe para la que nosotros éramos «los españoles».

LOS MISQUITOS[4]

En nuestra supina ignorancia desconocíamos que existía un comunidad en la costa caribeña de pueblos indígenas autóctonos, que se autodenominaba Reino.

En el programa de gobierno de la Junta se recogía el siguiente párrafo: «Se integrara en la estructura del Estado a la población de la Costa Atlántica». ¿Pero cuál era esa población?, nosotros no teníamos ni idea de a qué se refería ese párrafo.

La avalancha de demandas y de reclamaciones que nos llegaron de la Costa fue descomunal y como no teníamos ni la más ligera idea de lo que se cocinaba en aquellas, para nosotros lejanas, tierras, lo interpretamos como una región que se quería independizar, Se generó una atmósfera de mutua desconfianza y sospechas, estábamos desconcertados nunca habíamos oído hablar de los misquitos.

A nuestro desconcierto se unió que los funcionarios y miembros del partido que enviábamos a esas zonas provenían de la zona del Pacifico y con total desconocimiento de los usos y costumbres del Caribe, y estos funcionarios en vez de tratar de integrarse en la nueva cultura lo que hicieron fue extrapolar sus métodos a una psicología totalmente diferente.

El choque cultural fue inevitable, para ellos los sandinistas éramos unos Invasores, unos nuevos colonizadores.

Y nosotros los considerábamos unos indígenas mentirosos y falsos en los que no podíamos confiar.

LA REPRESIÓN

Todo lo anterior nos llevó a emprender una campaña de acoso a los sectores industriales tradicionales, les catalogábamos de «vende patrias», «chupópteros» y todas las lindezas que se nos ocurrían, primeros fueron los antiguos oligarcas, pero luego se fue extendiendo a todo aquel estamento o persona que no comulgara con nuestras ideas. Comenzó una campaña de agitprop.

A la campaña de agitprop se unió otra de confrontación, todo aquel que no estuviera de acuerdo con nosotros era «un burgués vende patria».

En las áreas rurales incluso los propietarios de pequeños comercios o terreno eran acusados de burgueses.

LAS EXPROPIACIONES

Una, aparentemente, buena idea mal aplicada normalmente deviene en desastre y eso nos ocurrió con las expropiaciones. Cometimos innumerables errores, el primero fue enviar al ámbito rural a gente de asfalto, de las ciudades, gente que nunca había pisado una boñiga ni había cogido un rastrillo.

Políticos y funcionarios que no sintonizaron con los campesinos, que no se podían entender porque hablaban, metafóricamente, dos idiomas diferentes.

El proceso de expropiaciones comenzó con los somocistas, pero pronto, por el celo de unos funcionarios mal informados, fanáticos ignorantes, se amplió a los «allegados» al somocismo, pero ¿Quién decidía quien tenía esa condición y que significaba «allegado»?, para a continuación proceder a expropiar, simplemente, a cualquier opositor al régimen.

Esta caótica político nos condujo a que cuando se produjo la agresión norteamericana vía Contra, el campesinado se volvió contra nosotros y apoyó a los mercenarios insurgentes.

Y para contentar a las masas sedientas de venganza, las expropiaciones se anunciaban en la plaza pública en grandes concentraciones, la plebe enfervorizada aplaudía como una foca cuando recibe una sardina de su cuidador.

LAS ELECCIONES

Aunque habíamos dejado claro cuál era nuestra posición en relación con esa práctica absurda de las democracias de consultar al pueblo cada cierto tiempo, nos vimos obligados a convocar a los ciudadanos a las urnas.

Nuestro programa y nuestro esquema de fuerzas estaba basado en una realidad concreta: que teníamos las armas en la mano y que teníamos al pueblo con nosotros. Pensábamos que lo que se había conseguido con tanto esfuerzo, sudor y sangre no debíamos arriesgarlo en una contienda electoral, que esta las carga el diablo y nunca sabes de qué lado se va a decantar. El país era nuestro.

Pero estábamos enzarzados en una especie de guerra civil y, aunque no nos importaba demasiado, necesitábamos, para sobrevivir, el reconocimiento de los países democráticos, que nos exigían la convocaría de elecciones.

La base fundamental de cualquier régimen democrático, o al menos algo que se le parezca, son las elecciones por sufragio universal y secreto, con participación de todos los partidos políticos y de todos los ciudadanos, sin discriminación de sexo, religión o raza.

La premisa es que los ciudadanos eligieran su propio destino en una elecciones limpias, transparentes y libres.

En el programa de gobierno por la Unidad Nacional, firmado en 1979, habíamos adquirido este compromiso.

En 1984 nos hicimos el propósito de cumplir este compromiso, pero a nuestra manera.

Durante años habíamos estado despotricando contra este absurdo mecanismo con declaraciones altisonantes y despreciativas sobre el sistema.

Algunas de estas «perlas cultivadas» eran de un calibre más que grueso.

Un miembro del comité de dirección del FSLN arengaba a las masas: «Nos hemos comprometido en celebrar elecciones que la oposición piensa que vamos a convocar, pero tengo que recordarles que nuestro pueblo ya votó, con las armas en la mano, el 19 de julio de 1979, fecha de nuestro glorioso triunfo. La sangre de 50.000 nicaragüenses son nuestros votos».

El propio Daniel Ortega ratifica estas palabras cuando declara: «Nunca el poder del pueblo podrá ser derrotado ni con las balas ni con votos» y añade: «las elecciones servirán para fortalecer el poder de la Revolución».

Elaboramos unas leyes electorales que dejaba pocos resquicios por los que pudieran colarse los partidos políticos tradicionales, creamos unos supuestos partidos, que no eran sino grupúsculos manejados por nosotros. En resumen un «apaño».

Nosotros teníamos la convicción de que las elecciones eran un inconveniente, un estorbo, en Román paladino «un coñazo», pero que la situación de confrontación, de guerra, que nos había impuesto los Estados Unidos nos obligaba a celebrar.

La revolución no necesitaba elecciones sino ser efectiva y esta era la mejor salvaguardia de la dictadura del proletariado.

En 1984 se celebraron unas elecciones generales donde el FSLN ganó con más del 70% de los votos populares, la sociedad civil nicaragüense, sin saberlo, por ignorancia o desidia, estaba cavando su propia tumba.

Muy típico de la siniestra filosofía comunista, hacen como que aceptan el juego democrático, para desde el interior socavar el consenso y la democracia , hasta que se apoderan del poder

Tras esta aplastante, aunque amañada, victoria, se impuso la lógica del partido único

Una vez en el poder nos concentramos en la tarea de borrar todo signo de somocismo, pero cometimos el error de quererlo hacer todo a la vez, no tuvimos paciencia para llevarlo a cabo por partes , es lo que normalmente ocurre cuando unos indocumentados tratan de llevar a cabo una tarea, por otro lado hercúlea, para la que no están preparados, muy buena voluntad pero escasa, o nula, capacidad.

Teníamos un poder omnímodo, nadie, ni el dictador, había disfrutado de tanto poder y no lo supimos encauzar.

Quisimos imponer el sello del pensamiento sandinista en todas las instituciones y estamentos.

Y esta mentalidad pronto nos llevó a confrontar con sectores que nos habían sido fieles.

Pero algunos pensaron que una elecciones aplicarían a la fiera que nos acechaba, creímos que los yanquis nos dejarían paz, se olvidarían de un país pequeño. Estábamos equivocados.

En el camino de regreso observé que mientras conducía Mavi hacía unos movimientos giratorios con la cabeza.

¿Qué haces, conduciendo y haciendo esos movimientos tan extraños, nos la vamos a pegar. ¿Te encuentras bien?

Cada vez que tengo que encontrarme con este merluzo, con ese mequetrefe, me resulta tan estresante que me provoca una migraña aguda, ello me lleva a tenerme que recluir en mi habitación dos o tres días, permanecer a oscuras, no puedo ingerir alimentos, ni líquidos porque me da nauseas, incluso el olor a comida me afecta. Me convierto en un vegetal, soy como una acelga marchita.

La pobre Adelita se recluye conmigo para atenderme, ya me convierto en una especie de vegetal. Lo que me preocupa es que estos ataques, con el paso de los años, se están convirtiendo en más frecuentes y agudos.

Y ahora estoy experimentando los primeros síntomas.

Y aun así no pudo reprimir su curiosidad.

¿Qué te ha parecido Paco?

No se llama Paco, ¿cierto?

No pero lo usa porque, a pesar del tiempo transcurrido, aún teme a sus antiguos camaradas, los conoce, sabe cómo son, y está seguro de que si un día se le soltara la lengua y contara como el tándem Ortega-Murillo han hecho la incalculable fortuna que atesoran el pueblo los correrían a «gorrazos».

Me ha parecido buena persona, un ejemplo de juguete roto, debe haber sufrido mucho.

Lo de juguete roto, es cierto, lo de buena persona no, ha sido y seguirá siendo un grandísimo hijo de puta, dijo sin alterarse Mavi.

Mientras estuvo en el machito fue un represor más, cuando se tuvo que exiliar, vino «vendiéndose» como enemigo furibundo de los sandinistas y prometía luchar con todas sus fuerzas contra el FSLN y restaurar la democracia en Nicaragua.

Algunas buenas gente lo creyeron y lo apoyaron, entre ellos mi padre.

Él, mi padre, como toda la sociedad acomodada nicaragüense, se había preocupado de mantener buenas relaciones con la legación norteamericana en Managua y también lo había hecho en San José. Cuando mi padre habló con Paco y este le comunicó su deseo de comenzar una guerra de guerrillas contra los sandinistas, mi padre se lo traslado al embajador americano que informó al departamento de Estado y este le encomendó a la CIA la labor de desestabilizar al régimen sandinista, ya declarado abiertamente comunista. Y furibundamente anti norteamericano.

Así nació la Contra.

Nada más llegar a la hacienda, salió escopetada y se marchó corriendo a su habitación, pasaron tres días donde solo las esporádicas apariciones de Adelita me mantenían informado de la situación, el resto de los habitantes de la hacienda parecían estar curados de espanto y lo habían asimilado como una más de las múltiples veces que habían vivido una situación parecida.

Mavi reapareció al cuarto día, su semblante demacrado, sus ojos hundidos en sus orbitas y su caminar macilento y cansado le añadían varios años, estaba muy envejecida, parecía una anciana. Se sentó unos horas en el porche, sin hablar con nadie, su mirada perdida en el infinito. Pensé acercarme e indagar como estaba, pero la vi tan ausente que . controlé mis deseos.

De pronto se levantó y volvió a su retiro, al siguiente día, apareció tan radiante y jovial como siempre. Era otra vez la personas a la que yo admiraba y respetaba.

Y como si no hubiese sucedido nada recuperó su relato, justo donde lo había interrumpido.

La CIA en su ansía de derrocar a los sandinistas se lanzó de lleno a apoyar masivamente con armas y dinero al individuo, sin analizar la personalidad del sujeto y sus verdaderas intenciones. Todos somos culpables porque le creímos y lo poyamos, La administración de Reagan, el anciano y belicoso presidente americano no escatimó medios.

Después de años de simular que luchaba contra los sandinistas, decidió, cuando el nuevo presidente Bush derogó toda ayuda, y la contra desapareció, el mendrugo decidió pasarse, otra vez, al FSLN. Nos traicionó, nos abandonó, delató e incluso colaboró en la represión de sus antiguos compañeros.

Como era un espíritu rebelde pronto chocó otra vez con Ortega, al que su ambiciosa mujer, una pseudo poeta llamada Rosario Murillo maneja a su antojo y se tuvo, una vez más, que exiliar.

Y apareció por aquí con una mano delante y otra detrás, amargado, desilusionado y acabado.

Y ¿si sabes cómo es, porque lo proteges y ayudas?. Francamente no te entiendo.

Lo entenderás si te digo que es el padre de mi hijo.

¿Y tu hijo, lo sabe?

Para él su padre era un honrado y valiente guerrillero que murió en acción.

La charla con el exguerrillero me había resultado tan interesante que le insistí, aun a sabiendas del estrés que ello la reportaría, y cuando algo me interesa soy muy cabezota, a Mavi para que volviéramos a ver al sujeto, quería saber cómo había sido su paso por la Contra y sus motivaciones para cambiar de bando tantas veces.

No me gusta la idea, pero entiendo tus curiosidad, dame un par de días para que me sosiegue y volveremos. Pero esta vez y venciendo mi repugnancia voy a estar presente, quiero oír las mentiras que te cuenta ese malandrín y constatar si alguna vez en su perra vida se comportará como un hombre y hablara con la verdad por delante.

No parece que le tengas mucho aprecio.

No me merece el menor respeto, te vuelvo a repetir nos engañó, nos traicionó, nos vendió la idea de que era un luchador por la democracia y lo que ocultaba es que era aún más extremista y radical qué el mismo Ortega.

Paco, o como quiera que se llámese el sujeto, no pareció sorprenderse de nuestro regreso.

Hizo un aparte con Mavi, y después de una corta, pero acalorada discusión, ella abrió su bolso y entregó algo al sujeto.

Este lo metió en su bolsillo y con una sonrisa sardónico, volvió a su mecedora.

Paco, me gustaría que me contarás algo sobre la Contra, en el mundo occidental según que medios erais unos «luchadores por la democracia» y según otros unos renegados, mercenarios de los americanos y pagados por la CIA, y hasta os acusaban de narco traficantes.

Había de todo, como en botica, verdaderos demócratas y patriotas, otros mercenarios en busca de dinero, violencia y otros desencantados con la revolución.

Después de la charla con mi amiga, tengo que reconocer que miraba al tipo con otros ojos, ya no me parecía el viejito que se lamía las heridas en el exilio y en unas condiciones que me parecían miserables.

Decidí ser duro, quería provocarle sacarle lo peor de él.

Y en que posición te ubicas.

En el de los desencantados.

¿Desencantado de qué, de que no era una revolución con tintes democráticos, al estilo de la revolución de los claveles de Portugal, o que no era lo bastante extremista?

Mavi saltó como una pantera herida, ¡Vamos suelta que tú estabas sediento de sangre, de revancha y de rencor, que eras peor que aquellos a los que decías combatir!.

La miró sin expresión alguna, y solo murmuró: ella tan apasionada y directa como siempre.

LA CONTRA

Al tal Paco o como demonios se llamase el individuo, el sentirse centro de atención parecía revitalizarlo, otra vez se sentía importante, por lo que me propuse tirarle de la lengua hasta exprimir sus vivencias de aquellos turbulentos años.

Nosotros, los sandinistas teníamos como lema «no hay una revolución verdadera sin contrarrevolución» y por lo tanto no nos sorprendió, en absoluto, que nuestra llegada al poder provocaría una reacción de rechazo a nuestras ideas, nuestra ideología y nuestra forma de entender las cosas. Lo que nunca pudimos imaginar o prever fue el devenir de los acontecimientos.

En nuestras filas había de todo, como en botica, era una mezcolanza que mientras el enemigo común fuera el somocismo se mantendría unida, pero que cuando este objetivo se consiguiera podría resultar una mezcla explosiva.

Y esta comenzó a materializarse cuando empezamos a aplicar nuestras verdaderas intenciones, instaurar en Nicaragua un modelo marxista leninista a imagen y semejanza del que Fidel Castro había implantado en Cuba hacía ya más de veinte años.

En nuestras filas había ideólogos cristianos, marxistas, intelectuales sin una afiliación declara, liberales, conservadores, empresarios, universitarios, obreros y campesinos, que vieron traicionados sus ideales de pluralidad, de democracia. Y pronto florecieron las desavenencias. Se produjeron las primeras manifestaciones de protesta, se organizó lo que se denominó Milpas (Milicias Populares Antisandinistas), cuyos principales disidentes eran precisamente antiguos guerrilleros.

En 1981 llegó a la presidencia de los Estados Unidos un semi viejo belicoso de nombre Ronald Reagan, furibundo anti comunista que vio en este desbarajuste la ocasión propicia para erradicar para siempre el sarampión comunista que estaba amenazando contagiar a toda la región, a la que norteamericanos, bueno los yanquis, siempre han considerado como su patio trasero.

Y nosotros, los sandinistas, tan «espabilaos» como siempre, con nuestra política de represión lo que hicimos fue verter gasolina en el fuego que queríamos apagar.

¿No intentasteis, de alguna manera, llegar a un acuerdo con los descontentos?

Nosotros lo que entendíamos era que las armas nos habían dado el poder y que nadie nos lo podía arrebatar, y los pocos que mostraron reticencias fueron rápidamente defenestrados, Ortega y su núcleo duro empezaba a mostrar su «patita» de psicópata.

A mediados de 1981 surgió un grupo armado, esta vez compuesto por antiguos miembros de la Guardia Nacional y esto ya era harina de otro costal, estos manejados por la CIA era una amenaza grave y real sobre nuestro movimiento.

La agencia americana, a espaldas del Senado de su país, puso toda su capacidad subversiva y su potencial económico al servicio de este grupo. Y nuestros vecinos hondureños y ticos, ante la amenaza que nuestra revolución representaba para sus intereses, se prestaron, gustosamente, a servir de base a las actividades clandestinas que los agentes de la CIA perpetraron contra nosotros, y aceptaron la instalación de bases de entrenamiento y acogida a los contrarrevolucionarios.

Sus actividades nos causaron mucho daño, minaron nuestros puertos, volaron torres de suministro eléctrico, puentes, carreteras, depósitos de agua y quemaron o envenenaron plantaciones y decretaron un embargo económico.

Nuestra economía, debido a estos atentados y a nuestra impericia estaba a punto de colapsar y a ello se añadió la llegada al poder de Gorbachov.

En 1985 llegó al poder de la que se suponía era la segunda potencia mundial, Mijail Gorbachov que muy pronto se percató de que el supuesto imperio no era más que un coloso con los pies de barro.

El poderosísimo lobby industrial-militar norteamericano había estado bombardeando, durante décadas, a los medios de comunicación estadounidenses y por contagio a los mundiales, con el impresionante poder militar de la URSS, datos que debidamente manipulados mostraban siempre una superioridad numérica apabullante en favor de los soviéticos en submarinos nucleares, cohetes, bombas atómicas, tanques y el alcance de sus misiles. Ello llevaba a que las distintas administraciones americanas incrementaran, sustancialmente su presupuesto de defensa, y obligaban a los soviéticos a llevar a cabo lo mismo.

Reagan, que debía pensar que estaba rodando una de sus mediocres películas del oeste, se sacó de la chistera una colosal bufonada, nada más y nada menos que poblar el espacio con satélites armados con artefactos nucleares, y para disimular esta agresiva política la denominó, «Iniciativa de Defensa Estratégica» con el objetivo de detectar y destruir el lanzamiento de misiles nucleares desde la URSS, muy pronto la opinión pública la llamó «La Guerra de las galaxias»[5]

Ya en plena segunda guerra mundial, el clarividente político británico Winston Churchill había estado tratando de alertar a los yanquis del peligro que para el futuro de las democracias y países occidentales representaba el comunismo. Echo que quedó constatado cuando en los países que fueron «liberados» por el ejército rojo se instauraron gobiernos comunistas y que dio lugar a lo que el británico llamó «El Telón de Acero»[6].

Los soviéticos, al parecer, habían aprendido una lección, a costa de 20 millones de muertos y la práctica destrucción de sus ciudades y de su industria, para evitar otra posible invasión extranjera, necesitaban un colchón protector en forma de naciones interpuestas, de forma y manera que pensaron que esa solución solo sería posible si los territorios liberados del yugo nazi, eran manejados por gobiernos títeres de la Unión Soviética. Una doctrina a la que llamaron «defensa en profundidad».

Si la carrera espacial que se inició con el lanzamiento del primer satélite espacial, el Sputnik, lanzado por los rusos, allá por los años 50 del siglo pasado y que tuvo su momento más álgido en 1969 cuando los americanos llegaron a la luna, había socavado la maltrecha economía de la URSS, la nueva propuesta de guerra espacial, terminaría por darle la puntilla. La gerontocracia soviética mordió el cebo tan meticulosamente preparado por los yanquis y se lanzó de lleno a emular a sus adversarios.

Gorbachov dedicó sus esfuerzos a tratar de convencer a las potencias occidentales y a los americanos en particular de que su voluntad era mejorar el nivel de vida de su pueblo y sanear la economía del inmenso territorio y no tenía interés alguno en enzarzarse en nuevos conflictos más o menos fríos, y aunque algunos lo creyeron el poderosísimo lobby de las empresas de armamento no estaba por la labor.

Para resumir, los sandinistas se quedaron sin el apoyo económico que la URSS les proporcionaba y sus mentores ideológicos, los cubanos, tampoco estaban para tirar cohetes y destinar parte de su magro presupuesto para ayudar a otros, ya habían despilfarrado lo suficiente en sus guerra de liberación de los países africanos.

La podredumbre del sistema soviético saltó por los aires cuando en diciembre de 1991 la URSS implosionó

En la dirección del partido llegamos a la triste conclusión que el país estaba abocado a una crisis económica y que tendríamos que hacer algo distinto, diferente y nos fijamos en lo que pretendía hacer Mijail.

En el horizonte aparecieron unos negros nubarrones que no auguraban nada bueno para nosotros, la caída del muro de Berlín[7] en 1989 marcó un antes y un después del régimen comunista y fue una especie de aldabonazo para el sandinismo.

Y ¿Cuándo decidiste pasarte a la Contra, fue cuando pensaste que la revolución pudiese fracasar?

No, fui cuando me percaté que el rumbo que llevaba la revolución no era el que yo había abrazado, Ortega y sobre todo su esposa, estaban convirtiendo el nuevo régimen en una copia, mala por cierto, del somocismo. Se estaban enriqueciendo, ellos y su familia. Cuando en una reunión del comité de dirección saqué a colación el tema, me di cuenta de que todos los demás estaban en el mismo barco, todos estaban medrando, todos estaban conchabados y solo ansiaban enriquecerse. Me sentí un estúpido, a partir de ahí me convertí en la bestia negra para todos mis antiguos camaradas. Era un apestado, una mosca cojonera que no dejaba de incordiar.

No sería que no te dejaron participar en el reparto. Mavi parecía dispuesta a no dejar escapar la oportunidad de zaherir, de provocar al tipo.

El exguerrillero parecía estar acostumbrado a estos ataques inmisericordes de Mavi y olímpicamente la ignoró.

Algunos de los fundadores del FSLN habíamos pensado, desde los inicios, en convertir Nicaragua en un estado comunista, tomando a Cuba como ejemplo.

Habíamos hecho promesas como:

El Marxismo.-Leninismo es la Doctrina científica de nuestra Revolución, el sandinismo sin marxismo-leninismo no puede ser revolucionario.

En los pocos años que llevábamos gobernando hemos conseguido que más del 40% del PIB (Producto Interno Bruto) esté en manos del gobierno y esperamos llegar hasta el 80%

Lo que no decíamos era que lo habíamos conseguido con malas artes, con leyes y decretos expropiatorios. Y que esa enorme acumulación de recursos estaba siendo deplorablemente gestionado y del que se estaban beneficiando algunos gerifaltes del sandinismo, principalmente el clan Ortega y sus más allegados.

Decretamos que los sectores más importantes y lucrativos como Bancos, Seguros, Minas, Petróleo, Gas y Transporte, marítimo y terrestre, se convirtieran en monopolio del estado.

Y nombramos a nuestros militantes para dirigir a empresas de ganadería, agricultura, importación y exportación, negocios de distribución y ventas al mayor y al detalle, supermercados, discotecas, restaurantes, hoteles.

Exigimos que Las representaciones de importantes multinacionales extranjeras como: Mercedes Benz, BWM, International Harvester, Komatsu, Renault, Baterías Eveready, Equipo Pesado Case, etc, estuvieran en manos de ciudadanos de nuestra cuerda.

Y lo más importante nos hicimos con el control de la TV, que se convirtió en monopolio y nuestra principal fuente de manipulación, tergiversación y desinformación.

Y ahí comenzó el enriquecimiento del clan Ortega y sus más allegados

¿Por qué crees que fracasó la Contra?

Yo no hablaría de fracaso, diría abandono, de todas las maneras la Contra no tenía demasiado futuro. No tenía ideología, ni programa, solo el anhelo común de acabar con el sandinismo. Allí había de todo, idealistas, desilusionados, oportunistas, desertores y hasta algún que otro infiltrado.

Como tú, saltó como una áspid venenosa Mavi, que no eras más que un agente sandinista.

Paco ni se inmutó, solo dijo, estás equivocada yo quería cambiar el régimen.

Pero no nos dijiste nunca que era para hacerlo más extremista, más comunista, más represor.

Efectivamente, yo quería un auténtico régimen comunista, inspirado en los pensamientos marxistas leninistas, y no un remedo, un intercambio de cromos. Un nuevo somocismo.

¿Cómo fue posible que con todo ese omnímodo poder detentado, al final tuvieron tus antiguos compañeros que claudicar y firmar un tratado de paz con la Contra?.

No creas que lo hicieron por voluntad propia, estaban asfixiados política y económicamente, y a punto de ser invadidos por los marines americanos, había planes muy avanzados, para bajo el mandato de la OEA (Organización de Estados Americanos) llevar a cabo la operación.

¿Me estás diciendo que la OEA estaba por la labor de una invasión americana?.

Por supuesto que sí, nosotros, los sandinistas teníamos planes, nada más llegar al poder, de expandir nuestra revolución a los países limítrofes y crear una especie de Repúblicas Comunistas Centro Americanas y esto no gustó nada a esos países.

Por otro lado nos habíamos ganado a pulso la animadversión de la Jerarquía católica, el ya cardenal Obando y Bravo había cambiado, al socaire de los vientos, de bando, ahora nos atacaba.

En una cumbre de la OEA en Costa Rica en abril de 1988 los presidentes de los países asistentes se comprometieron a presionar a ambos bandos para que se sentaran a negociar, porque los acuerdos a que se había llegado en el Acuerdo de Esquipulas II[8] en 1987 no habían sido cumplidos.

El cardenal Obando y Bravo había expresado su profundo malestar por el incumplimiento de dichos acuerdos: «Con pena tengo que decir que la Amnistía, en el sentido amplio no se ha dado todavía, no se ha levantado el Estado de Emergencia y aún hay que ir dando pasos hacia la democratización».

Se dieron las circunstancias adecuadas para las conversaciones de paz de Sapoá[9] que acabó, supuestamente, con el problema.

El agotamiento de ambas partes, la carencia de ayuda exterior, de la Unión soviética a los sandinistas y de la CIA a la contra, propicio este histórico acuerdo.

¿Por qué crees que la CIA desistió de derribar al régimen sandinista?

La CIA había estado actuando subrepticiamente, a espaldas de la opinión pública americana y del Congreso de los Estados Unidos.

En octubre de 1986 uno de esos vuelos clandestinos que la CIA usaba para regar con millones de dólares, armas, municiones y suministros a la contra, fue tiroteado y abatido por los sandinistas.

Un avispado reportero gráfico de la agencia Reuters, apellidado Dematteis, había escuchado rumores de un accidente aéreo y pasó la información a su empresa de que le olía a algo raro, porque el avión había sido derribado, recibió la orden tajante de: «Vete al lugar e indaga si hay algún superviviente, toma fotos».

En el derribo del avión intruso fallecieron tres personas pero el exmarine y agente de la CIA, un tal Hasenfus sobrevivió y fue capturado. El reportero llegó justo a tiempo de captar la imagen del espía cuando era conducido esposado a un helicóptero para ser trasladado a Managua.

La susodicha foto fue distribuida a nivel mundial e originó un escándalo político monumental que fue conocido como el caso Irán-Contra[10], que recorrió el mundo entero.

El mencionado agente no se recató en reconocer cuál era su misión: «Soy culpable. No puedo decir que no estuve allí, que no llevaba armas y municiones para la resistencia. Todo lo que cargaron está ahí».

Como era de esperar la administración Reagan negó cualquier vinculación con el hecho, pero en el avión siniestrado aparte de los suministros bélicos había documentos que demostraban que la Casa Blanca, a través del teniente coronel Oliver North estaba involucrada de hoz y coz en el programa de asistencia a la Contra.

Las maniobras del gobierno violaban las leyes establecidas tanto por la ONU como por el Congreso de Estados Unidos, que prohibía vender armas a Irán y financiar a grupos armados en Managua.

¿Qué hay de cierto en que estabais involucrados en el tráfico de droga?

¿Quién puede evitar que en unos vuelos que salían de Florida clandestinamente con armas dinero y municiones, al volver de la misma forma, alguien no tuviera la tentación de meter unos kilos de droga?

¿Qué mejor forma de hacerlo? Era el método ideal para ello, nadie preguntaba nada y el enorme volumen de dinero que se maneja en este negocio es capaz de doblegar las voluntades más recias. Quizás sin proponérselo la administración Reagan al desarrollar ese sistema de ayuda estaba pavimentado una ruta especial para el narcotráfico.

Yo no te puedo asegurar que ocurriera pero si te puedo decir que muchos de los contras pronto desertaron y desaparecieron.

LA EMIGRACION ILEGAL

Cuando comenzó la agresión yanqui a través de los traidores a nuestro pueblo, nosotros vendimos el relato, que la panoli y aletargada sociedad mundial trasegó sin dificultad, de que el motivo era la lucha ideológica, la agresión que la insaciable ambición capitalista perpetraba contra un pequeño país socialista, pero sabíamos que el problema era muy otro.

La internacional comunista en su propósito de desestabilizar a los países democráticos hizo suya la frase del lunático y fanatizado coronel Gadafi de que «el Islam conquistará Europa por el vientre». La internacional comunista se propuso conseguirlo con la inmigración ilegal.

Desde el fin de la II guerra mundial y comienzo de la llamada guerra fría, el comunismo internacional se había marcado como meta desestabilizar Europa y a todos los países democráticos, para al amparo del caos llevar a buen término su gran proyecto, dominar el viejo continente. Y para ello tenía que acabar primero, de forma no violenta, con su principal obstáculo, Los Estados Unidos de Norteamérica.

Y lo que el lenguaraz Gadafi quería hacer con el vientre de sus mujeres, La internacional comunista lo quería hacer inundando el viejo y nuevo continente con inmigrantes ilegales.

Y Nicaragua por su situación geográfica le pareció el lugar más apropiado.

Efectivamente ese era el propósito y nosotros, los sandinistas, lo vimos como una forma de resarcirnos de las humillaciones y vejaciones que a lo largo de los años nos habían estado infligiendo los yanquis.

Nos prestamos muy felices a ser la cabeza de puente de lo que, a la larga, se está convirtiendo en un auténtico problema, no solo para los EE. UU. sino también para Europa, una masiva invasión migratoria ilegal e incontrolada. Nos propusimos que la inmigración ilegal fuera nuestro «caballo de Troya», una especie de quinta columna en el corazón del imperialismo.

Porque aunque de cara el exterior nos mostrábamos altaneros y arrogantes, internamente vivíamos en un estado permanente de zozobra y temor. ¡Vamos que estábamos acojonados!

Nos vimos envueltos en una guerra civil contra los rebeldes apoyados por Estados Unidos, los llamados «contras». Una guerra que nunca quisimos pero que tampoco hicimos esfuerzos para evitar.

Los precedentes eran aterradores, estaban muy recientes las intervenciones de los yanquis en la isla de Grenada y en Panamá.

No era descartable que algo similar hicieran con nosotros, nos sentíamos acosados, asediados y amenazados, bajo la constante sensación de que podíamos ser invadidos.

Y en nuestra insensata altivez, no hacíamos nada por reducir la tensión, sino todo lo contrario, nos rezumaba la «chulería» por todos los poros de nuestro cuerpo. Creíamos estar luchando por nuestra supervivencia y lo que hacíamos era cavar nuestra propia tumba. Teníamos mal ejemplo en el barbudo que nos manipulaba y dirigía nuestra política. Habíamos pasado, sin solución de continuidad de un «amo» a otro.

Pero déjame que te explique un tema que muy pocos han conocido y mucho menos comprendido.

Nuestra revolución se produjo en el momento más álgido de la guerra fría, con la llegada al poder de un mesiánico Ronald Reagan y su cruzada contra el comunismo, aquella frase suya que hizo fortuna de catalogar a la Unión Soviética como «el imperio del mal».

Y para Reagan nosotros, los sandinistas, éramos el representante, junto con Cuba, de ese «imperio del mal» en su bajo vientre, que además amenazábamos expandir el cáncer comunista por todo el subcontinente.

En su campaña electoral ya había dado muestras de que su intención era derrocarnos y enviarnos a «galeras».

Cuando llegó al poder, puso a disposición de la causa todo el tremendo potencial de que disponía, desplegó todo tipo de acciones, diplomáticas, económicas, subversivas y militares, involucró a todos nuestros vecinos, estableció campos de entrenamiento en Honduras y Costa Rica, minó nuestros puertos y saboteó nuestras instalaciones vitales.

Y por último formó, adiestró, financió y armó a un ejército de mercenarios y, justo es reconocerlo, a nicaragüenses desafectos a la revolución.

Y entonces nuestra estupidez, aportó a la causa no un grano de arena sino una auténtica montaña.

Aunque éramos muy ignorantes no desconocíamos nuestra historia, plagada de invasiones e intervenciones estadounidenses. Sabíamos que los yanquis no cejarían en su empeño de acabar con la revolución.

Y nos propusimos plantarles cara, planteamos nuestra estrategia defensiva apoyándonos en tres puntos, que no solo no solucionaron el problema sino que lo agravaron.

a) Apoyaríamos a todos los movimientos guerrilleros de la región

b) Estableceríamos una alianza militar con la Unión Soviética.

c) Creamos un ejército fuerte, que era el más poderoso de la región.

Pero hubo un cuarto eje que nunca quisimos publicitar, corroer hasta el tuétano a la, para nosotros, débil sociedad americana, usaríamos nuestro territorio como trampolín para promover una masiva inmigración ilegal, apoyaríamos e incentivaríamos a ciudadanos del todo el orbe, a entrar ilegalmente en el rico país, lo inundaríamos, de pacíficos inmigrantes entre lo que se incrustarían criminales, ladrones, violadores, saboteadores, espías y otras gentes de mal vivir, e incluso agentes secretos «durmientes», estos desharrapados de la vida provocarían inseguridad y caos en las otrora pacíficas comunidades americanas.

Pero los yanquis pronto descubrieron la añagaza y está fue la principal causa de su agresiva política contra nosotros.

A principio de la década de los noventa el tinglado soviético se desplomó como un castillo de naipes, los cubanitos ya tenían ellos sus propios problemas, así que de la noche a la mañana, nos vimos con nuestras vergüenzas al aire, desprotegidos, carentes de todo soporte militar y económico.

Y aunque no soy creyente si creo en esa máxima de que: «Dios aprieta pero no ahoga», al belicoso y agresivo Reagan le sucedió en el cargo un pusilánime, afortunadamente para nosotros, Presidente Bush, que retiró todo su apoyo a los contras.

Ambos bandos estábamos exhaustos, agotados, física y mentalmente, nos vimos obligados a entablar negociaciones. Finalmente en el llamado acuerdo de

Sapoá[7] se firmó la paz. Se convocarían elecciones, que aunque seguían sin gustarnos, no vimos obligados a celebrar y que perdimos, de esta forma nuestra gloriosa revolución pasó a mejor vida , o eso creyeron las buenas gentes.

Pero, ¿Cómo se explica el apoyo que los contras tuvieron en la población rural, máxime cuando vosotros habíais impulsado una reforma agrícola que teóricamente les favorecía?.

LAS CONFISCACIONES

Nuestra política de confiscaciones comenzó afectando a los somocistas que se habían enriquecido a la sombra del dictador, para a continuación incluir a los que llamábamos «allegados» al somocismo, y ¿quiénes eran estos?, pues cualquiera que se nos ocurriera. Los siguientes en nuestro punto de mira confiscatorio fueron aquellos que habían mostrado simpatía por los contras o los que no se mostraban demasiado ilusionados con la revolución.

Como en toda sociedad de pequeño propietarios, la propiedad es sagrada y estas arbitrarias actuaciones provocaron un rechazo frontal, en ese tipo de sociedad el trabajo, el esfuerzo y el sacrificio son tan sagrados como el derecho a la propiedad.

Y para rematar la faena enviamos a efectuar tan delicada misión a gente de asfalto, a funcionarios y dirigentes políticos que no conocían nada de la sociedad rural, con una visión ideológica de la vida campesina.

La incomunicación y el distanciamiento fue total, hablaban dos idiomas diferentes, era imposible que se pudieran entender.

Un día decidí contemplar directamente como se aplicaban las medidas. Una señora muy mayor me increpó: ¿'por qué le quitan a mi vecino su finca, si no ha hecho nada malo?. Era somocista, se me ocurrió decirla, .¿Y? esa finca no se la regaló nadie ni se la robó a nadie, la levantó con su trabajo y su sacrificio, cosa que ninguno de esos leguleyos ha hecho en su puñetera vida.

Nuestras confiscaciones golpearon los valores tradicionales de la sociedad agraria del país.

La situación del campesinado empeoró con nuestras medidas, la guerra, porque la nuestra, con la ayuda de los norteamericanos a los contra, ya era una guerra civil, devino en una caída de la producción agrícola, un desabastecimiento en las ciudades y un incremento del costo de la vida.

Se fijaron los precios oficiales que se pagaba a los campesinos, se pusieron fielatos en las carreteras para confiscarles los productos que se les pagaba al precio fijado por el gobierno, que luego se vencían en una especie de mercado negro, los precios bajos de sus productos desincentivo al campesino, la producción se redujo, la inflación se disparó, el campesino pagaba más por los productos industriales y recibía menos por sus productos agrícolas.

LA DEBIL DEMOCRACIA

En 1990 se celebraron, en contra de nuestros deseos, unas elecciones realmente democráticas y el resultado, como no podía ser otro, fue una derrota nuestra.

De vuelta a casa, comentábamos el tema y ante mi insistencia en saber que había pasado, como es que Nicaragua había vuelto al punto de partida.

Trataré de resumírtelo, me dijo Mavi

Tras un breve inciso democrático bajo el gobierno de Violeta Chamarro viuda del asesinado opositor, Nicaragua volvió al pasado.

No depuró responsabilidades y permitió al FSLN que se constituyera como partido, Nicaragua pagaría caro este error.

LA TRAVESÍA DEL DESIERTO

Violeta Chamorro intentó cuadrar el círculo, trató de integrar a los sandinistas al tiempo que desmantelaba muchas de sus absurdas medidas, intentó una reconciliación nacional sin percatarse, al parecer, de que los sandinistas, comunistas declarados, no estaban dispuestos a compartir el poder con nadie y mucho menos a reconciliarse con nadie.

Llegó a un acuerdo con los Contras para que se desmovilizaran y entregaran las armas, redujo el ejercito sandinista en 65 000 efectivos, dejándolo en 15 000 y lo más importante, consiguió que el hermanísimo de Daniel Ortega, el general Humberto Ortega dimitiese de su cargo de jefe supremo de las fuerzas armadas.

Lo que tanto habían criticado los sandinistas a Somoza, lo habían calcado los Ortega, otorgando puestos importantes y de control a amigos y familiares.

Violeta Chamorro seguía intentando apaciguar el país, puso fin al servicio militar obligatorio, garantizó el derecho a la propiedad privada, promulgó leyes que prohibían a los familiares de la presidencia ejercer cargos en el gobierno.

Redujo el gasto público y el número de funcionarios, a algunos terratenientes cuyas propiedades habían sido confiscadas por los sandinistas les devolvió sus propiedades.

Cambió los libros de texto sandinistas por otros más acordes a la nueva era.

Intentó una coalición legislativa de todos los partidos políticos, conservadores y liberales, incluidos los sandinistas, coalición que por supuesto resultó un fiasco. Los comunistas esperaban, agazapados, su momento, ellos no perdonaban ni olvidaban.

Pusieron en marcha, como es práctica habitual, una campaña de violencia callejera, manifestaciones de protesta y desobediencia civil. Las algaradas callejeras se sucedían día sí y día también.

Para avivar más el incendio los Contras, ante la violencia desplegada por el ejército, dominado por los sandinistas, volvieron a tomar las armas. Ahora se autodenominaban «Recontras». Un castizo lo llamaría «Recachondeo» pero los nicas tienen poco sentido del humor.

Y como a toda acción le corresponde una reacción, los sandinistas se organizaron en los llamados «Recompas». Otra vez se ponía en marcha el «putiferio».

La agricultura se orientó más hacia la exportación que a la producción de víveres para el consumo interno. Los alimentos escaseaban y la inflación se disparó.

La reducción del gasto público y la política de austeridad devino en un recorte de los servicios sociales y en la ayuda a los sectores más desprotegidos.

Violeta se había comprometido a que las siguientes elecciones, en 1996, fueran limpias y transparentes, y a llevar a cabo una transición honesta y transparente del poder.

A estas elecciones se presentaron el FSLN y la Alianza Nacional un partido conservador. Los sandinistas, con Daniel Ortega como líder, quisieron presentarse con piel de cordero, prometían extender los servicios sociales y las libertades civiles, preservar la unidad nacional y un acercamiento a los Estados Unidos. Pero la bola no coló, ganaron los conservadores.

Y volvió la burra al trigo. Aunque le economía creció y la deuda pública se redujo, la corrupción volvió por sus fueros, como también lo hizo la campaña de agitprop sandinista. El descontento popular se acrecentó

Y para más inri el nuevo presidente se conchabó con los sandinistas para repartirse y asegurarse el poder, hoy por ti mañana por mí.

Daniel Ortega, un inocuo personaje, volvió a perder en las elecciones de 2001.

En 2006 el inane Ortega, inasequible al desaliento, se volvió a presentar como candidato y parecía haber vencido a esa enfermedad infantil del marxismo leninismo y se había convertido en un dirigente pragmático, prometió, que prometer no cuesta dinero, mantener la política de libre mercado, erradicar la corrupción oficial y mejorar el nivel de vida de las capas más desfavorecidas de la sociedad.

Esta vez la treta le funcionó y salió triunfante.

Y Nicaragua inició su descenso al pozo negro de otra siniestra dictadura.

EL REENCUENTRO

Cuando Mavi interrumpió su relato sobre su visita a la hacienda, temí que una vez más me iba a quedar a las puertas de descifrar el enigma de esta persona tan singular y al mismo tiempo tan enigmática.

Sentada en el porche su rostro, levantado al cielo, mostraba una serenidad casi beatifica, de tiempo en tiempo un rictus que parecía querer ser una sonrisa iluminaba su cara, sus pensamientos debían ser muy gratificantes.

Dos días después de nuestra visita al exguerrillero, estábamos, como de costumbre, en nuestro encuentro con el Cardenal y me propuse conseguir que por fin despejara todas las incógnitas que me asaltaban. ¿Quién puñetas es esta mujer?, a veces tan directa y otras tan misteriosa.

Mavi vas a terminar de contarme como esa visita a esta hacienda cambió tu vida, ¿acaso te enrollaste con ese señor mayor propietario de la finca?

Volvió a hablar.

El anciano de pelo blanco se me acercó y muy respetuosamente me dijo: -Perdóneme señorita si le hago una pregunta indiscreta ¿es usted tica?, porque me recuerda mucho a una persona muy querida para mí y que por desgracia perdí-.

—Recordé una frase que oí muchas veces a mi padre, no hay preguntas indiscretas sino respuestas indiscretas, y añadí. Lo siento, debió quererla mucho, ¿era su esposa?—

—No, era mi hija, y no murió pero como si lo hubiera hecho, se unió a los terroristas del FSLN y nunca supe nada de ella, para mí es como si estuviera muerta—.

Un flas me vino a la memoria, recordé un brindis que mi padre solía hacer cuando estaba un poco achispado y que había aprendido de un exiliado ruso amigo suyo, levanté la copa de vino y empecé a recitar:

Al Dios que todo lo puede / si aquí nos tiene /será porque le conviene.

Hermanos / antes, cuando no nos conocíamos /bebíamos.

Ahora que nos conocemos, / bebemos.

Por eso / hermanos / bebamos hasta que no nos conozcamos.

El señor posó su mirada en mis ojos, como tratando de leer mi mente, preguntándose como sabe esta señorita una cosa tan personal.

Inició una especie de interrogatorio, que brindis tan original, ¿dónde la ha escuchado?, no recuerdo pero me ha venido a la memoria.

¿Y recuerda algo más de brindis o dichos sobre el vino? Traté de recordar, desistí, me estaba empezando a doler la cabeza.

El señor muy cortésmente se despidió de mí y me deseo buena suerte, volvió su cuerpo y al ver su espalda encorvada otro flas vino a mí, grité: ¡Ya lo dijo el padre prior clases de vinos solo hay dos, el bueno y el mejor!

El hombre volvió su cara hacía mí, una amplia sonrisa enmarcaba su cara y me dijo y ¿no recuerda algo más?, parecía estar jugando al gato y al ratón.

Recuerdo que siendo niña cuando le preguntaba a mi padre que era para él la felicidad, solían decirme: ¡Dame un vino viejo para beber, una leña vieja para quemar y un viejo amigo para hablar!

Al oír esto al hombre se le llenaron los ojos de lágrimas y me lanzó su última pregunta, por cierto no me ha dicho su nombre, me llaman Mavi por María Victoria Álvarez Cifuentes.

No se pudo contener me abrazó sollozando, mientras balbuceaba: Mavi, mi querida hija.

No volví a San José.

No hubo reproches, no hubo disculpas, borramos nuestro pasado, implícitamente habíamos decidido olvidar el pasado y comenzar una nueva vida juntos.

Pasábamos horas enteras contándonos nuestras peripecias, nunca me había sentido tan próxima a mi padre, ¡ahora si éramos una familia!

Me relató cuando antes de que los sandinistas entraran en Managua y de que Somoza pusiera «pies en polvorosa», decidió auto exiliarse, sabía, más bien intuía, el futuro que le esperaba al país.

Puso su fortuna a buen recaudo, en algunos paraísos fiscales, Panamá y las islas del Canal de la Mancha, compró una propiedad en Florida y adquirió un pequeño cafetal en Costa Rica, dudó si solicitar asilo político en el vecino del norte, finalmente eligió Costa Rica, no quería estar lejos de la tierra, que a su manera, amaba.

Y como paso a paso fue construyendo la gran hacienda que es ahora.

[1] *DANIEL ORTEGA*

Hijo de un matrimonio de opositores anti somocistas, ingresó en la Universidad Centroamericana de Managua donde se impregnó de las ideas sandinistas y como no era el más listo de la clase abandonó sus estudios de Derecho ese mismo año y se unió al FSLN.

En noviembre de 1967, formó parte de un comando que asaltó un banco, fue detenido y encarcelado durante 7 años.

En 1974 un comando del FSLN tomó al asalto la mansión del, a la sazón, presidente del Banco Nacional de Nicaragua y exigió al gobierno la puesta en libertad de algunos presos del movimiento entre los que se encontraba Daniel, los asaltantes exigían un avión para salir del país y ocho millones de dólares. Que ya sabemos que el exilio es muy duro pero con dólares abundantes es menos doloroso.

Tras arduas negociaciones y con la intermediación de monseñor Obando y Bravo los asaltantes obtuvieron lo deseado.

Refugiado en Costa Rica, cuando triunfó la revolución regresó al país.

Cuando se formó la Junta de Gobierno de Reconstrucción Nacional, el FSLN se dividió en tres facciones irreconciliables, cada una exigía que fuera su líder el nominado como representante del FSLN y Coordinador de la Junta.

Cualquiera de esos tres «caudillos», Henry Ruiz, Tomas Borge y Humberto Ortega aportaban más méritos que Daniel y como los tres querían, anhelaban y deseaban ser los elegidos ninguno cedía, se llegó a una decisión salomónica, un individuo invisible, de escasa personalidad y bajo perfil y Ortega cumplía todos los requisitos, estaba en el sitio adecuado en el momento más propicio. Los tres «caudillos» pensaban lo mismo, a este papanatas lo manejaré y manipularé a mi antojo. Y resultó que el inane, el anodino personaje les salió «rana».

Y un oscuro personaje inició su escalada al Olimpo de los Dioses. Inmediatamente inició una depuración sistemática de todo aquel que le pudiera hacer sombra.

En 1984 en las primeras elecciones después de la victoria sandinista el inane, el inocuo individuo se convirtió en presidente de la república. A partir de ahí fue de derrota en derrota hasta la victoria final.

Perdió en las elecciones de 1996, 2001 y 2005, pero inasequible al desaliento ganó en 2006 y el más tonto de la clase demostró muy pronto que era un alumno aventajado, que para lo que le interesaba aprendía rápido, se propuso que ya nadie le echaría de la poltrona.

Como veremos en el capítulo VII Nicaragua Hoy hablaremos más a fondo de la Dinastía Ortega-Murillo, y de su prolífica esposa.

2 ERNESTO CARDENAL

El jesuita Ernesto Cardenal, los jesuitas siempre tan belicosos y activos, junto con otros sacerdotes, se involucró desde el principio en la lucha guerrillera. Y fue propulsor de lo que se llamó la «Teología de la Liberación», por la que sus seguidores veían no solo legal sino una obligación pastoral participar en acciones violentas contra las

Guerrillera

dictaduras : Ernesto fue ministro de Cultura en el gobierno sandinista entre 1984 y 1990.

Lideró una campaña de alfabetización que alcanzó a más de medio millón de personas.

En 1978 un cardenal polaco dio el pego a sus ilustres compañeros del colegio cardenalicio, postulándose como un progresista que llevaría a la iglesia católica al siglo XXI sacándola del pozo negro en la que se encontraba sumergida resultado de la eterna duda hamletiana de Pablo VI. El polaco resultó elegido Papa y en un rasgo de populismo., sacó a pasear sus dotes de actor y decidió llamarse Juan Pablo II en honor al corto y prometedor pontificado de Juan Pablo I el breve.

Pero «del dicho al hecho hay mucho trecho» y el supuesto renovador progresista resultó ser un retrogrado de tomo y lomo.

En 1984 el «progresista» Papa Wojtyla, en un alarde de despotismo ilustrado suspendió a divinis a Ernesto y a otros tres sacerdotes más por su involución en la Teología de la Liberación. Su argumentación fue que la Iglesia no debía inmiscuirse en política, y esto la afirmaba un individuo que estaba metido de «hoz y coz» en ella, dirigiendo desde su silla pontifical la resistencia polaca contra el comunismo hasta conseguir sentar en la presidencia de la nación polaca a un electricista cuya principal cualidad era la de ser un siervo servil de su Santidad.

Pero en la opinión del polaco, una cosa era involucrarse contra el comunismo y para defender a su país, que hacerlo por esos «medio indios» nicaragüenses que se alzaban contra la represión y el capitalismo. Los millones de dólares que anualmente enviaban las buenas gentes norteamericanas eran muy necesarios en las arcas vaticanas después del desfalco provocado por el cardenal Marcinkus[11] and Cía.

Ernesto, alegando «objeción de conciencia» abandonó la Compañía de Jesús.

El Papa «progre» no se conformó con condenarlo a divinis sino que se permitió humillarlo públicamente durante su visita oficial a Nicaragua.

El polaco, a testículos los suyos, se empecinó, en contra de los deseos de los sandinistas, en visitar el país.

Haciendo de tripas corazón, al pie de la escalerilla del avión le aguardaba el gobierno sandinista en pleno.

Y allí a plena luz del sol y ante cámaras de televisión y reportero gráficos, el polaco haciendo gala de una agresividad inapropiada, señaló con un dedo acusador a un Ernesto que arrodillado le rendía pleitesía. La filípica fue de las que hacen época.

La humillación fue tremenda, el pontífice fue saludando protocolariamente a todos los miembros del gobierno, al llegar a la altura de Ernesto, este postrado de rodillas le dedicó una sonrisa y trató de besarle la mano, pero el Papa se la retiró y le negó la bendición y le reprendió diciéndole con tono airado y amenazador «antes tienes que reconciliarte con la Iglesia».

Esta reprimenda publica a Ernesto iba dirigida a los cristianos y teólogos, de ambos sexos, latinoamericanos comprometidos en la lucha por la liberación de los pueblos bajo la bota dictatorial de los oligarcas títeres del imperio yanqui.

El polaco nunca se arrepintió ni pidió perdón, que esos palabros no estaban en su particular diccionario.

Tan del agrado de los sandinistas era esta visita que el parque de Managua donde se iba a celebrar la misa papal apareció plagado de posters de Sandino, Karl Marx, Lenin y otros «héroes» comunistas, los asistentes coreaban: «Entre Iglesia y Revolución no hay contradicción». Como era de esperar y dado su virulento carácter, la reacción del polaco no se hizo esperar.

Con gesto imperioso mandó callar a la multitud y gritó: « Cuídense de los falsos profetas. Se presentan con piel de cordero, pero por dentro son lobos feroces». En lo que, para ser sinceros, tenía toda la razón

Una visita que se suponía sería conciliadora se transformó en provocadora, en sus alocuciones el Pontífice no se recató en atacar a las autoridades que le habían «invitado».

Y en su inveterada costumbre de amedrentar a todo el mundo con sus furibundas diatribas soltó freses como; «La mejor manera de evitar la corrupción de Nicaragua por el comunismo impío es la fortaleza y la unidad de la iglesia», «la iglesia no puede estar divida en una popular y otra jerárquica», para él la que prevalecía, por supuesto, era la jerárquica, representada por el arzobispo conservador Miguel Obando y Bravo, al que poco después otorgaría el capelo cardenalicio.

Y como era lógico le dedicó unas palabras a los cinco sacerdotes que ocupaban puestos en el gobierno, él que en la práctica ejercía de presidente de Polonia por la vía interpuesta de Lech Walesa, su válido.

A Ernesto, esta vez en privado, le instó a «regularizar su posición en la Iglesia», vamos en cristiano le dijo «lárgate».

Durante la misa, las interrupciones fueron constantes lo que terminó por cabrear al polaco.

Una visita que debía ser apaciguadora para destensar las relaciones entre la Iglesia y el sandinismo y lo único que consiguió fue polarizar aún más esas relaciones y alejar de la iglesia a muchos católicos que simpatizaban con los sandinistas..

En 2004, treinta años después, el laureado poeta y activista sandinista Ernesto Cardenal se postró ante un Papa, el comunista Francisco, otro jesuita, que son más falsos que un euro de chocolate, solicitando su perdón, que le fue concedido.

Murió en marzo de 2005 a la edad de 95 años.

3 LUISA AMANDA ESPINOZA

De familia humilde y numerosa, era la menor de 21 hermanos, pronto se unió al FSLN en calidad de correo, para pasar a coordinar las casas de seguridad de la organización.

Cuando fue descubierta por la Guardia Nacional se enfrentó a los esbirros somocistas y resultó muerta.

Y como mártir ha sido glosada por la propaganda sandinista en los siguientes términos: « Luisa Amanda Espinoza es la virtud personificada del valor de la mujer revolucionaria nicaragüense, la mujer que lucha por sus derechos y los de su gente, su pueblo, su patria, es alegoría de la lucha que logró la libertad de Nicaragua de la mano del Frente Sandinista de Liberación Nacional».

«Luisa Amanda era una mujer trabajadora, dulce, valiente y decidida, quien ofrendó heroicamente su vida por la liberación de la opresión de la tiranía somocista, simboliza todo lo que el FSLN plantea de la lucha de la liberación de la mujer y por ello, es recordada con amor, valor y fuerza, es faro que ilumina el camino hacia nuevas victorias del pueblo, las que están siendo concebidas gracias al Gobierno de Reconciliación y Unidad Nacional, presidido por el Comandante Daniel Ortega y la Camarada. Rosario Murillo»

De lo que no me queda la menor duda es que los sandinistas entierran muy bien a sus muertos.

4 LOS MISQUITOS

El reino de los misquitos, un grupo étnico indígena se extendía desde San Pedro en Honduras hasta Matagalpa en Nicaragua y no fue colonizado por los descubridores españoles.

El origen de los misquitos es desconocido, la versión más extendida y plausible se refiere a que en el año 1641 un navío cargado de esclavos negros zozobró en la costa del mar del norte entre la desembocadura del rio San Juan en Nicaragua y la ciudad de Trujillo en Honduras.

Los escasos supervivientes consiguieron escaparse y refugiarse en las montañas donde después de varias escaramuzas con los indígenas de la zona, consiguieron domeñarlos tomando como rehenes a sus mujeres con las que iniciaron una nueva estirpe dando lugar a los zambos mezcla de negro e india.

Según su tradición un pueblo venido del norte se asentó en un lugar donde confluían «un rio, una laguna y el mar».

Ese pueblo se denominaba Miskut Kiampka es decir la familia de Miskut, su líder, denominación que con el paso de los años dio lugar a Miskito.

En su expansión la tribu se dividió en dos grupos, los Awala Uplika «la gente del rio» y los Auyha Uplika «la gente de la Costa».

Vivian de la caza y la agricultura en los bosques ribereños y de la pesca en los arrecifes marinos.

En el siglo XVII los ingleses se establecieron en la isla de Providence y emprendieron a comerciar con el reino misquito.

Los intercambios comerciales dieron lugar a que los misquitos evolucionaran más rápidamente que otros grupos étnicos lo que los llevó a considerarse superiores a ellos, a los que peyorativamente llamaban indios incultos.

Su mezcla con piratas europeos, esclavos negros y nativos de otras tribus convirtió a los misquitos originales en una extraña mezcolanza de negros, zambos, mestizos y misquitos. E igual sucede con la religión los hay que profesan la fe católica, mientas que otros abrazan la anglicana o la adventista, habiendo incluso de religión morava.

El pueblo misquito mantuvo su independencia durante el dominio español, pero en 1894 fueron incorporados a Nicaragua.

Y llegaron los británicos, y para preservar sus negocios decidieron que los misquitos formaran su propio reino.

El síndrome de superioridad que siempre han tenido los británicos se contagió a los misquitos que se consideraban superiores a las otras tribus indígenas de la región.

Y como si fueran alumnos aventajados de los britis se expandieron por los antiguos predios hispanos, llegaron a Honduras y Costa Rica.

A finales del siglo XVIII colonos españoles arribaron al lugar pero los misquitos continuaron siendo la mayoría étnica.

En 1740, los británicos en uno de sus pocos actos de condescendencia firmaron con los misquitos un Tratado de Amistad y Colaboración, y como los súbditos de Su Majestad no dan nada gratis, nombraron una especie de gobernador y el reino misquito se convirtió, por arte de birlibirloque, en un protectorado británico.

Cuarenta años después a los ingleses ya no les interesaba tanto el reino misquito y lentamente se fueron retirando hasta culminar en 1894 en que el reino misquito feneció y fue absorbido por Nicaragua.

Como todos los pueblos los misquitos tienen su propia mitología, encarnada en Liwa Mairin. La Sirena.

Dueña del agua; de los ríos, lagunas, lagos, mares y todos los seres que en ellos se encuentran. Es una hermosa mujer de cabello largo y cola de pez. Generalmente no deja ver su rostro, sólo se muestra de espaldas. De carácter cambiante, puede hacer bien o mal.

En ciertas épocas del año las personas no deben bañarse en los ríos porque se los puede llevar la Sirena. Por el ámbito de su actividad, los pescadores son los que más la han visto

Cuando el cielo se cubre con nubes negras, y luego de la lluvia aparece el arco iris en el horizonte, significa que Liwa se está trasladando de lugar. Muchas muertes y desapariciones ocurridas en las fuentes de agua son atribuidas a ella. También enfermedades del vientre o vías urinarias llamadas Li Dukia o liwa. Es popular por ser personaje central en docenas de cuentos, leyendas y canciones del pueblo misquito.

[5] LA GUERRA DE LAS GALAXIAS

En marzo de 1983 en una etapa de la guerra fría más acentuada que nunca, el presidente Ronald Reagan en un mensaje televisado a toda la nación anunció un programa militar al que denomino Iniciativa de Defensa estratégica (IDF), con el propósito de proteger a las ciudades americanas y por ende a sus ciudadanos de un siempre temido y anunciado ataque nuclear por parte de la URSS.

Los súbditos norteamericanos se debatían entre la paranoia del ataque soviético y la desconfianza hacia a un gobierno que vulneraba las leyes y la Constitución y que estaba apunto a ser sometido a una moción de censura.

Pudo más la paranoia, la sociedad fue bombardeada con artículos y documentales sobre las consecuencias de un ataque *nuclear, se daban instrucciones de como sobrevivir, los alimentos que había que almacenar, la construcción de refugios antiatómicos familiares aumentó de forma exponencial. La semilla del terror ya estaba sembrada.*

La guerra de las Galaxias como fue motejada por los medios de comunicación se iba a convertir en el proyecto tecnológico más ambicioso emprendido nunca por el hombre, más que la prodigiosa carrera espacial.

Ronald Reagan lo anunció diciendo: «El programa tiene como objetivo desarrollar e instalar un sistema de destrucción de los misiles soviéticos inmediatamente después de su lanzamiento». Constará de dos sistemas, dos cinturones de seguridad, el primero nos permitirá destruir sus misiles antes de que lleguen a nuestro territorio y el segundo será como un escudo protector sobre las ciudades consideradas como blancos».

Lo que evitó decir en su discurso el belicoso anciano fue que al mismo tiempo el programa permitiría a los americanos lanzar, impunemente, un ataque masivo contra la URSS y al mismo tiempo guardarse las espaldas.

Y aunque la opinión pública acogió con gran satisfacción esta supuesta protección, a medida que se fueron conociendo más detalles sobre la capacidad ofensiva del programa, las críticas arreciaron.

Si lo que se pretendía era acabar con el comunismo, como no lo hicieron en el periodo 1949-1955 cuando aún la URSS no disponía de artefactos nucleares.

¿Y quién iba a pagar el tremendo esfuerzo financiero que el programa representaba? Como siempre los sufridos contribuyentes, a los que el presupuesto militar de la época ya les parecía excesivo y desproporcionado.

Aun suponiendo que el programa fuese factible tecnológicamente el costo se estimaba estaría entre 500.000 y 1.000.000 millones de dólares

Y si como era lógico suponer la URSS respondía al nuevo desafío, el gasto sería incalculable.

Parecía claro que en la guerra de las galaxias solo habría un ganador, el poderosísimo lobby militar industrial americano.

6 EL TELÓN DE ACERO

Al término de la segunda guerra mundial Europa, la verdadera perdedora de la guerra, quedó dividida en dos bloques antagónicos, lo que se dio en llamar la Europa occidental, una comunidad de estados democráticos y soberanos y la Europa oriental, que bajo la bota comunista se convirtió en un auténtico bunker.

Los soviéticos aplicaron a rajatabla su teoría de «defensa profunda», cuanto más lejos estén los misiles de los imperialistas americanos, vía OTAN mejor que mejor.

El estadista británico Winston Churchill con su característico y sarcástico estilo y su habitual perspicacia, declaró en un acto en la Universidad de Fulton, en Missouri: «desde Stettin, en el Báltico, hasta Trieste, en el Adriático, ha caído sobre el continente un telón de acero, detrás del cual se encuentran todas las capitales de los antiguos Estados de Europa central y oriental... todas estas famosas ciudades y sus poblaciones y los países que en torno a ellas se encuentran en lo que debo llamar la esfera soviética, y todas están sometidas, de una manera u otra, no sólo a la influencia soviética, sino a una altísima y, en muchos casos, creciente medida de control por parte de Moscú».

Durante los años de la guerra he aprendido que «nuestros antiguos aliados», los soviéticos, admiran y respetan la fuerza y desprecian la debilidad, por ello es preciso que los pueblos libres se unan con urgencia para impedir a los rusos toda tentativa de codicia o aventura en el continente europeo».

Había nacido la llamada Guerra Fría

Efectivamente en los países ocupados, «liberados» en la terminología comunista, se prohibieron los partidos políticos, el derecho a reunión, los sindicatos y la libre circulación de los ciudadanos dentro de sus propios países, para desplazarse de una ciudad a otra había que solicitar un permiso especial. Y por supuesto se restringió, se prohibió la entrada de extranjeros, se interfirieron las emisiones de radio de los países democráticos.

El termino Telón de Acero hizo fortuna, pero inició un periodo de confrontación ideológica, militar y económica entre los dos bloques, entre las dos superpotencias surgidas del conflicto bélico. Que se plasmó en dos organismos militares presto a destruirse el uno al otro.

En el llamado Pacto de Varsovia y bajo la égida de la Unión Soviética se integraron, sí o sí, todos los países con regímenes comunistas y en la OTAN (Organización del Tratado del Atlántico Norte) bajo la égida de los Estados Unidos estaban todos los países democráticos, excepción hecha de los siempre chauvinistas franceses con su ególatra presidente Charles de Gaulle a la cabeza que continuaban creyéndose el ombligo del mundo.

Esta división artificial de Europa perduró durante décadas hasta que en noviembre de 1998 y como presagio de la implosión de la URSS en 1991, el muro de Berlín fue derribado por los ciudadanos del Berlín libre, hecho que dio lugar, décadas más tarde a la reunificación de los dos Alemanias.

7 EL MURO DE BERLÍN

Como prueba tangible del fracaso del comunismo, cuando Alemania fue divida en dos, por un lado lo que pomposamente los comunistas llamaban la República Democrática Alemana, bajo la bota

Guerrillera

comunista y la Alemania Occidental, libre y democrática, la capital del invencible Tercer Reich, Berlín quedó en zona comunista pero con un estatus especial, fue dividida en dos.

El contraste del nivel de vida entre las dos mitades era tan evidente que cientos de alemanes orientales escapaban al sector occidental.

Para evitar esta evidente sangría los comunistas levantaron de la noche a la mañana un muro que aislaba ambas parte. El conocido muro de Berlín. Y aun así la sangría continuó, los alemanes orientales lo seguían intentado de mil y una maneras, la represión fue terrible y la muertes ocasionadas por los intentos de fuga se contaron por cientos.

N.A. En mi libro El despertar de la Conciencia a partir de la página 312 se narran algunas de estas espectaculares y peligrosas huidas.

El muro cuya construcción comenzó en agosto de 1961,y lo que comenzó siendo una simple alambrada terminó convirtiéndose en un muro de hormigón reforzado que llegó a alcanzar un perímetro de 155 kilómetros y una altura de 3,6 metros, cerró 69 puntos de control y solo dejó abiertos 12.

Y como parte de estas medidas disuasorias se creó la llamada «franja de la muerte» consistente en un foso, una alambra y una carretera que estaban equipados con sistemas de seguridad y alarma y patrullados y vigilados, día y noche, por militares provistos de armas automáticas, patrullas con perros recorrían el perímetro 24 horas al día.

En los 28 años que este muro de la vergüenza y de la ignominia estuvo erigido se estima que más de 5.000 personas intentaron huir, de las que 3 000 fueron detenidas y unas 200 murieron en el empeño.

Cuando en noviembre de 1989 el ignominioso muro fue demolido, partes de el mismo se diseminaron por todas las capitales libres del mundo como un triste recordatorio de la barbarie comunista. En el parque de Berlín de la capital de España hay un trozo.

Recomendaría a la ignorante y dogmática «Yolandita» y a sus «yolanditas y yolanditos»» a que visitaran el sitio. ¡solo a título informativo!

[8] ACUERDO DE ESQUIPULAS

Centro América llevaba décadas en una inestabilidad permanente con golpes de estado, movimientos guerrilleros y violencia sin límites.

En un intento, baldío, de normalizar la región se reunieron en Guatemala los presidentes de Nicaragua, Honduras, El Salvador, Costa Rica y el del país anfitrión.

Se llamó acuerdo de Esquipulas por la ciudad guatemalteca donde se celebró el encuentro.

Se trataba de establecer las bases para conseguir una paz firme y duradera para la convulsa región.

Las encomiables intenciones de los reunidos eran: «promover la reconciliación nacional, poner término a las hostilidades, convocaría de elecciones libres, finiquitar a los grupos militares irregulares.

Todo ello bajo la supervisión y el control de organismos internacionales.

Las loables intenciones pronto se convirtieron en agua de borrajas, por una parte los Estados Unidos no reconocieron los acuerdos con la excusa, real, de que el gobierno sandinista era ilegal y antidemocrático. Y por la otra los sandinistas no estaban por la labor de respetar ni uno solo de esos acuerdos.

El acuerdo de Esquipulas levantó tantas expectativas de Paz y Prosperidad para la región que el instituto Nobel noruego otorgó al presidente de Costa Rica Oscar Arias el premio Nobel de la Paz en 1987.

Con el siguiente argumentario: «por sus esfuerzos para conseguir un destino de paz para Centroamérica, la erradicación de la guerra y la construcción de un proceso de democratización, el respeto a los Derechos Humanos y el desarrollo de un modelo social y económico que elimine las diferencia sociales».

Para verificar y controlar que lo acordado llegase a buen puerto se creó una Comisión Internacional de Seguimiento y Verificación en la que intervenían Organismos como la OEA (Organización de Estados Americanos) y la ONU (Organización de Naciones Unidas).

El cese, aparente, de las hostilidades, se materializó en varios acuerdos.

En 1998 se firmó el acuerdo de Sapoá entre los sandinistas y la Contra.

En 1992 fueron el FMLN (Frente Farabundo Martí de Liberación Nacional y el Gobierno de El Salvador.

En 1996 fueron los guatemaltecos de la UNRG (Unidad Nacional Revolucionaria Guatemalteca) y el gobierno de esa nación las que plasmaron su acuerdo.

Y en todos ellos se estableció una premisa que a la larga sería como una sentencia de muerte para la región, se permitió la participación de las fuerzas guerrilleras en el proceso democrático.

El resultado es que 37 años después de los acuerdos de Esquipulas, la región ha caído en manos de los comunistas que han convertido a esos otrora pacíficos países en estados donde reina la violencia de la mano del crimen organizado y en narco estados desde se canaliza todo el tráfico de drogas contra los imperialistas yanquis.

[9] LOS ACUERDOS DE SAPOÁ

El futuro no pintaba nada claro para el sandinismo a inicios de 1987, la economía a falta de la aportación soviética estaba estancada, la guerra estaba drenando sus escasos recursos, los atentados estaban destruyendo muchas estructuras básicas, el reclutamiento masivo de jóvenes para el esfuerzo militar provocaba el descontento de la población, ello unido a la escasez de alimentos y a la alta inflación dio lugar a manifestaciones de protesta.

La reacción del gobierno fue declarar el Estado de Emergencia suspendiendo los derechos y garantías constitucionales como: la privacidad de la correspondencia, las comunicaciones e incluso la propiedad privada, la libertad de opinión y la expresión publica por cualquier método bien fuese por escrito o verbal.

La libertad de circular libremente por el país y cambiar de residencia o viajar al extranjero también fue prohibida

En otro decreto se establecían los Tribunales Populares anti somocistas.

Ante la presión de la OEA y como parte de los acuerdos de Esquipulas II, Procedimiento para establecer la paz firme y duradera en Centroamérica, el gobierno sandinista se vio obligado a promulgar la Ley de Derogación del Estado de Emergencia Nacional.

Esta Ley había que había estado vigente durante nueve meses, se derogaba como el objetivo de: «hacer efectivo el Estado de Derecho con plena vigencia de todas las garantías constitucionales, al tiempo de incentivar al cese el fuego y promover una paz firme y duradera».

En un intento de lavar su imagen represora, el sandinismo emitió otro Decreto Ley de Amnistía para Detenidos por Violación de la Ley de Mantenimiento del Orden y la Seguridad Pública.

En las anteriores leyes de amnistía no se había incluido a los presos políticos o a guerrilleros, solo afectaba a aquellos lideres indígenas que por una u otra causa estaban encarcelados, se liberó a misquitos, sumos, ramas y creoles.

El propósito de acabar con la insurrección no se había materializado sino todo lo contrario las acciones subversivas se incrementaron.

Con esta nueva Ley de Amnistía se pretendía corregir ese déficit y por lo tanto alcanzaría a: «todo aquel que hubiese sido juzgado y condenado por violar la Ley sobre el Mantenimiento del Orden y la Seguridad Pública».

En enero de 1988 en la cumbre de presidentes centroamericanos de Costa Rica se decidió seguir presionado al gobierno sandinistas al igual que a la insurgencia para alcanzar un acuerdo de Paz, ya que la mayoría de los acuerdos de Esquipulas II no se habían cumplido.

El comunicado final expresaba las siguientes objeciones: «dado que los compromisos contraídos en el acuerdo de Esquipulas II, los presidentes aquí reunidos nos comprometemos a obligar a los gobiernos firmantes a un cumplimiento total e inexcusable de los compromisos adquiridos.

Estos compromisos son: conversaciones de paz hasta alcanzar el alto el fuego, la democratización de las instituciones y el levantamiento del Estado de Excepción, la libertad de prensa, radio y televisión y la derogación de los tribunales especiales.

Conminamos a los países firmantes a honrar y cumplir de forma inmediata y evidente estos compromisos.

Este comunicado llevó a que pocos días después el gobierno de Daniel Ortega decretara la derogación de los Tribunales Especiales y levantara el estado de Excepción.

Estas firmes recomendaciones llevaron a ambas partes, sandinistas e insurgentes a iniciar conversaciones de par en la localidad de Sapoá

En marzo de 1988 en la localidad de Sapoá en el departamento de Rivas se reunieron el representante del gobierno sandinista general Humberto Ortega Saavedra y el doctor Adolfo Calero Portocarrero comisionado por el grupo antisandinista La Contra, el objetivo era llegar a un acuerdo de paz que pusiera fin a años de sangra en el atormentado país centroamericano.

Testigos y firmantes de los acuerdos alcanzados fueron el Cardenal Miguel Obando y Bravo y el Secretario General de la OEA, el brasileño Joao Clemente Baena Soares.

Los acuerdos recogían los siguientes puntos:

A) Dialogo
B) Amnistía
C) Creación de una Comisión Nacional de Reconciliación.
DIÁLOGO

Crear las condiciones adecuadas para el dialogo y la reconciliación entre los grupos opositores de forma que permita la participación popular en el proceso de democratización del país, con las convocatoria de elecciones democráticas libres con garantías de transparencia y libertad.

AMNISTÍA

Se promulgará un decreto de amnistía por el que se garantizarán la inviolabilidad de la vida, la libertad de expresión, de opinión y de reunión, la propiedad privada, la libre circulación

Se promulgará un decreto de amnistía por el que se garantizarán la inviolabilidad de la vida, la libertad de expresión, de opinión y de reunión, la propiedad privada, la libre circulación de las personas dentro del territorio nacional y a liberación de todos los presos políticos.

Las fuerzas irregulares, la Contra, deberá poner en libertad a todos aquellas personas que tenga bajo su custodia.

COMISIÓN NACIONAL DE RECONCILIACIÓN

Para la supervisión y verificación de que los acuerdos de dialogo y amnistía se llevan a efecto se creara una Comisión Nacional de Reconciliación.

Las bases del acuerdo fueron:

a) El cese, por un periodo de 60 días de toda actividad militar, durante ese periodo se celebraran negociaciones, al más alto nivel, para un alto el fuego definitivo.

b) Las fuerzas antisandinistas se ubicaran en zonas cuya localización, tamaño y modus operandi serán definidas en una posterior reunión.

c) El gobierno decretará una Amnistía General a todos aquellos condenados por vulnerar la Ley del Mantenimiento del Orden y la Seguridad Publica en la que se incluirán los miembros del ejército del anterior gobierno condenados por actos cometidos con anterioridad a julio de 1979.

La amnistía se aplicará de forma gradual, iniciándose el Domingo de Ramos con la puesta en libertad de 100 prisioneros, la siguiente etapa se llevara a cabo cuando se verifique que las fuerzas de la insurgencia se han instalado en los lugares acordados y beneficiará al 50% de los prisioneros.

Los restantes serán liberados una vez se haya firmado el acuerdo de alto el fuego definitivo.

En el caso de los miembros del anterior ejército serán liberados una vez se firmé el acuerdo final y previo dictamen de la Comisión Interamericana de Derechos Humanos de la OEA de que no han cometido delitos de sangre.

El garante y depositario de esta amnistía será el Secretario General de la OEA

d) Para asegurar que los alimentos y suministros básicos para las fuerzas irregulares confinadas en las áreas que les han sido asignadas se aceptará solo y exclusivamente ayuda humanitaria cuya tramitación se realice por organizaciones neutrales.

e) El Gobierno garantizará la libertad irrestricta de expresión.

f) Una vez los insurgentes se hayan asentado en las zonas asignadas enviarán al Diálogo Nacional, cada organización un máximo de ocho participantes.

g) Los exiliados que por motivos políticos o cualquier otro motivo deseen regresar al país, lo harán libremente sin ser juzgados, sancionados ni perseguidos y tendrán derecho, si lo desean, a incorporarse a los procesos político, económico y social sin ningún impedimento.

h) Se garantiza que aquellos exiliados que se reintegren, de forma pacífica, a la sociedad podrán participar en igualdad de condiciones y con las mismas garantías en la elecciones al Parlamento centroamericano, locales y generales.

i) Este acuerdo será verificado y monitorizado por una Comisión Verificadora constituida por el Presidente de la Conferencia

Episcopal de Nicaragua el Cardenal Miguel Obando y Bravo y el Secretario General de la OEA, Su Excelencia Embajador Joao Clemente Baena Soares.

j) Ambas partes acuerdan prorrogar hasta el primero de abril del presente año el cese de las operaciones militares.

[10] EL ASUNTO IRÁN-CONTRA

También conocido como Irangate aludiendo al escándalo Watergate que provocó, que por primera vez, en la bicentenaria historia de los Estados Unidos un presidente de la nación se viese obligado a dimitir. Fue la relación, clandestina, entre la Administración Reagan y el Irán de los ayatolás.

El presidente Reagan desde su llegada a la Casa Blanca se había empeñado en una especie de cruzada contra el comunismo, llegando a motejar a la URSS como «el imperio del mal».

Y este imperio del mal tenía un significado alumno en su pario trasero, el FSLN nicaragüense. Se propuso, por los medios que fuesen necesario derrocarlos y evitar que el maligno virus se extendiera por todo Centroamérica.

Decidido a ello puso todos los medios a su alcance para suplir con armas, equipamiento y una lluvia de dólares al grupo insurgente conocido como La Contra.

A medida que las demandas financieras de esta campaña de acoso y derribo del sandinismo se incrementaban, de igual manera lo hacía la oposición del Congreso de los Estados Unidos a la aprobación de los paquete de ayuda que el presidente les solicitaba.

El senil presidente, para quien la presidencia de los Estados Unidos le debía parecer algo así como un set de rodaje de una película de vaqueros, esta negativa le debió oler a «cuerno quemado».

Se debió decir: «para bemoles los míos» y decidió actuar a su manera, a su libre albedrío y empeñado como estaba en esa especie de «cruzada» resolvió vender su alma al Diablo, que esta vez estaba vestido con los ropajes de los ayatolás iraníes. Se aprestó a cruzar todas las líneas rojas que hubiese que transgredir.

En una de esas tediosas y largas reuniones, entre cabezadita y cabezadita, concluyó que la situación la tenía en el Irán de sus «estimados» ayatolás, los mismos que indirectamente le habían ayudado a ganar las elecciones cuando asediaron la Embajada Norteamérica en Teherán y capturaron a todo el personal. El ancianito debió pensar eso de: favor con favor se paga»

Yo, Reagan, aunque el Congreso me lo tenga prohibido, te vendo armamento a cambio de dólares, que a su vez te transfiero en pago de tu petróleo, y el remanente de este trato, se lo envió a esos chicos de la insurgencia nicaragüense que aunque están demostrando ser unos inútiles están intentado finiquitar a ese bigotudo que se están burlando de mí.

Este siniestro trueque saltó a la palestra cuando en uno de esos vuelos clandestinos organizados por la CIA para suplir con dólares, armamento, vituallas y accesorios a los rebeldes, el avión fue derribado y el agente de la agencia americana de espionaje, un tal Eugene Hasenfus fue capturado.

Y el bravo ex marine cantó Asturias Patria Querida en un inglés germanizado, pero inglés al fin y al cabo.

El escándalo, que en otra época y circunstancias hubiese sido descomunal, quedó en un «escandalito», fue un especie de brizna de aire que revolvió un poco las tranquilas aguas del lago Michigan, los otrora combativos y críticos medios de comunicación americanos habían salido un mucho escaldados del escándalo Watergate y nadie quería vivir en sus carnes las presiones y los inmisericordes ataques que había tenido que soportar el prestigioso Washington Post.

Además ahora no estaba de presidente un torvo e irascible psicópata, antipático y arrogante, el ancianito que gobernaba era extrovertido, simpático, dicharachero y chistoso.

Así que mejor «pelillos a la mar» y a otra cosa mariposa que este es un tema delicado.

Por su parte el Congreso, pata cubrir las apariencias, formó una comisión de investigación, ya saben esos de: «si quieres que algo no se aclare forma una comisión de investigación».

Y aunque los investigadores llegaron a la conclusión de que el asunto no era solo responsabilidad del teniente coronel el ex marine Oliver North, que resultó finalmente «el paganin»i, tanto el presidente Reagan como su vicepresidente Bush estaban al corriente así como Robert McFarlane, exdirector del Consejo Nacional de Seguridad y el a la sazón director del mismo John Poindexter estaban al tanto del asunto y lo encubrieron.

La comisión dictamino exonerar por falta de pruebas al presidente y al vicepresidente, y llegaron a un acuerdo de inmunidad con los dos directores de la NSA a cambio de sus testimonios.

El New York Times en una serie de reportajes publicó que a cambio de 47 millones de dólares y la liberación de algunos ciudadanos norteamericanos rehenes de grupos extremistas árabes, los Estados Unidos había entregado a Irán unos 1 100 misiles antitanques TOW y sus piezas de repuesto y 18 misiles antiaéreos Hawk

Y como suele ocurrir el eslabón más débil de la trama resulto ser el ex marine y héroe de la guerra de Vietnam el teniente coronel Oliver North que fue condenado, aunque nunca ingresó en prisión, vamos una especie de Chaves y Griñán.

Pero lo más escabroso de este siniestro asunto aún faltaba por salir a la luz.

La financiación de terceros países y la aparición del narcotráfico en todo el tema.

Y como la chapuza es un mal generalizado en todo el orbe, la intervención de terceros países en este soporte a la guerrillera quedó al descubierto cuando un colaborador de North, de nombre Fawn Hall, al teclear el numero de una cuenta en Suiza con la que se gestionaban los pagos, ingresó en la cuenta personal de un ciudadano suizo, totalmente ajeno a la trama, 10 millones de dólares. Dinero que procedía del Sultán de Brunei. También se detectaron «aportaciones» de Arabia Saudita.

EL NARCO TRÁFICO

Pero la parte más siniestra de este repugnante asunto aún estaba por estallar. La participación de los traficantes de droga.

La financiación a los antisandinistas tenía tres fuentes, el gobierno americano, vía CIA, el tráfico de armas y el de las drogas y en este último estaban involucrados exiliados cubanos en Miami.

Las declaraciones del agente de la DEA (Drug Enforcement Agency) Ernest Jacobsen a la Comisión de Investigación de la Cámara de Representantes del Senado de Estados Unidos dejaron al descubierto que: La CIA, a cambio de apoyo económico a los antisandinistas, colaboró con los carteles de Medellín y Guadalajara y facilitó la entrada de cocaína en territorio estadounidense que se introducía desde una base en Yucatán.

También dejó al descubierto que algunos contras eran entrenados en los ranchos de los jefes del cartel de Guadalajara por agentes activos de la Dirección Federal de Seguridad mejicana, agencia que en 1985 tras saberse que había sido responsable de algunos crímenes de Estado en México y de colaborar con la CIA y la mafia del narcotráfico en el interior de Estados Unidos fue desmantelada.

Tras esta información la DEA ordenó a su agente Enrique Camarena Salazar investigar el turbio asunto, localizar la ubicación de los complejos de drogas en la región y el ilícito movimiento de dinero.

En febrero de 1985 el agente Camarena y el piloto Alfredo Zabala fueron secuestrados, torturados y asesinados en México.

28 años después en 2013 unos ex agentes de la DEA afirmaron que la autoría intelectual de la muerte de ambos agentes fue la CIA cuando Camarena descubrió los lazos de la agencia de investigación con los narcos.

El periodista Gary Webb y otros dos compañeros suyos. Georg Hodel y Leonore Delgado publicaron en un periódico de San José, California, una serie de artículos, que luego recogieron en el libro titulado «Dark Alliance», que la CIA había vendido en los Estados Unidos, durante años, varias toneladas de cocaína para financiar a los contras.

En diciembre de 2004 Gary Webb apareció muerto en extraña circunstancias, los medios de comunicación norteamericanos lo calificaron como suicidio, sin embargo las investigaciones policiales apuntaban a la actuación de terceras personas.

Y para añadir leña al fuego de las sospechas, la web del periódico donde había publicado sus artículos borró toda la información sobre la relación de la CIA y la entrada de drogas en territorio estadounidense.

También se vinculó a Pablo Escobar, el jefe del cartel de Medellín, al que se le atribuyeron varios viajes a Nicaragua, de connivencia con el FSLN para a través de Nicaragua introducir droga en los USA.

El ministro de cultura nicaragüense Tomás Borge en una entrevista al diario nicaragüense La Prensa afirmó que el Frente

Sandinista de Liberación Nacional tuvo ofertas de Pablo Escobar para que Nicaragua fuese un lugar intermedio para tráfico de drogas.

Al parecer, según el susodicho sujeto la reacción de Daniel Ortega fue: «¡El único tesoro que nosotros tenemos es nuestra honradez, nuestro prestigio, y es absolutamente inadmisible pensar siquiera en el tráfico de drogas!». Pero esta información viniendo de semejante sujeto, Borge, no es muy creíble, máximo porque ahora el mismo Daniel Ortega es la cabeza visible del tráfico de personas con destino a los USA.

LA CONFIRMACIÓN PRESIDENCIAL

La tormenta, aunque muy amortiguada, no cesaba hasta el punto de que el presidente Reagan se vio obligado a comparecer ante las cámaras de televisión desde su despacho de la Casa Blanca a dar explicaciones.

Como el abuelito que le cuenta batallitas a sus nietos, le dijo a los ingenuos votantes americanos que él, el presidente, era buen chico y que todo lo había hecho con el sano propósito de que esos «chicos» descarriados, esos terroristas que secuestran y decapitan a nuestros camaradas (que les rebanan el gaznate en Román paladino) dejen de hacerlo y sean buenos chicos.

«Mi propósito era enviar la señal de que estábamos dispuestos a cambiar nuestras relaciones, pasar de un clima de enemistad a otro más amigable. Pero para ello era imprescindible que Irán que dejaran de promover y proteger a los terroristas y como muestra de ello, los ayatolás deberían utilizar su influencia sobre los países del Oriente Medio para que los súbditos americanos capturados por las organizaciones islamistas fueran, inmediatamente, liberados.

Días después anunció la creación, por decisión propia, de una comisión especial de investigación, y enfatizó lo de «especial», a la *que se conoció como Comisión Tower por el nombre de su presidente, el ex senador John Tower.*

LA COMISIÓN TOWER

La misión de la comisión era: «investigar «las circunstancias que rodean la materia Irán-Contra, estudiar cómo se había actuado en otros casos para tratar de dilucidar las presuntas debilidades en la

operativa del Consejo de Seguridad Nacional en temas de seguridad nacional»

En febrero de 1987 la Comisión entregó su informe, enfatizando que había interrogado a más de 80 personas, entre los cuales destacaban dos reconocidos traficantes de armas a nivel mundial, los muy conocidos Manucher Ghorbanifar y Adnan Khashoggi.

El informe era muy crítico con algunos miembros de la administración y cuestionaba muy seriamente las actuaciones del teniente coronel Oliver North, del Director de la NSA John Poindexter y de Caspar Weinberger Secretario de Defensa.

El informe constataba que el presidente Reagan no tenía información detallada de la forma en que se financiaba la operación (Lo que no es de extrañar porque era público y notorio que se dormía en todas las reuniones).

Y le daba un «tironcito de orejas» cuando decía que el presidente debería ser un poco más cuidadoso al designar a los componentes del NSA (Consejo Nacional de Seguridad).

El Congreso de los estados Unidos, controlado por el partido de la oposición , el demócrata, también emitió su informe, bastante más crítico con el dicharachero presidente; así enfatizaba: «si el presidente no sabía lo que hacían sus consejeros de seguridad nacional, debería haberlo sabido, y que tanto si conocía o no los tejemanejes de sus subordinados, el responsable final era él, al tiempo que lo acusaba de secretismo, engaño y de burlarse de la Ley».

En 1992 el a la sazón presidente George H. W. Bush, hijo del ex vicepresidente con Reagan, George Bush indultó, (cual un Cándido Conde-Pumpido cualquiera) a todos los implicados. Aquí se puede decir eso de: «perro no muerde a perro y hoy por ti, mañana por mí, hermano».

Cuatro meses después de su primera intervención, Reagan se dirigió otra vez a la nación, para en otro ejercicio de cinismo y desvergüenza (podríamos decir en el clásico estilo de los políticos) decir: «Lo primero, déjenme decirles que tomo la responsabilidad total para mis propias acciones y las de mi administración. Tan enfadado como puedo estar sobre las actividades emprendidas sin mi conocimiento, soy todavía responsable de esas actividades. Tan decepcionado como pueda estar con algunos que me sirvieron, soy yo quien tiene que responder al pueblo estadounidense sobre estos actos».

«La razón por la que no he informado antes de estos hechos es esta: Ustedes merecen la verdad. Y como creí incorrecto venir a informar con informes incompletos, o incluso declaraciones erróneas, que luego deberían ser corregidas provocando más dudas y confusión».

«Hace unos meses dije al pueblo estadounidense que no negocié las armas por los rehenes. Mi corazón y mis mejores intenciones todavía me dicen que eso es verdad, pero los hechos y la evidencia me dicen que no lo es. Como el informe Tower ha informado, lo que comenzó como una apertura estratégica a Irán se deterioró, en su puesta en práctica, en el comercio de armas por los rehenes. Esto va contra mi propia creencia, contra la política de la administración, y contra la estrategia original que teníamos en mente».

.Como diría un paisano mío: «Quillo,pá mea y no echo gota, tela marinera»

LECCIONES QUE APRENDER

En el mundillo de las ingenierías cuando se completa un proyecto se emite un informe de «Lessons to be Learned» que se puede traducir como Cosas que Aprender.

Y aunque este informe está muy extendido en las empresas norteamericanas no creo que políticos de este o de otro cualquier país lo emitan, porque repiten una y otra vez las mismas estupideces.

El corolario es que este asunto daño seriamente la reputación de los Estados Unidos como adalid de la dignidad y de la honestidad y evidenciando que sus palabras y promesas no se correspondían con los hechos.

Y envió un nítido mensaje a los yihadistas y otros grupos terroristas, el secuestro de inocentes ciudadanos es un negocio muy rentable y fructífero.

N:A Para evitar que los malpensados me mal interpreten, cuando me refiero a un torvo e irascible psicópata, antipático y arrogante presidente no me estoy refiriendo, en absoluto, a nuestro idolatrado líder Pedro I el Impostor, ¡Líbreme, Dios de tamaño desatino! Me estoy refiriendo al presidente americano Richard Nixon.

11 PAUL MARCINKUS

El lenguaje de los religiosos se ha distinguido siempre por ser exquisito y pulcro, ni una mala palabra ni una buena obra, y la jerga vaticana ha sido el Summa Cuna Laude de esta elegancia y pulcritud, y en este contexto llamar banco a una institución financiera pues como que no cuadraba, así que ellos decidieron que su banco, el Banco del Vaticano se titularía Instituto para las Obras Religiosas (el IOR).

Y como en la viña del Señor hay individuos, buenos, malos, regulares y golfos, al banco Vaticano llegó un arzobispo nacido en Cicero (Illinois), y casualidad de casualidades el mismo pueblo en que nació Al Capone, llamado Paul Casimir Marcinkus.

Su fuerte complexión y su estatura le llevó a que le nombraran «guardaespaldas» del Cardenal Giorgi Montini Patriarca de Milá, lo que le propició trabar amistad con el secretario personal del príncipe de la Iglesia,, un tal Pasquale Macchi, y como los amigos siempre ayudan a los amigos fue nombrado obispo, hasta que por arte de birlibirloque, cuando el cardenal se convirtió en el Papa Pablo VI y sin tener la preparación adecuada fue nombrado presidente del IOR, es decir del Banco del Vaticano.

En este hecho se deben haber inspirados los socialistas para elevar a la condición de ministro plenipotenciario a un portero de puticlub, pero sigamos con el monseñor.

Fue una de las decisiones más controvertidas del ya de por si controvertido y hamletiano Pontífice.

Las finanzas vaticanas arrastraban desde el año 1962 un gran déficit, aquella espectacular reunión de «carne curada» que fue el Concilio Vaticano II* había dejado las arcas vaticanas llenas de telarañas, que se agravaba día a día debido a que la feligresía de los países civilizados y ricos disminuía y por lo tanto sus aportaciones lo hacían en igual o mayor proporción, el aumento de la clientela del tercer mundo no compensaba en términos de ingresos anuales la diferencia. El déficit aumentaba año tras año.

A finales de la década de los 70 Marcinkus entra en contacto con Michelle Sindona, un hombre de negocios, miembro del partido *italiano Democracia Cristiana y con relaciones con la Mafia. Este individuo había hecho su fortuna siendo asesor financiero del entonces Cardenal Giorgio Montini, futuro Papa Pablo VI y que también le permitió relacionarse con Roberto Calvi.*

Las relaciones de este triunvirato dieron fruto a muchos comentarios y levantaron muchas suspicacias y no pocas sospechas.

Cuando Montini es elevado al trono de San Pedro, Sindona se convierte en «el banquero de Dios» y pasa a manejar de una forma no demasiado ortodoxa más once mil cuentas corrientes de las que unas 9 000 son titulares ajenos a la Iglesia, cuentas de particulares (políticos, hombres de negocios, financieros y otras gente de mal vivir) a la busca de cobijo y protección del fisco de sus países de origen. Todo exento de fiscalización e impuestos, todo opaco y secreto. Una forma como otra cualquiera no solo de evadir impuestos sino también de transferir divisas a otros paraísos fiscales. Todo muy discreto, todo sigiloso e impune, todo como muy santificado.

Pero como dicen en mi pueblo: «a todo chonín le llega su San Martín».

En 1974 se produce una debacle en las bolsas internacionales y Sindona se queda sin liquidez.

Su soporte político también, cual vulgar desodorante, le abandona. El mentiroso compulsivo, el neurótico presidente de Estados Unidos tiene que abandonar la Casa Blanca, en el primer caso de ese país en que un presidente es obligado a dimitir, el conocido caso Watergate le ha estallado en las manos. Sus padrinos los mafiosos políticos de la Democracia Cristiana tampoco están en su mejor momento.

Y se precipitan los acontecimientos

Mientras el arzobispo que era un bon vivant se dedicaba a jugar al golf, disfrutar del licor y del tabaco, y no tengo constancia de que disfrutara de compañía femenina, lo que no es de extrañar dada la catadura moral del individuo. Las finanzas vaticanas continuaban su declive. Y como la «pela» es la «pela» que dirían los separatistas catalanes y como con las «cosas del comer» no se juega, el monseñor fue llamado al orden, le debieron decir algo así como «chico, o te pones las pilas o se te acaba el momio», pero en lenguaje vaticano.

Y entre copa y copa, golpe y golpe de golf, el poderoso banquero se lanzó como un poseso a inversiones descabelladas y moralmente muy discutibles, como la compra de acciones de fábricas de producción de armamento o de preservativos.

Diversificó las inversiones internacionales de la Iglesia e realizó importantes inversiones en Estados Unidos, Canadá y cono no Suiza, el paraíso de los defraudadores, traficantes de armas, blanqueadores de dinero y otras gentes de mal vivir.

Este furor inversor le llevó a ser cortejado por lo más granado de ese grupo que maneja el mundo financiero.

Algunos de estos tejemanejes financieros pronto despertaron las sospechas del Banco de Italia y de la Magistratura romana. Muchas fortunas italianas estaban empezando a mover su italiano dinero al Banco vaticano.

EL BANCO AMBROSIANO

En 1982 el Banco Ambrosiano, donde el Vaticano era un accionista importante quebró y ocasionó el mayor escándalo financiero de Italia.

Ya desde el año anterior se estaban produciendo en torno al Banco y a sus directivos algunos hechos sino sospechosos al menos extraños. La policía italiana había llevado a cabo una redada en la entidad y su presidente Roberto Calvi había sido encarcelado, pero por esas extrañas decisiones judiciales fue puesto en libertad y se mantuvo en su puesto en el banco.

El propietario de la firma Olivetti, Carlo de Benedetti compró la entidad y fue nombrado vicepresidente, pero dos meses después dimitió, por motivos de salud, las lenguas viperinas dicen que recibió un «consejo» de la mafia. Le sustituyó un tal Roberto Rosone, que también recibió un «aviso» de la mafia, esta vez en forma de disparo.

CALVI

En 1982 el banco que dirigía Calvi fue objeto de una inspección por las autoridades monetarias italianas y aparecieron unos «dinerillos», algo así como 1 300 millones de dólares que nadie podía explicar como habían llegado hasta allí.

Calvi, se piró, se largó, se evadió del país con pasaporte falso. Su secretaria personal, saltó por una venta, dejando una nota de acusación contra su exjefe.

En junio de 1982 en la fría y brumosa noche londinense el cuerpo de Calvi apareció colgado en el puente Blackfriars.

Al perecer a la eficiente policía londinense, que dictaminó que se trataba de un suicidio, le pasó desapercibido que Calvi se había, o lo «habían», colgado siguiendo un ritual masónico perfectamente establecido en los protocolos de las logias masónicas inglesas.

Este protocolo es el que reproduce los ajusticiamientos de los asesinos del gran arquitecto del Templo de Salomón Hiram Abiff** lugar de culto y veneración de la masonería.

A los espabilados bobbies ingleses tampoco les pareció extraño que el cadáver llevase consigo: dos relojes, tras pares de gafas, 10 000 dólares tres libras esterlinas y 54 000 liras italianas.

Ni tampoco que el individuo no tuviese la llave de la caja fuerte de su habitación de la que se habían volatizado 19 millones de dólares.

Como suele suceder, en otros casos similares, nunca se ha sabido la verdad. Si se suicidó o lo suicidaron.

Aunque para los ingleses el caso estaba cerrado para la Fiscalía italiana no era así, e investigó.

La hija de Calvi declaró que su padre temía por su vida y le había dicho: «Los curas tendrán que vender la plaza de San Pedro. Por pérdidas como éstas la gente puede llegar a matar. Si vienen a por mí moriré matando, me defenderé a tiros».

El informe de la Fiscalía insinuaba que: Los capos de la mafia sospechaban que Calvi iba a «cantar» y dejar al descubierto todas sus fechorías financieras, el lavado de dinero, sus chantajes y la evasión de divisas. Calvi podía pasar de socio y protector a delator.

Había que «neutralizar» a un hombre que sabía demasiado de las trapisondas financieras de dos iconos sin los cuales Italia no sería Italia, dos vacas sagradas en el imaginario transalpino: la Iglesia y la mafia, o la mafia y la Iglesia que tanto monta monta tanto.

De esta forma, suicidándolo, se mataban dos pájaros de un tiro, se le castigaba por haberlos estafado, delito este de lesa majestad para los mafiosos, y al tiempo se evitaba el más que previsible chantaje al que Calvi les podría someter. Silencio a cambio de olvido.

En el informe se hablaba de: la mafia siciliana, la camorra napolitana, el Estado Vaticano, la clase política italiana, empresarios millonarios y conocidas familia de la nobleza, y para poner la guinda al pastel la Logia Masónica P2***

La muerte de Calvi y la declaración de bancarrota del Banco Ambrosiano cuyas deudas superaban los 1 500 millones de euros fue, con mucho, el mayor escándalo financiero italiano y del Vaticano, sus pérdidas es estimaron en más de 240 millones de dólares.

La reputación del monseñor quedó muy dañada pero sin que nadie lo entendiera Pablo VI lo mantuvo en el cargo. El hamletiano Pontífice hizo «el tancredo», vamos que se puso de perfil.

Cuando Pablo murió resulto elegido nuevo Sumo Pontífice un entrañable personaje que con su torcida semisonrisa cautivó los corazones de los creyentes y de los agnósticos, y que se hizo llamar Juan Pablo I.

JUAN PABLO I EL BREVE

Entre la gente conocedora de las interioridades de la curia era vox populi que los masones estaban ampliamente infiltrados en lo que se ha dado en llamar el gobierno de la Iglesia y uno de sus principales objetivos era sanear, en lo posible, ese cuerpo, la curia, tan retrogrado e inmovilista pero con tanto poder. Y los primeros en caer serían todos aquellos sospechosos de ser masones.

Su otra prioridad era meterse a fondo en tratar de descifrar todo el entramado oscuro tinglado financiero que Marcinkus había desarrollado. En el que estaban involucrados gente como Sindona, Calvi y Gelli.

LA MUERTE

En la madrugada del 28 de septiembre de 1978, una de las monjas del servicio papal, le depositó en la antesala de la habitación del pontífice su acostumbrado café mañanero. Cuando volvió para recoger el servicio el café aún estaba donde lo había dejado.

Extrañada, porque el Papa era extremadamente puntual, quizás llevada por su celo protector, cometió el error de entrar en la habitación, quizás si hubiese recabado ayuda, la controversia no se hubiese producido, pero esos fueron los hechos. La monja encontró al Pontífice con la cara desencajada y la cama y el suelo de la habitación lleno de papeles, intentó reanimarlo tarea que resultó inútil, salió despavorida, gritando como una posesa.

Y aquí empezó la historia más propia de una película de intriga que de la muerte del Papá, el Camarlengo, el aquel momento el regidor de la iglesia, el francés Jean-Marie Villot, comenzó una loca carrera de mentiras y ocultaciones.

El cuerpo no lo había encontrado la monjita sino uno de los asistentes personales del Pontífice el irlandés John Machi.

Tampoco Luciani estaba leyendo unos informes sobre las finanzas vaticanas sino el Kempis.

Y la muerte fue por un infarto.

Y ante las dudas y conjeturas sobre la causa de la muerte de un hombre frugal y relativamente joven, 66 años, se negó, terminantemente, a que se le realizara la autopsia.

La polémica estaba servida.

Los rumores de que había sido una muerte provocada se propalaron como las semillas movidas por un vendaval.

Y la devota monjita, única persona que podía hablar alto y claro sobre lo que vio en la habitación, fue enviada a «galeras», es decir la confinaron en un convento de clausura allá donde Cristo perdió las sandalias.

18 días después del deceso la Iglesia había elegido a su sucesor y con ello esperaba haber recuperado la calma.

Pero la polémica continuó hasta nuestros días en que la opinión pública se ha visto sacudida por las declaraciones de un sicario de la mafia, Anthony Luciano Raimondi sobrino del padrino Lucky Luciano y primo de Marcinkus en las que, textualmente, dice: el Papa fue envenenado con Valium y fue Marcinkus el que con una jeringuilla puso la gotas en el té que se sirvió por la tarde. Yo fui responsable del seguimiento de los movimientos del pontífice durante varios días.

Todo había comenzado meses antes cuando fui convocado a una reunión secreta con mi primo el Cardenal Paul Casimir Marcinkus.

Aquella tarde, prosigue su relato, yo estaba en el pasillo fuera de las dependencias del Papa cuando se sirvió el té, la taza le fue entregada al Papa por el propio Marcinkus.

Si hoy día se realizara la autopsia, seguramente, todavía habría dosis del veneno en el cuerpo, ya que la dosis fue tan grande que el Pontífice no se habría movido ni aunque se hubiese producido un terremoto. Subrayó el sicario.

Según su versión, el Papa fue ajusticiado porque: «estaba decidido a exponer ante el público los escándalos financieros que salpicaban al Banco Vaticano y ensuciaban a la Iglesia. Quería purificarlo de una vez por todas.

JUAN PABLO II

El Papa que iba a regenerarlo todo, a modificar todo y a modernizar la Iglesia lo que hizo con su fanatismo y su espíritu dictatorial devolverla al medievo.

Lo que su antecesor quiso erradicar el polaco lo sustentó, no solo no destituyó al siniestro Marcinkus sino que lo mantuvo al frente del IOR hasta 1989. Y le costó a las arcas vaticanas 240 millones de dólares que la Santa Sede tuvo que pagar al banco Ambrosiano en concepto de compensación.

Y la dañada reputación del IOR quedó aún más en entredicho.

El secretario de Estado de Juan Pablo II el cardenal Agostino Casaroli le expuso en una reunión: «Los que nos critican llevan razón, así no podemos continuar, hay que cambiar».

LOS PROTAGONISTAS

Calvi fue encontrado colgando de una soga, con piedras en sus bolsillos en el londinense puente Blackfriars, era el año 1982
Sindona fue envenenado en junio de 1986 en su celda
Marcinkus disfrutó de una vida más longeva.

En 1980 las autoridades italianas dictaron una orden de arresto contra Marcinkus, que la iglesia ignoró olímpicamente e hizo valer su estatus de inmunidad diplomática.

En 1990 regresó a la Archidiócesis de Chicago desde donde se desplazó a Phoenix (Arizona) donde ejerció como párroco asistente. en la iglesia St. Clement de Sun City.

Pero la mancha de ser considerado como el autor intelectual de la muerte del Juan Pablo I no le abandonó nunca.

En 1983 fue acusado, aunque nunca investigado, de ser cómplice en el secuestro y desaparición de Emanuela Orlandi, la hija de un empleado del Vaticano, la joven de 15 años.

Marcinkus murió en su cama en la ciudad de Sun City, (Arizona), a los 84 años, de causas no precisadas.

*EL CONCILIO VATICANO II

En su inmensa capacidad camaleónica de la Iglesia católica para como las serpientes, cambar su piel según los tiempos y las circunstancias, el 25 de enero de 1959 el Papa Juan XXIII pronunció, ante el estupor y la incredulidad de los cardenales que le rodeaban las siguientes palabras: «Pronuncio ante ustedes, temblando un poco de conmoción, pero al mismo tiempo con humilde resolución de propósito, el nombre y la propuesta de la doble celebración de un sínodo diocesano para la Urbe y de un concilio ecuménico para la iglesia universal».

Los cardenales, que apenas tres meses antes habían elegido a Juan XXIII como un mal menor, en su jerga un Papa de transición, se quedaron mudos y se encerraron en un devoto silencio.

El objetivo principal era acompasar a la Iglesia a una sociedad que cambiaba a ritmo vertiginoso y en el que la esclerotizada maquinaria eclesiástica se estaba quedando desfasada.

Dado el carácter universal de la Iglesia, participaron más de dos mil padres conciliares provenientes de todos los rincones del planeta.

Los objetivos, como se fue definiendo en las reuniones preparatorias era:

Promover el desarrollo de la fe católica.

Lograr una renovación moral de la vida cristiana de los fieles.

Adaptar la disciplina eclesiástica a las necesidades y métodos de su tiempo.

Lograr la mejor interrelación con las demás religiones, principalmente las iglesias separadas (protestantes) y las iglesias orientales.

En los actuales términos diríamos que se trataba de reiniciar la anquilosada forma de entender a la sociedad, hacer una limpieza de fondos, en el argot marino y manteniendo la esencia de la doctrina cristiana renovar los elementos que hubiera que adaptar a los nuevos tiempos, revisando las formas y el fondo de todas las actividades pastorales.

Abrirse a dialogar y no imponer, evitando los dogmas y las intransigencias. Un desprenderse de los atavismos medievales que aún se mantenían en la Iglesia y acercarla al mundo moderno.

La década de los 50 había estado marcada, a efectos religiosos, por una especie de maremoto originado por la opinión de algunos teólogos como los jesuitas Karl Rahner y John Courtney

Murray de que la Iglesia debería esforzarse por integrar el dogma cristiano con la nueva mentalidad del ser humano. Otros como Yves Congar, Joseph Ratzinger, Henri de Lubac y Hans Küng apostaban por una confluencia entre la tradición y los nuevos tiempos, como lo calificó uno de ellos, un aggiornamento, una simple actualización.

Los obispos que están a pie de campo, en las trincheras, conocen de primera mano los tremendos cambios políticos, sociales, económicos y tecnológicos a los que se están enfrentado y piden, solicitan, exigen cambios en profundidad. La polémica está servida, las discusiones, siempre tan curiles, serán tremendas y acaloradas, la acomodada y aburguesada jerarquía contra los que luchan día a día en remotos y a veces inhóspitos lugares del mundo.

Con la publicación de la bula Humanae salutis se anunció la convocatoria. El concilio se celebraría a partir del 11 de octubre 1962.

Se celebraron cuatro sesiones en las que participaron más de 2 400 obispos.

El nuevo Pontífice Pablo VI remarcó el carácter pastoral del Concilio y estableció que debería propender a cuatro objetivos:

Una definición más completa de la naturaleza de la Iglesia y del papel del obispo.
La renovación de la Iglesia católica.
La restauración de la unidad de los cristianos.
y el comienzo del diálogo con el mundo contemporáneo.

A la conclusión del concilio se emitieron los siguientes documentos conciliares:

Constitución sobre la sagrada liturgia (Sacrosanctum Concilium).
Decreto sobre los medios de comunicación social (Inter mirifica).

Constitución dogmática sobre la Iglesia (Lumen gentium).
Decreto sobre las Iglesias orientales católicas (Orientalium Ecclesiarum).
Decreto sobre el ecumenismo (Unitatis redintegratio).
Decreto sobre el ministerio pastoral de los obispos (Christus Dominus).
Decreto sobre la vida religiosa (Perfectae caritatis).
Decreto sobre la formación sacerdotal (Optatam totius).
Declaración sobre la educación cristiana (Gravissimum educationis).
Declaración sobre las religiones no cristianas (Nostra aetate).
Constitución dogmática sobre la revelación divina (Dei Verbum).
Decreto sobre el apostolado de los seglares (Apostolicam actuositatem).
Declaración sobre la libertad religiosa (Dignitatis humanae)
Decreto sobre la actividad misional (Ad gentes divinitus).
Decreto sobre el ministerio y vida de los presbíteros (Presbyterorum Ordinis).
Constitución pastoral sobre la Iglesia en el mundo actual (Gaudium et Spes).
Decreto sobre el ministerio y vida de los presbíteros (Presbyterorum Ordinis)
Decreto sobre los Medios de comunicación social (Inter Mirifica)

** EL TEMPLO DE SALOMÓN

Hiram Abiff fue el maestro de obras del Templo de Salomón construido alrededor del año 988 a. C

La masonería adoptó la leyenda de Hiram Abíff como tema del rito de elevación a la maestría. Dicho drama escenifica la muerte de

Hiram asesinado por tres compañeros que le instaban a revelarles un secreto masónico.

La Biblia relata la petición formal del Rey Salomón de Jerusalén al rey Hiram de Tiro de obreros y material para la construcción del templo, «Yo te he enviado un hombre hábil y entendido, Hiram Abiff, el cual sabe trabajar en oro, plata, bronce y hierro, en piedra y en madera, en púrpura y en azul, en lino y en carmesí. Igualmente sabe esculpir toda clase de figuras, y sacar toda forma de diseño que se le pida».

La construcción del Templo de Salomón, según el Antiguo Testamento, Reyes 5-8

5:5 Yo, por tanto, he determinado ahora edificar casa al nombre de Jehová mi Dios, según lo que Jehová habló a David mi padre, diciendo: Tu hijo, a quien yo pondré en lugar tuyo en tu trono, él edificará casa a mi nombre.

5:17 Y mandó el rey que trajesen piedras grandes, piedras costosas, para los cimientos de la casa, y piedras labradas.

6:1 En el año cuatrocientos ochenta después que los hijos de Israel salieron de Egipto, el cuarto año del principio del reino de Salomón sobre Israel, en el mes de Zif, que es el mes segundo, comenzó él a edificar la casa de Jehová.

6:6 El aposento de abajo era de cinco codos de ancho, el de en medio de seis codos de ancho, y el tercero de siete codos de ancho.

6:7 Y cuando se edificó la casa, la fabricaron de piedras que traían ya acabadas, de tal manera que cuando la edificaban, ni martillos ni hachas se oyeron en la casa, ni ningún otro instrumento de hierro.

6:8 La puerta del aposento de en medio estaba al lado derecho de la casa; y se subía por una escalera de caracol al de en medio, y del aposento de en medio al tercero.

6:37 En el cuarto año, en el mes de Zif, se echaron los cimientos de la casa de Jehová.

6:38 Y en el undécimo año, en el mes de Bul, que es el mes octavo, fue acabada la casa con todas sus dependencias, y con todo lo necesario. La edificó, pues, en siete años.

7:13 Y envió el rey Salomón, e hizo venir de Tiro a Hiram, hijo de una viuda de la tribu de Neftalí. Su padre, que trabajaba en bronce, era de Tiro; e Hiram era lleno de sabiduría, inteligencia y ciencia en toda obra de bronce. Este, pues, vino al rey Salomón, e hizo toda su obra.

7:15 Y vació dos columnas de bronce; la altura de cada una era de dieciocho codos y rodeaba a una y otra un hilo de doce codos.

7:18 Hizo también dos hileras de granadas alrededor de la red, para cubrir los capiteles que estaban en las cabezas de las columnas con las granadas.

7:21 Estas columnas erigió en el pórtico del templo; y cuando hubo alzado la columna del lado derecho, le puso por nombre Jaquín, y alzando la columna del lado izquierdo, llamó su nombre Boaz.

8:3 Y vinieron todos los ancianos de Israel, y los sacerdotes tomaron el arca.

8:4 Y llevaron el arca de Jehová, y el tabernáculo de reunión, y todos los utensilios sagrados que estaban en el tabernáculo, los cuales llevaban los sacerdotes y levitas.

8:6 Y los sacerdotes metieron el arca del pacto de Jehová en su lugar, en el santuario de la casa, en el lugar santísimo, debajo de las alas de los querubines.

8:9 En el arca ninguna cosa había sino las dos tablas de piedra que allí había puesto Moisés en Horeb.

8:10 Y cuando los sacerdotes salieron del santuario, la nube llenó la casa de Jehová.

8:11 Y los sacerdotes no pudieron permanecer para ministrar por causa de la nube; porque la gloria de Jehová había llenado la casa de Jehová.

***LA LOGIA P2**

Los jueces Milán Gerhardo Colombo y Giuliano Turone investigaban los negocios de Sindona cuando se toparon con una lista completa de los miembros de la logia masónica P2.

Nos ocupábamos de Sindona que ya estaba condenado por provocar la bancarrota de su banco, pero buscábamos a sus cómplices, estudiábamos su cuando saltó la liebre de la logia P2, declararon los magistrados.

Que quedaron impresionados al constatar el grado de introducción de la masonería en la sociedad italiana, ante sus ojos estaba la flor y la nata de la muy católica y apostólica sociedad italiana,

Ante los ojos del pueblo italiano apareció un auténtico «gobierno en la sombra» que era en realidad el que movía todos los hilos de la vida italiana.

Quedaba, meridianamente, claro la serie de escándalos, atentados, manifestaciones y algaradas que llevaba padeciendo durante lustros el país habían sido promovidos y provocados por las masonería, o por los que hacían llamar masones, pero que no eran más que especuladores y advenedizos.

Las investigaciones se centraron en la logia P2 y su gran maestre un tal Licio Gelli.

LICIO GELLI

Se suele decir que la realidad supera a la ficción y este es el caso del individuo, su vida se asemeja más a un personaje de ficción de Ian Fleming que a la de un ser humano.

Estuvo con las tropas españolas del General Franco durante la Guerra Civil española, después se adhirió al movimiento fascista de

Benito Mussolini, se arrimó a los partisanos italianos y entabló relaciones con los servicios secretos italianos. En Argentina se relacionó con Perón y con el dictador Videla. Extendió sus redes hasta Norteamericana donde tuvo alguna relación con Henry Kissinger y en Italia encontró un padrino en Giulio Andreotti.

En el siglo XVIII se creó la logia P2, en los años sesenta Licio se incorporó a la masonería y se integró en dicha loga. Cuando en 1975 la logia fue desmantelada, Gelli decidió por su cuenta y riesgo seguir manteniéndola.

Lentamente, como una araña persistente fue tejiendo relaciones que a la larga le serían de enorme utilidad.

Con el pretexto de que la sociedad era una especie de comité de sabios cuyo único fin era preservar la democracia, lo que escondía era su anticomunismo y sus ansias de controlar y manejar a la sociedad italiana.

La logia muy hábilmente había introducido sus tentáculos en el Banco Ambrosiano, cuya bancarrota dejó un socavón de 1.400 millones de dólares.

Y para desmentir las palabras de Churchill que decía de los italianos: «dispuestos a luchar con denuedo en un partido de fútbol pero con serias dificultades para no ser absurdo cuando se exige seriedad», los jueces italianos se lo tomaron en serio, muy en serio.

Emprendieron la cacería de Licio Gelli al que se le atribuía ser la mente inspiradora de todos los asuntos turbios de la vida italiana durante los últimos cuatro lustros.

Tarea harto complicada dada la maraña de poderosas complicidades que a lo largo de los años había ido tejiendo, que iba desde jefes de policía y de los servicios secretos de ambos lados del

Atlántico, políticos, jueces y abogados todos corrompidos, sobornados o chantajeados.

Ello le permitió de que a pesar de estar condenado por bancarrota fraudulenta, disfrutar de sus posesiones en Sudamérica y de retiros dorados, por motivos de salud, en su lujosa villa de Arezzo.

Las penas con caviar son menos.

Gelli murió a los 96 años.

VI LOS DESCREÍDOS

Estábamos como cada noche deleitándonos con la visita al tipo del capelo cardenalicio, Mavi acercó su copa a la nariz y aspiró el aroma, mojó los labios en el licor y lo paladeó, volvió su mirada hacia mí y me dijo: **¿Franja te puedo hacer una pregunta impertinente?**; como bien me dijiste un día, no hay preguntas así sino respuestas. ¡Dispara!

¿Eres creyente, crees en Dios?

No lo soy, aunque respeto e incluso te diría que siento sana envidia, si es que hay una envidia sana, por los creyentes, ellos tienen esperanzas de que después de la muerte hay otra vida, a mi pensar que después de muerto no eres nada, me disturba, que simplemente pasas a ser un montón de ceniza me desazona. Pasas de ser algo a la nada más absoluta.

Y sin embargo te diré que, en mi declaración de la renta, en la casilla de otros fines yo marco siempre la ayuda a la Iglesia.

Eres un poco, yo diría que un mucho, contradictorio.

Puede parecer contradictorio, pero no lo es, en mi recorrer por el mundo, no he visto a ninguna de esas famosas ONG ayudando a los desfavorecidos, y si he visto a los misioneros irlandeses haciendo una labor excepcional. En Pakistán y Nigeria ellos son los que están dando «el callo».

Además, lo poco o mucho que yo he llegado a alcanzar en mi procelosa vida, se lo tengo que agradecer a un sacerdote católico.

¡Que interesante, cuéntame, cuéntame!, me embarga la curiosidad, ¿Cómo fue eso?.

Yo había dejado el colegio a los catorce años, y todo mi horizonte era seguir trabajando en la cadena de zapaterías que había en la ciudad. A los veinte años serví en la marina los dos años de servicio militar obligatorio. En una dependencia de experimentación de armas navales, a escasos cinco kilómetros de la ciudad.

Allí unos compañeros, me invitaron a una reunión de amigos, mi sorpresa fue que era un grupo de chicos y chicas, lo que en la España de los años oscuros era un novedad e incluso una transgresión de las normas de buena conducta. Te estoy hablando de los primeros años 60.

Fue una charla sobre cómo interpretar la música clásica, un señor nos explicó con la sinfonía Cuadros de una exposición, como con cada acorde el compositor explicaba lo que sentía la persona que visionaba los cuadros de esa exposición, como se paseaba de un cuadro a otro, se detenía y en cada uno de ellos expresaba sus sentimientos.

Me gustó el ambiente de camaradería entre chicos y chicas, el respeto que se profesaban y el trato igualitario, un ambiente sano de gente noble y honesta, idealista y sin dobleces y un afán insuperable de mejora, de cambiar su vida.

El club resultó, lo supe tiempo después, ser una forma de captar gente con potencial e integrarlos en una especie de orden religiosa. Laica.

Poco a poco sin darme cuenta me fueron introduciendo en su círculo más interno. Allí las charlas ya eran de como hablar en público, estudios de personalidad y captación de personas, hacíamos lo que llamábamos «actos de voluntad», tendentes a dominar nuestros impulsos y a no dejarnos llevar por nuestros deseos y a doblegarlos. A superarnos constantemente, a no darnos nunca por vencidos, a luchar siempre hasta el final, hasta el límite de nuestras fuerzas. ¡Éramos tremendamente competitivos!

Todo era dirigido por un sacerdote, adelantado a su tiempo y, como no podía ser de otra manera, marginado por la aburguesada y acomodada jerarquía eclesiástica para la que cualquiera modificación de sus anquilosados pensamientos era un anatema.

El padre Miguel Bernabé, nos motivó, nos incentivó, a chicos de barrio, de familias humildes, a superarnos, a estudiar, a esforzarnos y atrevernos a hacer cosas, a no darnos por vencidos a intentar mejorar nuestra condición de desheredados de la vida.

A los veintidós años empecé a estudiar, por libre, hice los cuatro años de bachiller más la reválida en dos años; no sabes la vergüenza que sentía cuando en los días de exámenes me sentaba al lado de niños de 13 o 14 años.

Por mediación de uno de mis compañeros empecé a trabajar en la única empresa industrial de la ciudad, los astilleros navales.

Con 28 años me gradué en la escuela de ingeniería técnica naval.

El cura Miguel cambió para bien el rumbo de mi vida, nunca le agradeceré lo suficiente su ayuda y estimulo.

¿Entonces porque estás tan desilusionado, tan escéptico, tan, y perdona la expresión, descreído?

Porque no todo era tan limpio como parecía, había comportamientos y actitudes que no me terminaban de gustar. Y te diré un secreto que nunca he comentado con nadie. Me enamoré de una chica que no me correspondió y fui tan cobarde, tan débil, que no pude continuar en el mismo lugar donde, inevitablemente, me iba a encontrar con ella todos los días.

Esta decisión se pudo convertir en el mayor y más grave error d mi vida, sin esos estímulos del grupo podía haber caído en la desidia y la depresión y hundirme. Sacando fuerzas de flaqueza conseguí salir adelante.

Empecé una nueva vida.

Inicié un nuevo rumbo, un compañero de estudios me introdujo en una orden religiosa que en aquellas fecha tenía muchísimo poder en España, el OPUS DEI, allí me ofrecieron convertirme en numerario[1], es decir en seglares que sin ser sacerdotes se consagran a Dios.

¿Y aceptaste, no me digas que eres uno de esos?

No, rechacé de la mejor manera posible la oferta, aunque era consciente de que, probablemente, me estaba cerrando el acceso a posiciones relevantes, porque la orden estaba muy introducida en todos los estratos de la sociedad y era muy influyente. Siendo miembro se te abrían horizontes más amplios.

¿Y rechazaste esa oportunidad por coherencia, por dignidad o porque sí?

Por ninguna de esas loables razones, lo hice por miedo, era consciente de mi carácter depresivo y rebelde, temí que no sería capaz de resistir, de no acomodarme, de no adaptarme a una vida tan jerarquizada, tan meticulosa, tan ordenada y disciplinada.

Luego a medida que he ido creciendo intelectualmente y que ya no hay censura, se han ido, paulatinamente, descubriendo las, llamémosle, «vergüenzas» de alguna autoridades eclesiásticas, algunos escándalos de la jerarquía, abuso de menores y otros actos poco recomendables, fui perdiendo la fe.

Y después de conocer las desgracias, las aberraciones, las injusticias que ocurren día tras día no puedo creer en la existencia de un Dios justo y amante. No creo en su existencia, pero si realmente existiese no podría catalogarlo como un padre amante, como «una buena persona».

Y como puedes creer en la clase política, cuando contemplo en el hemiciclo español, a los paniaguados diputados aplaudir como focas a su compañero de partido que en el estrado está diciendo una sarta de tonterías, cuando no mentiras, que es evidente que ni él mismo se las cree, me provoca tal bochorno que tengo que cambiar de canal.

¡Dime una cosa! Cuando un ser humano vende su cuerpo por dinero, se le llama prostituta o prostituto, según el género, ¿Cómo hay que llamar a esos, esas, o eses que venden su alma, si es que el alma existe y ellos la tienen, o venden su dignidad por un puesto, por una prebenda o canonjía, por un ministerio?.

Me gustaría creer en algo, pero no puedo, pongamos otro caso sangrante, las instituciones más necesarias, yo diría que imprescindibles en una democracia son: La Justicia y las Fuerzas de Seguridad.

Entonces como se te queda el cuerpo cuando observas que ambas están corrompidas hasta la medula, demasiado a menudo ves que ciertos individuos, no todos, cierto, dictan sentencias que escapan al sentido común, se perdonan delitos que previamente han sido motivo de condena y llega el presidente de un tribunal y decide que como son de mi partido, yo, por mis galones, les perdono y derogo sus condenas, o esos miembros de las fuerzas de seguridad conchabados con los narcotraficantes a los que precisamente tenían que combatir, incluso la directora general del cuerpo más impoluto , como es la Guardia Civil que se ve envuelta en turbios asuntos financieros.

¡No me lo puedo creer! , estalló Mavi, ¿Cuándo ha sido eso y de que delitos se les ha exonerado?.

Pues de haber «volatizado» en prostíbulos, drogas y alcohol nada más y nada menos que unos 800 millones de euros, que para más inri estaban dedicados a los desempleados de la mayor región de España y con el mayor índice de desempleo.

¿Quién tiene poder para llevar a cabo una cosa así, el Presidente?

Bueno él directamente no, pero un lacayo suyo, que además preside el Tribunal Constitucional, el pueblo llano lo llama el «Prostitucional», que además no tiene potestad para hacerlo, lo ha llevado a cabo.

Y para terminar, el cuerpo de seguridad más admirado y respetado de mi país, la Guardia Civil, ejemplo de probidad y honradez, lleva una temporada que no gana para sustos, con los escándalos que salpican a generales de dicho cuerpo. ¡Imagínate el general al cargo de la lucha antinarcóticos, era un informador de los narcos traficantes y se le ha descubierto en su casa unos 200 millones de euros cobrados por ello.

Y la última Directora General ha sido cesada por ciertas irregularidades

Podría ponerte mil y un ejemplos más, pero solo recordar estos casos me revuelve la bilis.

Vivimos en una permanente falacia. Y la última es eso que llaman cambio climático, cuando en realidad deberían decir «cambio timo climático», vamos del timo del siglo.

CAMBIO TIMO CLIMÁTICO

Todo comenzó cuando el vicepresidente de Estados Unido, Al Gore[2], perdió la carrera presidencial a manos de George W. Bush. Y se dedicó a impartir conferencias sobre el cambio climático, conferencias a razón de 200 000 dólares cada sesión. Y que para más inri se desplazaba a esos acontecimientos a bordo de un avión privado que contamina mucho más que cualquier vuelo comercial. ¡Consejos vendo, que para mí no tengo!

Una adolescente sueca, una tal Greta Thunberg[3] quedó impactada cuando escuchó en televisión una noticia sobre Al Gore y una de sus conferencias, tenía solo 8 añitos. Y aunque ella, a esa edad no lo sabía ya tenía un trastorno que le hacía tomar al pie de la letra aquello que veía o escuchaba. Lo tomaba como una verdad incuestionable. Era para ella como la inefabilidad que antaño se le atribuía al Romano Pontífice en materia religiosa.

A la tierna edad de 11 añitos sufrió una depresión tan profunda que se aletargó, dejó de hablar y fue diagnosticada con síndrome de Asperger[4] un trastorno obsesivo-compulsivo.

Al parecer en esta peculiar familia estos trastornos no son nada extraños, otra hija del matrimonio padece trastorno obsesivo compulsivo y trastorno de oposición desafiante, además de trastorno de déficit de atención con hiperactividad (TDAH)

La joven pronto demostró una gran capacidad de comunicación e hizo honor a ese refrán tan español «de casta le viene al galgo». Su abuelo paterno había sido actor, al igual que su padre y su madre cantante. Sus dotes interpretativas son inmejorables.

Llevada por esta obsesión por el cambio climático cuando tenía15 años decidió declararse en huelga escolar y se manifestó frente al parlamento sueco pidiendo, exigiendo, una acción más contundente del gobierno sueco contra el cambio climático. Exhibía un gran cartelón con una frase que hizo fortuna: «Skolstrejk för klimatet» (huelga escolar por el clima) y repartiendo folletos informativos explicando las desgracias que se nos venían encima

Los estudiantes suecos, como los de todo el mundo, que están a la que salta para encontrar excusas por las que faltar a clase, pronto se subieron a ese tren, que además parecía muy atractivo, muy progre.

Y como la idiocia es una enfermedad muy contagiosa, esta iniciativa que en una sociedad madura y sensata hubiese sido considerada como una «chiquillada», la infantilizada y aburguesa sociedad capitales pronto se adhirió a ella con una devoción digan de mejor causa.

Políticos e instituciones perdieron el tafanario para subirse al carro, competían para ver quien ensalzaba más a la jovencita y a su cruzada contra la contaminación y las malas artes del capitalismo, etc, etc. Y así nació una nueva concepción del mundo. ¡Había que cambiar el universo!

Y así nació esta paranoia actual del cambio climático y todas esa zarandajas.

Ahora, todas las ancestrales calamidades que se han producido a lo largo de la historia del Universo como: sequias, inundaciones, terremotos, maremotos, erupciones volcánicas, tornados, ciclones, ataques virales, nevadas, etc nunca han ocurrido, y las de ahora son consecuencia de la actuación de ¡quién?, del malvado hombre. Una simple observación, para las feminazis, las feministas extremistas, no es la acción del ser humano la causante de este dantesco, para ellas, cambio, sino la «acción del hombre», las mujeres, al arecer, no tienen nada que ver con este escabroso tema.

313

Y muchos arribistas que están a la que salta para hacer negocios se han apuntado a un tema que promete serles de mucha utilidad, como es el caso de los apóstoles de las energías renovables.

Y mientras tanto la joven apóstol ha sido colmada de honores, distinciones, premios y hasta ha sido propuesta para el Nobel de la Paz, tres honorables miembros del parlamento sueco la han postulado con el siguiente argumento: «su lucha contra el cambio climático no solo ha movido a millones de personas alrededor del mundo, sino que también sería esencial para evitar futuros conflictos bélicos ante la falta de recursos naturales».

Uséase, digo yo, ella solita y su cruzada va a terminar de una vez por todas con una costumbre, mala, pero costumbre, del hombre desde que bajó del árbol de matarse el uno al otro.

Y en una muestra de su capacidad para la escenificación, cuando tenía que desplazarse a Nueva York para asistir, como estrella especial, a la cumbre sobre la Acción Climática, lo hizo cruzando el océano Atlántico en un velero, el Malizia II que la familia real monegasca había puesto a su disposición.

En su comparecencia expuso unos catastróficos datos sobre los efectos del calentamiento global, datos que por cierto no concuerdan, en absoluto con los aportados por científicos que son contrarios a esta teoría del calentamiento global.

En su discurso ante tan distinguida audiencia , y con una seguridad apabullante, es muy hábil en expresarse en términos absolutos, dijo: «Estos datos son demasiado incómodos y ustedes no son los suficientemente maduros para decirlo tal y como es y nos están fallando, pero los jóvenes están empezando a entender su traición. Si eligen fallarnos, yo les digo: nunca les perdonaremos. El cambio viene, les guste o no».

Como la joven se tiene en altísima estima dice que su trastorno obsesivo-compulsivo no es un problema sino un «superpoder»

Y como no podía ser de otra forma, también tiene sus detractores.

En varios artículos en las redes sociales se ha dicho: «La niña defensora del clima, y ahora pro palestina, tiene un patrimonio de 18 millones de dólares, 9 vehículos y 6 propiedades. ¡Qué hipocresía!».

Estos críticos despiadados de lengua viperina la llaman, despectivamente, Greta «Zombi», en un alarde crueldad desmesurado, ¿¡Cómo se atreven a insultar tan malvadamente a una dulce y tierna jovencita!? ¡Van a ir al infierno por malos y perversos!

Pero como estos datos son considerados información privada su fortuna, si es que la tiene, oscila entre unos magros 100 000 dólares hasta los 18 millones.

Como al parecer el asunto del «timo climático» ya no da para más, la jovencita Greta a mutado de defensora del clima a defender a los asesinos y violadores de Hamás y se ha transformado en activista pro palestina y así como antes cosechaba distinciones, galardones y premios ahora acumula detenciones múltiples, en su Suecia natal, extendida a otros países donde la niña se dedica a alterar el orden público con violentas manifestaciones en pro de esta causa. Como ha dicho un acerbo critico la criaturita ha pasado de defensora del clima a pro terrorista y mañana mutara a defensora de los pimientos de Padrón, la cuestión es protestar.

Y que te voy a decir, querida Mavi, del fabuloso negocio de la energía renovable

LOS AEROGENERADORES

Los famosos «molinillos» y las placas solares.

El negocio comienza con las concesiones, se conceden licencias a empresas de amigos afines o conmilitones de partido, que a su vez, las vende, con una sustancial ganancia, a las empresas distribuidoras de energía, negocio redondo, tú, amigo o camarada de partido político, me entregas un «papelito» y yo lo convierto en una mina de oro. En Aragón hay unos tipos que se han hecho millonarios con este cambio de cromos.

¿Pero cuáles son las consecuencias de esta proliferación de «molinillos»?, eso no importa, no hay estudio de impacto ambiental y ¿qué está ocurriendo?. A nadie parece importarle.

Generalmente estos parques eólicos se instalan en zona rurales deprimidas pero con paisajes que hacen las delicias del turismo y que se convierten en el medio de vida de la zona, estas estructura metálicas de 200 metros de altitud que se puede distinguir desde varios kilómetros provocan un impacto visual muy negativo. Ello unido a que el seseante ruido, y continuo, de las aspas provoca mareos y nauseas, ahuyenta el turismo rural, lo que hace que aumente, la ya de por sí enorme , diáspora de los habitantes de la zona. Los casos de poblaciones abandonadas aumentan. Pero no solo obligan a los humanos a marcharse, también lo hace la fauna salvaje y sin ellos la tierra se empobrece,

Y los daños colaterales son incuestionables, entre la energía estática que provocan los molinillos y los tendidos eléctricos de alto voltaje transmisores de la energía producida a los núcleos consumidores, la mortandad entre las especies planeadoras se ha incrementado y ha dado lugar a un fenómeno que se ha conocido como los «pájaros Molotov».

LOS PÁJAROS MOLOTOV

Las líneas de alta tensión se extienden por cientos de miles de kilómetros, atraviesan, ríos, pantanos, bosques, a través de varias comunidades, lo que ocasiona un impacto ambiental importante.

Estas líneas y la electricidad estática generada por la rotación de las palas hace que las aves se conviertan en bola d fuego que al hacer al suelo provocan incendios devastadores. En la provincia de Badajoz uno de estos pájaros en llamas provocó un incendio que calcinó 700 hectáreas.

El proceso de construcción de estos artefactos además de ser muy laborioso es muy costoso, a lo que se añade un impacto muy negativo en la balanza de pagos.

La fabricación de un «molinillo» requiere unas dos toneladas de tierras raras[5] que para más inri hay que importar porque a pesar de que en mi país hay importantísimos yacimientos los «ecolojetas» han conseguido que no se concedan permisos de explotación.

Toda esta absurda parafernalia medio ambiental la resumió un aldeano diciendo: «si yo mato un águila que me está robando mis gallinas estoy cometiendo un delito medio ambiental, pero si la mata un aerogenerador es progreso».

Para terminar con esta tragicomedia déjame, querida Mavi, que te cuente otro tema que de no ser chusco sería de juzgado de guardia.

Cuando el siglo XX se acercaba a su fin, un timador avispado se sacó de la chistera la idea de que el uno de enero del año 2000 todos los ordenadores dejarían de funcionar porque en su programa no estaba previsto el cambio de siglo, y esta anomalía provocaría cuantiosísimas perdidas económica amen de provocar un caos administrativo, pero que él había desarrollado un software que evitaba el problema.

Muchas grandes corporaciones mordieron el anzuelo y compraron el software ofrecido, cuando el primer día del año del nuevo milenio llegó no ocurrió absolutamente nada, pero el pillo de turno se hizo millonario.

Como podrás observar vivimos en una falacia permanente, eso me lleva a ser tan descreído, tanto que a veces llegó a dudar hasta de mi propia existencia, pero me imagino que son «chaladuras de viejo loco».

¿Satisfecha tu curiosidad? Ahora dime, ¿tú eres creyente?. Porque no veo por esta mansión ningún signo de ello, ni un cuadro de un santo, ni de una virgen o un crucifijo, y los hispanos americanos sois muy dado a ello.

En mi casa, después de la muerte de mi madre, a los pocos meses de nacer yo, se instaló el agnosticismo, aunque mi padre nunca había sido practicante. Así que nunca me lo cuestioné, mi existencia transcurría espléndidamente, vivía bien, tenía todo lo que quería y me divertía, esa era mi vida.

Pero cuando ocurrió lo de los niños que asesiné. No asesinaste a nadie, fue un trágico accidente, la reprendí; eres muy gentil pero los asesiné, todo cambió y empecé a fijarme en las incongruencias, y crueldades de la vida.

¿No te parece una incongruencia ver a los homosexuales, o debería decir gais, portando una camiseta con la efigie del che Guevara, que fue el constructor del primer campo de internamiento para este género de personas y en cuya entrada había un letrero que decía: «El trabajo os hará hombres»?.

¿Y qué me dices de esos dirigentes que por su ego de no ser el primero que pierde una guerra, embarca en ella a más de dos millones de jóvenes y los envía a morir a un país del que no saben nada y del que no les interesa nada? De los que solo queda el recuerdo en un Memorial en Washington con más de 58 000 nombres anónimos y por el que pasa hoy la gente y ni se molesta en leer? ¿Y todo por qué? Por los bastardos intereses de las compañías petroleras, pues al parecer Vietnam es un inmenso lago de este producto fósil.

¿Y esos 3 000 inocentes que murieron en el ataque a las torres gemelas, solo porque un lunático resentido lo decidió? No, no puedo creer en un Dios justo, en una padre bondadoso.

¿Cómo puedo creer que un Dios que todo lo decide, pueda permitir que un violador como Daniel

Ortega, que asaltó y vejó a su hija adoptiva sea presidente de mi país, y que su poetisa esposa no solo no lo haya condenado sino que la haya defendido? No, no puedo creer en la justicias divina, lo siento, pero es superior a mis fuerzas. Dos regueros de lágrimas corrían por sus mejillas cundo pronunciaba estas palabras.

Y hablando de niños, ¿Cómo se puede decir que Dios quiso que a un padre, durante la reciente riada de Valencia, el agua le arrebatara de sus manos a sus dos hijitos de 3 y 5 años?. ¿El Dios todopoderoso no tuvo consideración por el padre, a alguien le puede extrañar que esta persona, traumatizada para siempre, un día cualquiera cometa una atrocidad?, esta persona tendrá que ser muy fuerte para sobrevivir a tamaña desgracia.

Y esos bebés inocentes que por una causa u otra son privados de la vida, en las clínicas abortistas, solo porque sus irresponsables mamás quisieron disfrutar de su cuerpo sin tomar las más elementales medidas.

Recuerdo haber leído, creo recordar que fue en tu país, de una ¿señora?, que cuando estaba preparando un viaje a África a recoger a un bebé adoptado se enteró de que estaba embarazada y decidió abortar, su fútil y frívolo comentario fue : «ya adopté uno, para que quiero a otro, además no sé quién es el padre».

No, no puedo creer en la existencia de Dios, y si existe no es bueno.

¿Qué más te ha perturbado tanto que te has convertido en un descreído de todo?

Hay tantas cosas que me disgustan que si no me enfundara cada día en una especie de chubasquero creo que me volvería loco y terminaría por suicidarme. Cuando vislumbro el devenir, el futuro de mi país, en parte me alegro de que me queden pocos telediarios, como dicen los «chelis» y no sufriré el horror de ver al país en una de estas dos opciones: o una pseudo dictadura comunista bolivariana y cleptómana o desmembrado pieza a pieza por los separatistas, desmontado con la precisión con que un experto mecánico hace con las piezas de un motor de aviación.

Y ¿sabes de donde provienen estos lodos, esta podredumbre, este estercolero que es hoy día la política en mi país?

Toda esta mierda, esta inmundicia la inició un individuo superfluo pero maligno que llegó al poder merced a un golpe de estado blando, es decir sin ejercito tomando las calles, pero igual de letal para una débil democracia como es la española.

El sujeto llegó al poder escalando sobre los cuerpos de las 193 víctimas de un atentado sin esclarecer y que me temo que nunca se esclarecerá. N se la razón, pero hay mucha gente interesada en taparlo, en olvidarlo.

Todo ocurrió aquel maldito 11 de marzo de 2004.

Y ¿cómo puede alguien confiar en la justicia española si entras un poco en los intríngulis del mayor atentado perpetrado en España?

¿A que atentado te refieres Franja, no recuerdo nada de eso?

El 11 de marzo de 2004 días antes de las elecciones generales, un cerebro perverso, una mente asesina, ordenó perpetrar, con ánimo de revertir el resultado que preveían las encuestas de una mayoría absoluta para el partido conservador. Ese fatídico día, 4 trenes de cercanías, que transportaban a miles de trabajadores, gente del pueblo, humilde y esforzada a sus lugares de trabajo fueron explosionados casi simultáneamente en un ataque terrorista coordinado. Las explosiones provocaron 193 muertos y más de dos mil heridos.

En una tremenda campaña de agitprop, el partido socialista, revolcándose en la sangre de los muertos, culpó al gobierno en el poder y a su política de acercamiento a los Estados Unidos de propiciar los atentados.

Las cadenas de radio y televisión del grupo golpista Prisa y otras afines, todas subvencionadas y primadas por los distintos gobiernos socialistas inundaron de bulos y mentiras a una sociedad que estaba traumatizada por la magnitud del atentado y que como infantes aterrorizados creyeron a esos indeseables que se llamaban asimismo progresistas y que no eran más que colaboradores interesados en los turbios deseos del partido socialista de gobernar el país.

El vuelco en los resultados electorales fue espectacular y llegó al poder un maléfico bobalicón, un miserable que con su sonrisa de hiena, dedicó todo su empeño en dividir y enfrentar a los españoles.

De toda aquella basura e indecencia viene este lodazal que existe hoy en ella, donde un presunto delincuente se pasea en Falcón por todo el orbe mientras se atiborra de caviar y wiski pagado por todos los contribuyentes.

La actuación de la fiscalía del estado, algunos jueces y los medios de comunicación en los días siguientes y durante el juicio a los presuntos asesinos, un minero medio bobo y unos árabes medio descerebrados, que además eran confidentes de los cuerpos de seguridad, fue de una desvergüenza, de un cinismo e hipocresía que aún hoy me hace daño recordarlo. Nunca me había imaginado que existía gente de tanta bajeza moral, tan falta de escrúpulos y dignidad, tan miserable y arrastrada, y aunque el precio fuera más suculento que un plato de lentejas, no puedo asimilar tanta podredumbre.

Perdona Mavi, pero no quiero continuar por este camino porque es todo tan repugnante y vomitivo que me pongo enfermo.

Háblame de ti, porque eres, como yo pienso, otra descreída, otra idealista desilusionada.

Pues por mi parte poco más puedo aportar, porque el futuro que tu predices para tu país yo ya lo tengo implantado en el mío con esa nueva dictadura instaurada por el tándem Ortega-Murillo y del que te podría hablar largo y tendido.

¿Pero sabes que te digo?, yo también me pongo cada día un chubasquero, y si me lo aceptas, te diré que, cínicamente, me digo: ¡Que se jodan, el que sea tonto que aprenda! Han votado sandinismo, pues con su pan se lo coman y me dedico a vivir.

Dicho lo cual se llevó su copa a la boca e ingirió de un solo trago su Cardenal Mendoza para a continuar exclamar, con una impostada risa: ¡Échame, amigo, no más échame llene hasta el borde a nuestro amigo cardenal! Y se arrellenó en su chal.

Y para completar su relato, esbozó una triste sonrisa y dijo: ¿Tú crees que alguien en su sano juicio puede creer en esa «basura con patas», esa mentira ambulante, que gobierna en tu país?. Bueno lo de gobernar es un decir, debería decir que se «pasea» en Falcon por el ancho mundo y asienta su tafanario en la poltrona.

Pues le dije, te voy a contar la ultimísima, ayer en un acto propagandístico le gritaron: «¡No es un presidente, es un delincuente!». En un país medio decente, solo por dignidad ya habría dimitido, pero él sigue con su cantinela del gobierno de progreso y aferrado a la poltrona.

[1] *NUMERARIO*

Los numerarios son personas que permanecen célibes, llevan una vida normal, trabajan en empresas pero viven en comunidad en los centros de la obra, a la que entregan su salario íntegro.

Algunos de ellos terminan convirtiéndose en sacerdotes de la Prelatura.

[2] *AL GORE*

Político norteamericano se dio a conocer a nivel mundial cuando el presidente electo Bill Clinton le nombró vicepresidente. El año 2000 se presentó a las elecciones presidenciales y aunque ganó en votos populares, perdió en número de diputados, al parecer debido a un amaño de votos en Florida que le dieron la presidencia a George W. Bush.

Ha ocupado numerosos cargos, más bien representativos, pero muy lucrativos, miembro del consejo de administración de Apple y asesor senior de Google, socio en la firma de capital de riesgo Kleiner Perkins Caufield & Byer, cofundador y presidente de la Generation Investment Management y miembro del Consejo de administración del World Resources Institute.

Profesor invitado en la Universidad Estatal de Tennessee Central, la Escuela de Posgrado de Periodismo de la Universidad de Columbia, la Universidad Fisk y la Universidad de California en Los Ángeles

A partir de ahí dedico toda su sapiencia al tema medioambiental. Fundó la ONG Alianza para la Protección del Clima.

Su, al parecer, polivalencia, le ha proporcionado numerosas satisfacciones entre las que destacan : El Nobel de la Paz en 2007, un Grammy por su libro, hablado, «Una Verdad Incómoda», en 2007 la prestigiosa revista Time le nombró segunda persona , más importante del año.

Estudió en una prestigiosa escuela secundaria de la Ivy League, pero como estudiante no parece que fuera demasiado brillante pues de una clase de 51 alumnos quedó en el puesto 25.

E incomprensiblemente con tan pobre bagaje académico aplicó a la elitista Harvard y fue aceptado. En 1969 se graduó en Arte

Aunque opuesto a la guerra de Vietnam no dudó en alistarse y fue enviado como periodista militar.

A su regreso estudió teología en la Universidad Vanderbilt Divinity School, con estos estudios esperaba encontrar respuestas a sus preguntas espirituales sobre las injusticias sociales.

Intentó estudiar Leyes en la facultad de derecho de la Universidad Vanderbilt, pero no tuvo éxito.

Y entonces encontró su camino en la política, desde 1976 hasta 1990 fue congresista por Tennessee.

Este parece ser el destino más apropiado para aquellos a los que las luces no le alumbran en demasía

En 1988 se postuló, en las primarias del partido demócrata, como candidato a la presidencia, no tuvo éxito.

Su libro Earth in the Balance: Ecology and Human Spirit, publicado en 1992 plantea la necesidad de una revolución ecológica.

Libro que se convirtió en un referente mundial en los temas ecológicos.

Durante el periodo 1993-2001 ejerció como vicepresidente de los Estados Unidos.

La vicepresidencia en los Estados Unidos es algo así como una rueda de recambio por si el presidente, por una u otra causa, «descarrila», y mientras tanto el cargo no tiene asignaciones definidas.

En su visión mesiánica de la vida propuso, en una conferencia de tres días con los legisladores de más de 40 países que: «los países industrializados crearan un plan global de ayuda a los países subdesarrollados a crecer económicamente y que a la vez protejan el medio ambiente»

LAS CRÍTICAS

Y como todo personaje público el individuo cosecha críticas por doquier, unas justas y otras injustas.

Le llaman demócrata Atari, es decir «políticos demócratas verdes que han visto en la política medio ambiental, el calentamiento global y la pureza del aire como las claves para su victoria electoral».

Por sus continuos viajes en avión privado, cual un Pedro Sánchez común y corriente, ha sido tildado de «millonario del carbono», de lucrarse de sus actividades medio ambientales, 200.000 dólares del ala cada soflama pública.

También ha sido acusado de conflicto de intereses por defender los subsidios a la energía renovable o verde, sectores en los que tiene intereses personales.

Así como de poseer mansiones enormes donde el consumo de energía es desproporcionado.

Acusaciones, que como era lógico, el personaje niega.

EGOCENTRISMO

Al igual que los socialistas españoles que presumen de que la Seguridad Social la fundaron los socialistas, cuando es bien sabido que la fundó un tal José Antonio Girón de Velasco en 1963, Al Gore también se atribuyó, en 1999, de: « haber tomado la iniciativa de crear internet», que realmente fue creada por el Ministerio de Defensa de los Estados Unidos allá por el año 1969 cuando él solo tenía 21 años.

[3] GRETA THUNBERG

En enero de 2003 venía al mundo una rubia criaturita a la que llamaron nada menos que Greta Tintín Eleonora Ernman Thunberg.

A los ocho años quedó impactada por un documental sobre el calentamiento global titulado Una verdad incómoda de un tal Al Gore.

A los quince años ya era una activista medio ambiental, manifestándose ante el parlamento sueco arengando a las masa, que con el frio que hace en Estocolmo no deja de tener mérito.

Presa de una profunda depresión se sumió en una especie de limbo, se aletargó, no asistía a clase, dejó de hablar y comer, y finalmente fue diagnosticada con síndrome de Asperger, trastorno obsesivo-compulsivo y mutismo selectivo.

Los estudiantes siempre tan dispuestos, por tal de no estudiar, de apuntarse a un bombardeo, pronto secundaron la huelga escolar de Gretita.

Como un reguero de pólvora el efecto Greta pronto se expandió por otros colegios, los estudiantes se unieron y crearon un movimiento estudiantil con el pomposo lema «Fridays por Future».

El éxito fue arrollador, todos los viernes en todas las ciudades del mundo se producían manifestaciones de protesta de jóvenes que clamaban por combatir el cambio climático. La mayoría no sabía que era eso, pero «sonaba» bonito.

Proveniente de una familia de actores y artistas pronto demostró sus cualidades para dirigirse a las masas, sus proclamas medio ambientales impactaban por su forma clara y rotunda de decir las cosas; hasta las mentiras más evidentes resultaban creíbles dichas por esa «boquita de piñón» de la que está dotada.

A los quince años se dirigió a la Conferencia de las Naciones Unida sobre el Cambio Climático con una duras palabras, que saliendo de una adolescente tuvieron un impacto emocional increíble. La sociedad estaba deslumbrada por esta joven joya de la naturaleza. Parecía Moisés recitando las Tablas de la Ley.

Y en un gesto demagógico no quiso utilizar un vuelo regular y desplazó desde Plymouth (Inglaterra) a Nueva York en un yate.

Las palabras que Greta lanzó a sus ilustres anfitriones fueron: «Todo está mal, yo debería estar ahora en mi colegio, al otro lado del Atlántico. ¿Como se atreven a venir a decirnos a los jóvenes que tengamos esperanza?.

Para en un tono apocalíptico y melodramático continuar: «Estamos en el comienzo de una era de extinción masiva y de lo único que hablan es de dinero y de cuantos de hadas, de crecimiento económico eterno. ¿Cómo se atreven?».

¿Cómo se atreven a fingir que no pasa nada, que esto se resuelve como siempre, con las técnicas de siempre y los métodos de siempre?. Nos están fallando pero los jóvenes de hoy nos hemos percatado de la traición. Los ojos de las futuras generaciones están puestas sobre sus espaldas. Y si nos vuelven a fallar nunca los perdonaremos»

En menos de cuatro minutos la joven había puesto a «caer de un burro» a toda esa pléyade de mangantes, timadores y vividores de la clase política mundial.

El payaso que ejercía de presidente de la primera potencia mundial, se dignó dedicarle una «palabritas» en su cuenta de la entonces Twitter y hoy X: «Parece una chica joven y feliz que espera un futuro brillante y maravilloso. ¡Qué bonito de ver!», el sujeto esa noche durmió a pierna suelta.

Greta continuó con su particular lucha en defensa de medio ambiente lo que ha propiciado que numerosas instituciones y gobiernos le hayan concedido diversos galardones.

Greta ha continuado con su forma directa de decir lo que piensa.

En julio de 2019 decía: «Estamos ante un desastre de sufrimientos acallados para enormes cantidades de personas. Y ahora no es el momento de hablar cortésmente o centrarse en lo que podemos o no podemos decir. Ahora es el momento de hablar con claridad, es tiempo de desobediencia civil. Es hora de rebelarse».

Toda su filosofía ha estado basada en cuatro puntos que para ella son esenciales:

que la humanidad enfrenta una crisis existencial debido al cambio climático, que la generación actual de adultos es responsable del cambio climático.

que el cambio climático tendrá un efecto desproporcionado en los jóvenes

y que se está haciendo muy poco para cambiar la situación

Piensa que los políticos y los gobernantes deberían escuchar a los científicos.

Me imagino que se refiere a los que sostienen sus teorías que los que se las cuestionan no son más unos tarados mentales, unos ignorantes y unos vendidos a las grandes multinacionales

Ha sido incluida en la lista de las 100 mujeres más influyentes y poderosas del mundo por las revistas Time y Forbes

Propuesta para el Premio Nóbel de la Paz.

La historia de la familia la cuenta su madre Malena en un libro titulado Escenas del Corazón.

Esta visto que aquí el que no corre, vuela

Sus padres impulsores de la carrera de su hija han reconocido públicamente, que ellos nunca fueron activistas climáticos, por lo que nuestra hija pensaba que éramos unos hipócritas, pero vimos que ella era feliz con lo que hacía, por ello no hicimos las cosas por salvar el planeta, lo hicimos por salvar a nuestra hija, Greta solo tenía una opción: quedarse en casa y ser desgraciada y sentirse infeliz, o protestar y ser feliz».

Actualmente se ha transformado de activista climática a pro palestina, lo que le ha ocasionado varias detenciones en diversos países en los que se ha manifestado en defensa de ¿quién?, los asesinos de Hamás o los terrorista de Herbola o quizás de los piratas somalíes.

Mientras tanto la joven se sigue paseando por todo el mundo, recibiendo premios y galardones por doquier y soltando alguna que otra perla cultivada, así en diciembre de 2019 dijo en Madrid : «la esperanza no vendrá de los gobiernos sino de las personas que están empezando a despertar».

En el 2020 en la Asamblea anual del Foro Económico Mundial de Davos pidió, exigió: «que de forma inmediata se detuviera las inversiones en exploración y extracción de combustible fósiles y se cancelaras todas las subvenciones a este sector.

Digo yo que querrá volver a la época donde los humanos aún no habían descubierto el fuego, porque quemar leña es un atentado contra el medio ambiente.

EL OPORTUNISMO DE LOS POLITICOS

Los políticos que son expertos en coger liebres al vuelo no pueden dejar escapar la menor oportunidad para sacar rédito del efecto Greta», así que se deshacen en halagos y lisonjas y babean ante la oportunidad que Gretita les brinda de demostrarlo.

Michel Gove, secretario de medio ambiente de Gran Bretaña se dirigió a ella en estos términos ; *«Cuando te escuché sentí una gran admiración y me sentí culpable. Soy de la generación de tus padres y tengo que admitir que no hemos hecho lo suficiente para abordar el cambio climático y evitar los perniciosos efectos que hemos causado».*

Otro político inglés, Ed Miliband dijo: *«Nos has despertado, te damos las gracias. Todos esos jóvenes que os declarasteis en huelga habéis sido el espejo en que debemos mirarnos, nos habéis enseñado una importante lección. Tú, Greta te has destacado entre la multitud».*

Jean Claude Juncker a la sazón presidente de la Comisión Europea aseguró: «en el próximo periodo financiero de la Unión Europea, uno de cada cuatro euros del presupuesto se dedicará a mitigar los efectos del cambio climático».

Y los que más rédito han sacado de todo este laborioso lavado de cerebro han sido los verdes alemanes que duplicaron sus votos en las últimas elecciones alemanas. Algunos críticos de estos partidos les llaman los «sandias», verdes por fuera rojos por dentro.

En los ambientes políticos se tiene constancia de que la mayoría de estos «partiditos» tan ecologistas, no son más que un instrumento de la Unión Soviética, del comunismo, de socavar y corroer los cimientos de la Unión Europea.

Un ejemplo claro de este empeño de los comunistas ha sido la financiación por parte de la narco nación Venezuela a los «comunistas» españoles para, desde dentro del sistema, desmembrar España.

N.A. Entrecomillo comunistas porque en mi opinión estos la única ideología que conocen es la del Euro y su emblema no es la hoz y el martillo sino el símbolo €

En 2019 Amnistía Internacional, otros a los que hay que echar de comer aparte, otorgó a la Greta Thunberg el premio anual de Embajador de Conciencia.

4 SÍNDROME DE ASPERGER

Entre los variados síndromes que se enmarcan en el espectro autista el de Asperger es uno de ellos. Y afecta a la interacción social reciproca, la comunicación verbal y la no verbal, inflexibilidad del pensamiento, carencia de amplitud de miras e 4 instintos absorbentes

Los individuos afectados por este síndrome son rutinarios y amantes de los ambientes estructurados.

Les gusta que les alaben por lo que no aceptan las críticas, quieren ser los primeros y ganar siempre por lo que se sienten frustrados e incomprendidos.

Por su comportamiento dan la impresión, a los ojos de los demás, de ser brillantes, felices y cariñosos.

Las áreas afectada por este síndrome son:

La interacción social
La comunicación
La estrechez de miras
La inflexibilidad
Las rutinas y rituales.

Interacción social

No saben interpretar las señales sociales por lo que no son capaces de relacionarse con su entorno al que ven confuso, se dispersan en los pequeños detalles y no son capaces de percibir el conjunto. A menudo son objeto de mofas e incluso agresiones.

Comunicación

No se expresan con claridad y precisión, les resulta difícil entender las metáforas, expresiones y analogías y las interpretan a su manera. Son propensos a utilizar frases memorizadas fuera de lugar, hay que leer entre líneas para tratar de entender lo que intentan decir.

Y aunque su nivel verbal sea bueno no quiere decir que su nivel de comprensión sea el adecuado.

Más que contacto visual lo que hacen es mirar fijamente, no están dirigiéndose al interlocutor sino hablando en presencia de un objeto, la hiperlexia es uno de sus problemas, pueden leer con fluidez pero no entienden lo que leen.

La estrechez de miras

Se obsesionan con algunos temas y aunque estos pueden variar con el tiempo la intensidad con que lo hacen no se modifica, son unidireccionales, se dedican a este tema concreto y obvian cualquier otra actividad.

Rutinarios e inflexibles.

Hacen siempre las mismas cosas y de la misma forma, incluso en los temas alimentarios.

[5]TIERRAS RARAS

Tierras raras es el nombre común de 17 elementos químicos: escandio, itrio y los 15 elementos del grupo de los lantánidos (lantano, cerio, praseodimio, neodimio, prometió, samario, europio, gadolinio, terbio, disprosio, holmio, erbio, tulio, iterbio y lutecio). Se utiliza, preferentemente en la fabricación de teléfonos móviles, equipos médicos, generadores eólicos de energía eléctrica y ¡armamento!

Y al parecer el subsuelo español está lleno de tierras raras, que no se explotan por el recelo social y la contaminación, sin embargo, la opinión pública acepta los molinos de viento como la panacea, sin saber que la fabricación de un solo molino consume dos toneladas de estas tierras, que por supuesto es importada.

VII NICARAGUA HOY

Habíamos decidido, bueno en realidad, Mavi había decidido, yo seguía estando de oyente, pasar el día en la playa. Juanito el chófer había montado una gran tienda, con una mesita y dos confortables hamacas, estábamos degustando unas cervezas muy frías, después de haber paseado por la orilla y habernos dado un chapuzón.

Por hablar de algo le pregunté si no sentía añoranza de su tierra, de su país.

Siempre se siente nostalgia de la madre patria, se recuerda la niñez, y se sueña con sus playas y con aquellos lugares en los que viviste algún acontecimiento importante, tu primera cita, tu primer beso y desengaño, todo está siempre presente.

¿Y no te gustaría volver?

¿Volver?, ¡estás loco!, como voy a volver con la situación que está viviendo el país, me volvería loca o me moriría de tristeza.

Tan mal no estará la situación, ya no estáis en guerra, ni se habla de violencia, no hay noticias sobre tu país y ya sabes eso de la falta de noticias son buenas noticias.

No me cabe la menor duda de que vives en un mundo aparte, en una burbuja, ya no se habla de Nicaragua porque a nadie le interesa, la memoria de esta sociedad es muy efímera, fíjate que ya no se habla, casi, de Ucrania y tampoco de la guerra en Oriente Medio, ¿quién dice algo de Israel y su campaña contra el terrorismo islámico?

Lo de mi país con ser muy grave es un asunto interno, somos un país pequeño y salvo a los chupópteros capitalistas americanos a nadie le importa un comino lo que pasa allí.

¿Entonces como lo ves tú, desde tu perspectiva de exiliada, que información tienes?.

Te voy a describir como yo lo veo

Está demostrado que la estupidez, la idiocia, es una enfermedad altamente contagiosa, y así como en el 2004 a algunos españoles se les declaró la enfermedad y decidieron suicidarse, votando a un, aparentemente, inocuo e inofensivo personaje llamado Zapatero, con las nefastas consecuencias que esta decisión tuvo y tiene en la política de España, en 2006 les ocurrió, exactamente igual a muchos, demasiados, nicaragüenses, que también decidieron cometer suicidio voluntario votando a otro lobo disfrazado de cordero y decidieron entregar el país a un cleptómano llamado Daniel Ortega.

Tu habrás oído esa famosa frase de que detrás de un gran hombre hay una mujer, pues yo diría que detrás de un pequeño hombre, como es Ortega, hay una mujer ambiciosa y sin escrúpulos. Su esposa Rosario Murillo[1]

Y eso es lo que ocurre en el tándem Ortega-Murillo que ha esclavizado a la sociedad nicaragüense.

Voy a hacerte una pequeña historia de como Nicaragua a llegado a la situación en que hoy en día se encuentra.

En 1979 cuando los sandinistas llegaron al poder y se creó la Junta de Gobierno de Reconstrucción Nacional, y el coordinador de ella tenía que ser un miembro del FSLN, lo lógico hubiese sido que nominaran a algunos de sus tres lideres más carismáticos, Henry Ruiz, Tomas Borge y Humberto Ortega, pero los egos personales hacía que ninguno aceptara a cualquiera de los otros dos, y se llegó, como suele ser frecuente en estos dilemas, a seleccionar al, aparentemente, más inocuo, más servil, el tipo de persona que camina bajo el sol y no hace sombra, y allí estaba el cuasi invisible Ortega.

Perdona que te interrumpa, pero esto me recuerda un caso que tuvimos en España, donde por las mismas circunstancias en el Partido Socialista eligieron a un oscuro abogado de provincias, un maléfico Rodríguez Zapatero, quien tras un golpe de estado blando, desembarcó en la presidencia del gobierno y desde allí emprendió una campaña de división y enfrentamiento entre los españoles. Perdona, continua con tu visión de lo que ocurre en tú país.

Desde esa posición, el aparentemente inocue personaje, se dedicó a deshacerse de todos sus oponentes, de forma que cuando en 1984 se celebraron elecciones el bobo de solemnidad, o eso parecía, resultó elegido presidente.

Elecciones que ganaron los sandinistas y de esa forma, un don nadie, se aupó a la presidencia del gobierno. Y desde allí paso a paso, sin prisas pero sin pausas, fue eliminando a todos los que le estorbaban.

Porque en contra de lo que el sandinismo oficial proclama, su principal enemigo no fue la contra, sus más enconados adversarios fueron sus antiguos compañeros, los principales lideres sandinistas, quienes tuvieron que abandonar el poder, lo fueron y lo siguen siendo ha día de hoy.

En las elecciones de 1990 perdieron las elecciones y durante 16 años cosecharon derrota tras derrota, fue una larga travesía del desierto, pero el tipo, el inocuo

Ortega, es persiste, el muy cabrón, y en 2006 se presentó y los nicaragüenses decidieron inmolarse.

EL PERFIL PSICOLÓGICO DEL PSICÓPATA[2]

Mi padre era muy meticuloso, como abogado mantenía la teoría de que hay que conocer al adversario, así que encargó a unos amigos psicólogos y psiquiatras que le hicieran un perfil del entonces desconocido Daniel Ortega.

En líneas generales un psicópata es egocéntrico y narcisista, con falta total de empatía, tiene necesidad de satisfacción emocional y de controlarlo todo, y por una extraña razón, esa la falta de empatía le hace parecer un ser débil y desvalido y le procura un encanto personal que atrae a las masas. Los cinco rasgos distintivos de un psicópata de libro son: Egocentrismo y narcisismo, ausencia de empatía, necesidad de satisfacción personal, pobreza emocional y una necesidad imperiosa de controlarlo todo. Si a ello le unes una conducta anti civil y delictiva, el que no aprenden de sus errores, que son impulsivos e incapaces de planificar sus acciones, mentirosos y manipuladores, su tendencia al aburrimiento y su rechazo al trabajo y al esfuerzo, tienes una descripción perfecta del psicópata.

Te dejaré leer el informe donde se describe con más detalle cada uno de estos aspectos, y para que te sirvan de ejemplo, te puedo citar algunos de los psicópatas más reconocidos del mundo, como pueden ser: Bashar Ha faz al Assad, Nicolás Maduro, Hugo Chávez, Vladímir Putin, o Donald Trump. Y como tu sabrás tú Pedro Sánchez.

Ahora que mencionas a mi innombrable presidente, olvida lo de mí, porque yo no lo reconozco como tal, comprendo por qué esta siempre viajando, se aburre y como el trabajo es duro y monótono prefiere atiborrarse de caviar y licor escocés antes que dedicar horas a la labor de gobernar, para él el poder es viajar y ganar millas.

El individuo, Ortega, es débil, inocuo e invisible, pero no es tonto, y aprende rápido, pero además la que maneja el cotarro es su esposa, así que volvió al poder con la lección bien aprendida, el poder no se entrega fácilmente, parece que fue su consigna y la del sandinismo.

Tomás Borge[3], uno de los dirigentes históricos, defenestrado pero todavía sandinista, ya había declarado en 2006: «Todo puede pasar aquí, menos que el Frente Sandinista pierda el poder, me es imposible pensar que la derecha regrese algún día a gobernar este país».

Y por si alguien albergaba alguna duda sobre las intenciones sandinistas Ortega remachaba la frase diciendo: «pagaremos el precio que tengamos que pagar, aguantaremos todas las críticas, haremos todo lo que consideremos necesario hacer, pero lo que no vamos, nunca, es a entregar el poder. Habrá Frente Sandinista hoy, mañana y siempre».

Mavi, consuélate porque esto se asemeja mucho a aquella famosa frase del criminal régimen nazi de: «El tercer Reich durará mil años», todos los psicópatas se creen inmortales ellos y su obra. ¡Anímate, ten esperanza!

No me puedo consolar, porque mal de muchos es consuelo de tontos, y cuando este malévolo régimen caiga, si es que alguna vez cae, mira el ejemplo de Cuba, varias generaciones habrán perdido la oportunidad de vivir en democracia y disponer libremente de sus vidas, fíjate que digo ¡generaciones enteras!, que vivirán y morirán en la opresión, mutilados psicológicamente.

Y costará Dios y ayuda recuperar la economía y sobre todo la dignidad y la confianza en las instituciones, todas están tan corrompidas, tan desprestigiadas que será difícil que el ciudadano de a pie vuelva alguna vez a confiar en ellas.

Adentrémonos ahora en otros pormenores.

LA MANIPULACION DE LA CONSTITUCIÓN

Desde su llegada al poder en 2006, el sujeto ha ganado cuatro veces más.

Pero ¿cómo llegó al poder y como se mantiene?, cuando termine su último, de momento, mandato llevara más de 29 años en el poder, veinte de ellos de forma continuada.

¡Que efecto afrodisiaco debe provocar el «jodido» poder que nadie quiere soltarlo! Se apegan a la poltrona que no hay forma de desprenderlos de ellas ni con el más potente disolvente, soltó una iracunda Mavi.

SU MODUS OPERANDI

Nada nuevo bajo el sol, es la táctica usual de todos los sátrapas que en el mundo son

a).Cuando, de carambola, se hizo con la coordinación de la Junta de reconciliación Nacional y de la jefatura del FSLN se aplicó a defenestrar, a laminar a todos y cada uno de su potenciales adversarios, de forma y manera que cuando se convocaban elecciones él y solo él, era el único candidato por parte sandinista.

b).Poniendo una vela a Dios y otra al diablo, es decir , pactando con quien fuera y al precio que fuera. Pactó con el expresidente Arnoldo Alemán del PLC (Partido Liberal Constitucionalista) su otrora enemigo acérrimo para modificar la ley electoral. Rebajó del 45% al 35% el porcentaje de votos requeridos para ser proclamado presidente en la primera vuelta de las elecciones.

c).Prometiendo lo que sabía que no iba a cumplir y presentándose con piel de cordero, así se proclamaba «socialista y cristiano», proclamando la paz y la reconciliación. Cambió su vestimenta del verde olivo militar por una camisa blanca de trabajador.

d).Una vez en el poder, manipuló, prostituyó y corrompió todas las instituciones del Estado.

e).La Constitución prohibía la reelección consecutiva e incluso optar al cargo habiéndolo ostentado durante dos mandatos alternos. Ortega consiguió que la Corte Suprema dictaminara que el artículo 147 de la Constitución que prohibía la reelección era «inaplicable». Como podrás apreciar mi querido amigo, todo el mundo tiene un precio y el kilo de carne de magistrado en mi país es muy asequible.

Pero ahí no quedó la cosa, a fines de 2023, la Asamblea Nacional (de mayoría sandinista) aprobó reformar la Constitución de forma y manera que la reelección presidencial careciera de límites y redujo la mayoría necesaria para ser proclamado a una pírrica mayoría simple y autorizó al presidente a legislar mediante decretos leyes.

Mavi me estás asustando con esto que me cuentas, porque ahora me estoy dando cuenta que esos pasos, esas etapas de cómo, desde el interior, se puede carcomer una democracia hasta convertirla en una dictadura totalitaria, conculcando las libertades y los derechos humanos y destruyendo el Estado de Derecho, es lo que está ocurriendo en mí país, a la chita callando ese mastuerzo que teneos está siguiendo ese librillo al pie de la letra.

Eso es precisamente lo que piensa la CIDH (Comisión Internacional de Derechos Humanos) que en un informe sobre mi país, dice, textualmente: «La implementación de estas medidas ha generado graves consecuencias en el ejercicio, protección y garantía de los derechos humanos y el debilitamiento del Estado de Derecho, al tiempo que la concentración de poder en el ejecutivo ha propiciado que Nicaragua se haya transformado en un estado policial y represivo»

LA REPRESION

Otro mecanismo propio de un psicópata para perpetuarse en el poder es la represión sistemática de todo aquel, sea propio o extraño, que ose desafiar su poder omnímodo.

En su discurso de investidura, el muy hijo de puta, no se recató en decir: «Estoy seguro de que habrá más paz, más seguridad, más tranquilidad, más esperanzas y más alegría en el pueblo nicaragüense», pero, al muy cabrón le faltó añadir, aunque sea la paz de los cementerios.

Nunca hubiera imaginado que Mavi se pudiese expresar en esos términos tan tabernarios, más propios de la plebe que de una niña pija como ella se decía

Y eso lo consigue con un descomunal despliegue policial en las calles y sí como decía tu vicepresidente aquel lenguaraz Alfonso Guerra, «el que se mueve no sale en la foto», aquí el lema es «el que se mueve, termina en chirona». Mavi no perdía oportunidad de, no sé bien si, zaherirme o refrescar mi memoria, de la parte más oscura y cutre de nuestra reciente historia.

La represión es aún, si cabe, más exacerbada hacia los partidos políticos, sus militantes y sus dirigentes. Prosiguió Mavi su relato.

Con su Ley de Defensa de los Derechos del Pueblo a la Independencia, se otorga el privilegio de prohibir la presentación de aquellos candidatos que le puedan resultar un peligro.

Y entre los 38 opositores detenidos se encuentra Dora María Téllez una exguerrillera y figura clave, entre otras muchas mujeres, de la revolución sandinistas.

Las mujeres jugaron un papel importantísimo en el devenir de la revolución sandinista.

Yo conocí a algunas de ellas y de otras tengo conocimiento por las historias que se contaban durante las largas jornadas en la montaña.

Había un chinita dulce y sensible, que provenía de los movimientos cristianos, se llamaba Arlen Siu, componía canciones que entonaba con su dulce voz, juntas entonábamos su recién creada María Rural y el arreglo que había echo de la canción española La Caja de mi Guitarra, donde los nombres de los caídos españoles los cambió por la de nuestros compañeros. Tenía 21 años cuando se fue.

Me impactó la belleza de Claudia Chamorro y su gran capacidad de prodigar cariño, desprendida y generosa, pero lo que más me sorprendió fue su gran capacidad física, fue una de las pocas mujeres de ciudad que se adaptó a la vida en la montaña. La envidiaba al hacer comparaciones entre ella que era una guerrillera activa y fuerte comparándola conmigo que más que un activo era un estorbo.

Claudia era de convicciones firmes y muy tenaz, cayó cuando tenía 22 años, en la flor de la vida.

De Urania Zelaya Úbeda se decía que había sido una auténtica heroína, no llegaba a los 17 años, habíamos acordado llevar a cabo operaciones militares para disgregar y desconcertar al enemigo, Urania al frente de un grupo de adolescentes pertenecientes al MES (Movimiento Estudiantil de Secundaria) perpetró un ataque a una patrulla de la Guardia Nacional y después se refugiaron en una casa, que fue tomada al asalto por los esbirros somocistas, todos los niños fueron masacrados.

El relato de las heroicidades de estas féminas resultaría interminable, así que vamos a dejarlo, solo comentarte que la dictadura orteguiana por boca de su principal protagonista, la ambiciosa Rosario Murillo ha anunciado a bombo y platillo el nombramiento de heroínas a varias combatientes sandinistas mientras su régimen mantiene encarceladas a 20 mujeres oponentes políticas.

Franja permíteme que te recite el poema de Ernesto Cardenal que define mejor que mis palabras todo el horror padecido por las mujeres, sobre todo, las mujeres campesinas durante la represión somocista y por algunos sandinistas.

El poema se titula LAS CAMPESINAS DEL CUÁ.

Voy a hablarles, compañeros / de las mujeres de El Cuá / que bajaron de los cerros /por orden del General.
De la María Venancia / y de la Amanda Aguilar / dos hijas de la montaña / que no quisieron hablar.
A nadie vimos pasar /la noche negra se traga /aquel llanto torrencial.
La Patria llorando está / parecen gritos de parto /los que se oyen por allá.
Dicen que al Chico González / no lo volvieron a ver /de noche se lo llevaron / para nunca más volver.

A Esteba y a Juan Hernández / los subieron al avión/ y al aterrizar más tarde / ya nadie más los miró.
A nadie vimos pasar /la noche negra se traga /aquel llanto torrencial.
La Patria llorando está / parecen gritos de parto /los que se oyen por allá.
A la Cándida Martínez / un guardia la conminó / vení chavala le dijo / lávame este pantalón.
La cipota campesina / fue mancillada ahí nomás /y Tacho desde un afiche / reía en el taquezal.
A nadie vimos pasar /la noche negra se traga /aquel llanto torrencial.
La Patria llorando está / parecen gritos de parto /los que se oyen por allá.
Retoñaban los Quiquisques / estaba la Milpa en flor / a la pobre de Matilde / la patrulla la agarró.
La indita abortó sentada / con tanta interrogación / me lo contó la quebrada / que baja del septentrión.
Voy a hablarles, compañeros / de las mujeres de El Cuá / que bajaron de los cerros / por orden del General.

Maví lo entonó con tal ternura, con tanto sentimiento que se me erizaron los vellos y tuve que contener las lágrimas que pugnaban por salir.

Cuando terminó estalló en un llanto compulsivo sin dejar de decir. ¿y todo para qué? Para tener más de lo mismo pero desde el otro lado de la trinchera, con una pareja de psicópatas manejando el país.

Pero hay elecciones libres, traté de argumentar, el pueblo puede decidir libremente.

Mi querido amigo, parece que naciste ayer, ¿elecciones libres, dices? Todo está manipulado, corrompido. La comunidad internacional, se nota que últimamente no prestas atención a las noticias, han calificado las elecciones, todas desde 2006 de: antidemocráticas, ilegitimas, sin credibilidad y una pantomima.

A los verdaderos opositores se les impide concurrir, mientras encarcelan a los lideres de aquellos partidos políticos opositores permitió concurrir a grupúsculos afines e incluso creados por el FSLN, unos partidos que la opinión pública, peyorativamente, llamaban «colaboracionistas».

La OEA exigió reformas electorales que garantizaran que las elecciones fueran libres, democráticas y transparentes. Exigencia que Ortega se pasó por el arco de triunfo.

La Asamblea Nacional, bajo control sandinista, aprobó unas pseudo reformas que fueron duramente criticadas por la comunidad internacional y la OEA.

Más que reformas se las puede calificar de contra reformas, Ortega sigue manteniendo el control del Consejo Supremo Electoral, prohíbe la presencia de observadores internacionales y la financiación de los partidos políticos.

En su informe la CIDH (Comisión Internacional de Derechos Humanos) expresó su preocupación por: la emisión de unas normas que permite al ejecutivo «reprimir, censurar, perseguir y evitar la participación de la oposición en las elecciones».

El objetivo del sandinismo, continuaba el informe, no es otro que: «perpetuarse en el poder y seguir manteniendo sus privilegios e inmunidades».

Pocos días antes de las últimas elecciones, a la aspirante presidencial con más opciones Cristiana Chamorro Barrios , le fue impuesto un arresto domiciliario, bajo la acusación de: «gestión abusiva, falsedad ideológica, blanqueo de capitales y de bienes y activos». Es decir de todo aquello que el tándem Ortega-Murillo perpetra día sí y día también.

En su demagógica diatriba el gobierno acusa a la oposición de: «menoscabar la independencia, la soberanía y la autodeterminación del país, incitar a la injerencia extranjera, pedir intervenciones militares, financiarse con dinero procedente del extranjero, propiciar y ejecutar actos de terrorismo e intentos de desestabilizar el país».

Y para justificar sus arbitrariedades el inocuo Ortega proclamó: «No estamos juzgando a políticos ni candidatos. Estamos juzgando a criminales que han atentado contra el país al intentar nuevamente organizar otro 18 de abril, otro golpe de Estado».

En 2018 se realizaron manifestaciones multitudinarias contra el régimen opresor, que fueron duramente reprimidas y que según organismos internacionales causaron la muerte a 325 personas.

Ortega se presenta a las elecciones vestido con la piel de borrego, como un hombre de paz y reconciliación y la ignorante plebe lo cree y para ello cuenta con la inestimable ayuda de la jerarquía católica, siempre tan acomodaticia, siempre tan sibilina y siempre al amparo del poder y siempre tan traidora a los pobres.

Como a todo psicópata, no le importa decir blanco y en la siguiente frase decir negro, así cuando tomó posesión de su cargo en 2007, en su discurso criticó duramente «el capitalismo salvaje» pero al mismo tiempo lanzó un mensaje conciliador a los organismos financieros internacionales.

Y en esta feria de mentiras y falsedades el «imperio» como califica Ortega a los Estados Unidos, resulta ser el mayor socio comercial del sandinismo. Practica aquello que ataca y se muestra un fiel vasallo del Fondo Monetario Internacional, que le dicta e impone su programa económico.

Su luna de miel con los grandes empresarios se rompió cuando en las manifestaciones de abril de 2018, estos se unieron a los manifestantes.

Y ¿a qué crees tú que se debió este cambio de rumbo de las grandes fortunas que siempre están al sol que más calienta? Me atreví a interrumpirla.

Pues muy sencillo, porque a los oligarcas mientras que no le toques el bolsillo se encaman con quien sea necesario, pero en el momento que vean peligrar sus negocios reaccionan como las víboras que son, y los innumerables negocios del clan Ortega-Murillo empezaba a colidir con los suyos. Ten en cuenta que el dúo tiene 11 hijos y hay que colocarlos a todos y hacerles ricos.

El resultado fue que actualmente hay una guerra abierta entre los empresarios y el clan, cuatro de los más prominentes hombres de negocio del país están «enchironados» acusados de: «conspiración, recabar intervenciones militares, terrorismo, traición a la patria y lavado de dinero».

EL PRESIDENTE DE LOS POBRES

Así se proclama Ortega ante la plebe, pero eso no significa que él y su familia tengan que ser pobres.

Su sueldo como dictador es una módica cantidad de 4 200 dólares.

En 2006 según su última declaración de la renta disponía de una magra cantidad de 217.000 dólares y su esposa.160 000.

A partir de esta fecha Ortega decidió que fuera «Rita la cantaora» la que hiciera la declaración de la renta, que él era el presidente y nadie le pedía cuentas.

Ortega debe ser algo así como un Mesías y al igual que Jesús obró el milagro de los peces y los panes, lo mismo ha hecho Ortega pero con los dólares, los 4 200 dólares de salario mensual se han multiplicado y convertido en miles de millones, más o menos 2 500 millones

¿Y de donde proviene tanta «pasta gansa»?

Venezuela bajo la égida del Gorila Rojo, el lenguaraz y provocador Hugo Chávez impulsó lo que se llamó Alianza Bolivariana para los Pueblos de Nuestra América (ALBA).

E insufló miles de millones de dólares en las arcas nicaragüenses, y Ortega hizo bueno eso de que «el que reparte y reparte se lleva la mejor parte», así que se afanó en desviar el dinero destinado a proyectos de desarrollo de infraestructuras hacía cuentas bancarias a su nombre y a los de su familia. En el periodo 2007/2018 Venezuela entregó a Ortega unos 5.000 millones de dólares.

Otro caso de «placer de casa ajena», el pueblo venezolano se muere de inanición por falta de alimentos y Hugo se dedicó a hacer regalos muchi millonarios.

Y Ortega hizo suyo eso de que la familia que «manga junta permanece unida», comenzó a implicar a su numerosa prole en el noble arte de birlar, vulgo robar.

Ortega adquirió, no se sabe bien como, una cadena de gasolineras y controló el petróleo venezolano, nombrando a su hijo mayor, el administrador del dinero ilícito obtenido en este negocio.

Y la familia se hizo con un conglomerado empresarial de hoteles , medios de comunicación, telefonía, agencias de publicidad y empresas de gas y electricidad.

El día que celebraba el aniversario del nacimiento del fundador del FSLN el presidente de los pobres se presentó en la plaza de la Revolución con una caravana de cuatro vehículos blindados de la marca Mercedes Benz modelo G63 V8 AMG que tienen un precio de 178 000 dólares cada.

Y como suele ser frecuente en estos neuróticos personajes vive acogotado temiendo ser víctima de atentados, conjuras, conspiraciones y golpes de estado, por lo que a la menor sospecha no duda en encarcelar a cualquier que ose levantar la voz más allá de lo permitido.

Se escandaliza cuando la prensa internacional lo acusa de encarcelar a 19 opositores y a cualquiera que ose presentar su candidatura al puesto que el sátrapa ostenta.

Para perpetuarse en el poder hizo que la Corte Suprema le permitiese presentarse para un segundo mandato, y posteriormente para un tercero y un cuarto. Que acaba de obtener.

En 1998 salió a la luz, que el líder libio Muammar Gadafi, otro lunático, había realizado una donación, a fondo perdido de unos 300 millones de dólares para el FSLN.

Y como la familia es super numerosa, la parejita tiene siete hijos en común, más cuatro que aporta la señora de tres matrimonios anteriores, Ortega expropio un «casoplón» que ha convertido en una especie de fortaleza con muros de un metro de espesor y dos de altura, con cámaras de vigilancia y guardia de seguridad, y como la prole se reproduce como conejos le ha añadido siete edificaciones más.

Uno de sus vástagos es amante de la ópera, milagro de la naturaleza, a un cernícalo como Daniel Ortega le nace un hijo sensible y delicado, al que le gustan los relojes Rolex y los Lamborghini.

Como Ortega es un buen padre, para complacer a su vástago mandó construir el Teatro Nacional de Managua creó una fundación familiar (Incanto) a la que regó con dinero del erario público, para que el niño organice anualmente el festival Puccini y el mozalbete, bueno no tanto, porque la tiene sus añitos, deleite con su voz de tenor a la exigua concurrencia.

Como dijo una «preclara» política española, «el dinero público no es de nadie».

Me llamó la atención esta cita, no pensaba que tamaña estupidez, entre la idiocia y la desvergüenza hubiese traspasado las frontera, este mundo actual está tan globalizado que todo el mundo sabe lo que pasa, aunque la noticia se produzca en los confines de la tierra.

Pero para no cortar el torrente en que se había convertido Mavi, me callé mis pensamientos.

Pero ahí no queda la cosa, a una de sus hijitas, que le gusta pasearse por las pasarelas de moda, le organizó algo así como la semana Fashions de Managua, semana de la moda.

A cada hijo le financia sus caprichos que van desde donar fondos, 400 000 dólares a la Paramount pictures para financiar una película donde interviene su hijo mayor y heredero de la dinastía Ortega-Murillo, como organizar conciertos para el grupo de rock de otro de sus hijitos.

La unca damnificada de la numerosa prole es una hija de Murillo de un matrimonio anterior a la que Ortega dio su apellido, pero que lo denunció por haber sufrido agresiones sexuales por parte del presidente de los pobres.

Al tándem Ortega-Murillo le resbalan las denuncias internacionales, lo que si les preocupa son las sanciones económicas si estas les afectan a sus amplias alforjas.

En 2018 la sociedad nicaragüense estalló ante tanto latrocinio, hubo manifestaciones multitudinarias que fueron brutalmente reprimidas, y que se saldaron con 300 fallecidos y cientos de detenidos. La comunidad internacional reaccionó imponiendo sanciones económicas contra familiares de la parejita, funcionarios y empresas ligadas al régimen.

El departamento de Estado de los EE. UU. ha incluido en su lista negra a la empresa Albanisa (Alba de Nicaragua Sociedad Anónima) cuyos ingresos rondan los 4 000 millones y que es propiedad en un 51% de PDVSA (Petróleos de Venezuela), que se ha convertido en una especie de fondo de reptiles y está siendo esquilmada primero por el Gorila Rojo y ahora por el conductor de autobuses el gordo y flatulento Maduro.

Otro organismos que ha engrosado esa lista negra es el Banco Corporativo (Bancorp),

La Casa Banca americana está negociando con otros países para promover un mayor boicot a Nicaragua, entre los cuales destaca la expulsión de Nicaragua del Tratado de Libre Comercio de Centroamérica (DR-Cafta). Esta medida originaría al país un descalabro de unos 1 500 millones de dólares en exportaciones, lo que abocaría a cientos de pequeñas empresas y agricultores al cierre.

Pero lo más triste de estas medidas es que serían los nicaragüenses los mayores damnificados, ya que los Ortega-Murillo tiene sus mayores bienes a buen recaudo.

La comunidad internacional presiona para que en Nicaragua se celebren elecciones libres y justas, Sus escasos aliados políticos todos del mismo cariz dictatorial como Venezuela, Bolivia y Méjico se abstuvieron en una resolución de la OEA (Organización de Estados Americanos) en este sentido pero aun así llamaron a consulta a sus embajadores ante las «preocupantes acciones» del funesto matrimonio.

ILUSTRES EXILIADOS

Algunos de los más ilustres guerrilleros , figuras legendarias del movimiento sandinista del principio, están hoy día exiliadas y son los acérrimos adversarios del dúo dictatorial.

Mónica Baltodano fue viceministra de la presidencia , entre 1982 y 1990, en 2021 ante el hostigamiento a que la sometió el régimen, debido a su posición crítica con el comandante Ortega, y ante el peligro que corría su vida se tuvo que exiliar.

Por su parte Julio López fue participe en la ofensiva final contra Somoza y director de relaciones internacionales, ambos recorren Europa tratando de hacer saber a la dormida y acomodaticia sociedad europea el drama que actualmente sufre su país.

Esto es lo que ambos piensan: de la situación actual:

«Vivimos bajo una dictadura absolutista que controla totalmente todos los poderes del Estado y ha suspendido de manera absoluta todos los derechos de los nicaragüenses, de información, de prensa, de organización, de movilización, de asociación e incluso ha llegado hasta prohibir actividades religiosas. Así que el régimen que se ha implantado en Nicaragua es una dictadura atroz. De alguna manera sus rasgos son peores que los de la dictadura de Somoza, a la que combatimos en los años 70».

«Nicaragua desafortunadamente se ha convertido en un país en donde la ciudadanía existe solo si sos fiel a Daniel Ortega, no existe ninguna posibilidad de existencia política del ciudadano al margen del poder de Daniel y Rosario. Todos los derechos, todas las posibilidades de existencia civil, social, política, nada de eso existe fuera del ámbito de control de Daniel y Rosario».,

Más de 3 500 asociaciones civiles han sido clausuradas

Los dos ilustres exiliados continúan con sus argumentos: «Hay un proceso de reorganización con una parte de esos desterrados con los que ya estábamos en condición de exilio desde esos tiempos. Pero también hay una claridad de que, para poder reorganizar la resistencia cívica y pacífica, esta vez estamos apostando a una lucha no violenta, tenemos que ser capaces de construir vínculos y rehacer el tejido social que ha sido pulverizado por todas las medidas represivas de régimen dentro del país, porque, aunque hay figuras fuera de Nicaragua de la oposición, la verdadera y masiva oposición está sigue siendo interna.

«En la base de sustentación actual de Daniel Ortega, en el ejército, en la policía, en las estructuras del Estado, es importante que el tema esté claro y que estén también claros en Europa y en otras partes, que somos miles los sandinistas no orteguistas, y ya llegará el momento en que tanto del ejército, de la policía y de las estructuras estatales estas voces se harán sentir».

LA SITUACIÓN EN 2024

Para resumir la situación hoy en día, año 2024, el panorama se presenta desolador.

Hay un gobierno totalitario que controla todas las instituciones, la policía y el ejercito lo que le permite mantenerse en el poder.

La Constitución ha sido vulnerada, modificada y adoptada para que Ortega se perpetue en el poder.

A raíz de la crisis sociopolítica de 2018, provocada por una reforma de las pensiones, la represión ha ido en aumento cebándose principalmente en la oposición política, la prensa independiente y las organizaciones de la sociedad civil.

Las elecciones están trufadas de irregularidades y manipulaciones, en las de 2021 más de 40 personas fueron encarceladas, entre ellos varios candidatos a la presidencia así como activistas políticos y periodistas. La comunidad internacional se consideraron unas elecciones fraudulentas.

Internacionalmente el país está aislado, solo mantiene relaciones con regímenes como Cuba y Venezuela y es repudiado por los Estados Unidos y la Unión Europea, incluso la OEA (Organización de Estados Americanos) ha solicitado la liberación de los presos políticos y el respeto a los derechos humanos.

El crecimiento económico está estancado, en parte por las sanciones internacionales y en parte por la inseguridad jurídica. El estrato de la sociedad más cualificado ha emigrado.

El futuro se presenta muy incierto porque el gobierno, más bien el tándem Ortega-Murillo se enroca en sus posiciones y no cederá ni un milímetro en su política de control y represión.

Y lo más grave es que la oposición está dividida cuando no enfrentada, más interesada en hacerse la guerra que en ir contra los sandinistas.

El clan consolida su posición, la esposa de Daniel Ortega ha sido nombrada vicepresidenta, la intención de crear una dictadura hereditaria, una dinastía dictatorial es cristalina.

Cuando Mavi terminó su escalofriante relato, un frio glacial recorrió mi espina dorsal, porque parecía estar narrando el panorama que estamos viviendo actualmente en España, con otro psicópata siguiendo, o al menos tratando de seguir, las misma pautas, de control, represión e incluso enriquecimiento. Y aunque todavía no hemos llegado al extremo de nombrar a su esposa vicepresidenta, ya sabemos que el narciso está profundamente enamorado de ella, todo se andará.

Tiempo al tiempo

[1]*ROSARIO MURILLO*

Ambiciosa y sin escrúpulos, es la verdadera presidenta de la república nicaragüense.

Prolífica madre de 11 hijos de cuatro maridos diferentes, los tres primeros le duraron poco, hasta que encontró un buen árbol al que arrimarse, ese árbol se apellidaba Ortega.

Y a esa sombra ha ido escalando hasta alcanzar la vicepresidencia del gobierno de su marido. Es decir Ortega es la fachada y ella la presidenta de facto del país.

Con 18 años se integró en el movimiento guerrillero Frente Sandinista de Liberación Nacional.

Adicta al esoterismo* ordenó colocar en la calles de Managua 140 «arboles de la vida»**, esa querencia por el esoterismo hizo que el odio hacia los cristianos aumentara exponencialmente.

Su alargada sombra parece estar detrás de la represión que en la actualidad se lleva a cabo contra las iglesias. Su última fazaña ha sido la detención de 12 sacerdotes, de los cuales se desconoce su paradero.

El caso del obispo Rolando Álvarez que fue detenido, encarcelado y deportado es paradigmático de cómo se las gasta la señora. Que no se recata un ápice de calificar a los religiosos de : «malvados y terrorista espirituales».

Aunque para alzarse con el poder, Ortega no dudó en abrazarse a la religión y estableció una relación de cooperación y amistad con la iglesia católica, incluso llegó a contraer matrimonio canónico, a raíz de las protestas de 2018, donde la iglesia se alineó con los manifestantes, el tándem Ortega-Murillo se ha convertido en su implacable enemigo

Pero prosigamos con la doña

Hija de una sobrina del General Augusto Sandino, héroe nicaragüense, la posición acomodada de su familia la permitió estudiar secretariado ejecutivo en elitistas colegios de Gran Bretaña y Suiza, donde obtuvo certificados de inglés y francés. Ejerció de profesora de estos idiomas en el colegio Teresiano y en el Instituto de Ciencias Comerciales de Managua.

Su conocimiento de idiomas le permitió trabajar en el periódico liberal La Prensa de Pedro Joaquín Chamorro, allí coincidió con el poeta y escritor Pablo Antonio Cuadra.

A pesar de compartir durante un década su trabajo con estos demócratas parece que a la doña no se le pegó nada de las ideas liberales de ambos dos y se convirtió en una fanática revolucionaria.

En 1977 se exilió en Costa Rica donde conoció a Daniel Ortega y desde entonces no se han separado.

Tras la muerte de su hijo en el terremoto de 1972 de Managua, empezó a escribir poesía lo que se convirtió, según sus propias palabras en: «el inicio en el constante ejercicio de los brincos, de un lado a otro, corriendo como la vida misma».

En las elecciones de 2016 se presentó como candidata a la vicepresidencia de la mano de su esposo que aspiraba a la presidencia . Aquí se inició su periplo para implantar en Nicaragua una dinastía dictatorial.

Desde 1998 es Presidenta de la Fundación para la Promoción del Amor (FUNDAMOR) una fundación que tiene por objetivo: «contribuir al autoconocimiento humano, el desarrollo de la autoestima individual y colectiva, el respeto, el amor, la comprensión y la tolerancia, la armonía y la solidaridad en todos los niveles de las relaciones humanas; el respeto, amor y armonía en las relaciones con la naturaleza y el universo; la salud física, mental y espiritual de los seres; el crecimiento y la evolución cultural y espiritual de las personas y de la sociedad en general».

Vamos la pera limonera, el paraíso en la tierra, el no va más de la felicidad o como diría un iconoclasta la «gilipollez» elevada a la enésima potencia.

A la corta edad de 16 años tuvo a su primer retoño, una niña llamada Zoilamérica Narváez Murillo, fruto de su relación con Jorge Narváez Parajón, niña que fue adoptada por Daniel Ortega y a la que, posteriormente, presuntamente, violó y mancilló, según denunció la chica, Rosario se puso, de manera incondicional al lado de su maridito.

Y con toda la desfachatez del mundo declaró: «me siento avergonzada de mi hija, les digo con toda franqueza, me ha avergonzado terriblemente que a una persona con un currículo intachable se le pretendiera destruir y que sea mi propia hija la que por esa obsesión y ese enamoramiento enfermizo con el poder quisiera destruirla cuando no vio satisfecha su ambición»

Cuentan las lenguas viperinas que nunca tuvo buena relación con esta hija suya, y que en septiembre de 1990, cuando la niña estaba convaleciente de una operación en la pierna, Rosario la llegó a arrojar por la ventana de la habitación del hospital.

La joven, después de denunciar a su padrastro, se tuvo que exiliar en Costa Rica.

Hoy en día en Nicaragua la doña, Rosario Murillo es, sin ningún género de dudas, la persona más temida y odiada.

*Esoterismo

El esoterismo es un conjunto de conocimientos ocultos a los sentidos e impenetrables para la mente, por lo tanto, difícil de entender.

El esoterismo es también definido como una doctrina filosófica de la Antigüedad, cuyo aprendizaje es accesible únicamente a los iniciados. Un compromiso a través de ritos o tradiciones de la doctrina.

Hoy en día, el esoterismo y el ocultismo está asociado a lo psíquico, que es todo lo desconocido relacionado con la mente y no relacionado con la razón ni la lógica.

** El árbol de la vida

El árbol de la vida o árbol sagrado es un arquetipo común a numerosas mitologías, religiones y relatos folklóricos de distintas culturas del mundo, que propone la existencia de un árbol cósmico y eterno que cumple un rol fundamental para la existencia del mundo y/o de la vida.

Desde un punto de vista simbólico, el árbol de la vida representa las energías primigenias de la creación, que nutren el mundo y lo mantienen en equilibrio. A menudo esto implica encarnar la tarea divina, por lo que se trata de un símbolo muy común en el arte y la arquitectura religiosos, asociado tanto con la vida como con la muerte. Sus ramas alzadas hacia el cielo y sus raíces sumergidas en lo profundo remiten a la conexión entre los reinos fundamentales y, por lo tanto, a la armonía universal y los ciclos vitales.

En la tradición religiosa monoteísta compartida por el judaísmo, el cristianismo y el islam, en el Jardín del Edén, creado por Dios, existía un árbol sagrado y prohibido a los primeros seres humanos, quienes desobedecieron la voluntad divina y comieron sus frutos, lo que causó la desgracia de la humanidad y el inicio de la muerte. Dicho árbol se llama en los distintos textos sagrados de estas religiones hermanas «el árbol del bien y el mal, el árbol de la inmortalidad o el árbol del conocimiento».

2 EL PSICÓPATA

Una distinguida psiquiatra ha publicado un largo artículo definiendo que es la psicopatía.

Egocentrismo y narcisismo

Incapacidad para sumir puntos de vista ajenos al suyo, es incapaz de ponerse en el lugar del otro, de contemplar el mundo con otros ojos que no sean los suyos, eso les hace creer que son superiores a los demás y caer en el narcisismo,

Carencia de empatía

Es incapaz de comprender y muchos menos de compartir, los problemas y sufrimientos ajenos, pero esta carencia de empatía es solo parcial, porque cuando le interesa, cuando la necesita para su obtener redito la utiliza es decir la «emplea» o la «inhibe» a voluntad. De ahí su cinismo y su frialdad en algunas situaciones en las que el sufrimiento de los demás no le preocupa en absoluto. La frase que le acompañara hasta la muerte al sátrapa español ante la terrible catástrofe de la DANA en Valencia, es un ejemplo palpable: Ese frio «si quieren ayuda que la pidan», refleja al personaje más que un millón de palabras.

Necesidad de satisfacción personal

Su sistema de recompensa emocional no le funciona, por lo que se concede a sí mismo una excesiva importancia, y por ello no tolera las críticas y huye cobardemente, como le ocurrió a Sánchez en

Paiporta o en algunos debates en el Congreso del que se ausenta cuando «pintas bastos», y explica cómo es capaz de organizarse algunos viajes para escaquearse de algunas comparecencias que sabe que no le van a ser cómodas.

Encanto superficial y pobreza emocional

Se muestra con apariencia segura, dominante y abierta pero no es más que una pose, es un ser superficial y tremendamente inseguro, al menor contratiempo se tambalea, aunque su resiliencia le hace reponerse. Todo en él es pura fachada.

Necesidad de control

Su falta de seguridad le lleva a tener una obsesión compulsiva por controlar y manipular a las personas y para ello utiliza dos de sus armas preferidas el abuso y la mentira.

Las ultima filtraciones de la Moncloa hablan de un Pedro Sánchez, gritón, faltón y maltratando a sus lacayos

Conducta antisocial y delictiva

Un psicópata normal tiene tendencia al abuso de sustancias aditivas, violencia de género, violación y pederastia.

Si el psicópata es un político con poder, bien sea político, económico o social la tendencia es a cometer delitos económicos, pertenencia a organizaciones criminales y a crímenes de guerra.

Dificultad para aprender de la experiencia

Suelen repetir siempre los mismos errores dada su incapacidad para aprender de la experiencia. Por ello siempre atribuyen a causas ajenas, a contubernios o conspiraciones las críticas a sus errores.

Insinceridad y manipulación

Mentirosos compulsivos y manipuladores innatos

Predisposición al aburrimiento

Las alteraciones biológicas propias de los psicópatas los llevan a una necesidad de estimulación continua. Esto hace que se aburran *fácilmente y que, para contrarrestarlo, algunos psicópatas se muestren ante los demás como personas muy extrovertidas.*

Y esto explicaría esa adición que tiene nuestro Pedrito por los viajes. A parte de que el cáterin del Falcón es de primerísima calidad y además es gratis total. Para él que a los españolitos de a pie nos cuesta un riñón. Por no decir un huevo que suena muy borde.

Estilo de vida parasitario

La manipulación y el egocentrismo de los psicópatas también los predispone a aprovecharse de los demás para satisfacer sus necesidades básicas. Por eso, con frecuencia viven del dinero de otras personas o del de sus padres y parejas.

Vaya, vaya, ¿por qué será que este párrafo trae a mi mente unas saunas gais de su suegro

Ausencia de remordimientos

El típico psicópata no siente remordimiento por los hechos y conductas con los que ha perjudicado a los demás. Es más, no siente culpabilidad por sus actos.

Pero se ofende mucho si alguien dice que su mujercita es una vulgar «choriza»

Promiscuidad sexual y dificultad para establecer relaciones interpersonales

Muestran cierta promiscuidad sexual pero poco duraderas.

Básicamente lo que les preocupa es la utilidad práctica que dicha relación les pueda facilitar

Ese es el caso de la paranoica y psicopática dupla presidencial que tiraniza a Nicaragua: Daniel Ortega y Rosario Murillo.

¿Y de nuestro narcisista enamorado, profundamente de su consorte? Solo el cielo lo sabe

3 TOMÁS BORGE

Miembro fundador del Frente Sandinista, escritor y poeta. Y aun así fue ministro del Interior con el gobierno represor del sandinismo, lo que parece un poco contradictorio, ¿Cómo una persona teóricamente sensible se convierte en represor? Para mí solo lo explica el fanatismo.

«Me siento orgulloso de seguir siendo sandinista, de seguir siendo fiel a la bandera rojinegra de nuestro partido, de seguir siendo fiel a nuestra organización revolucionaria; y morir orgulloso de tener la frente levantada, y no haber sido desleal con mis principios, ni desleal con mis amigos ni con mis compañeros, ni con mi bandera, ni con mis gritos de combate».

Así se expresaba en una entrevista y sin embargo fue cabo instructor en la Guardia Nacional de Somoza, cuya misión era alfabetizar a los soldados que en su mayoría eran analfabetos.

Borge era el más radical de los nueve principales integrantes del Frente Sandinista y su rivalidad con algunos otros de los más relevantes le impidió convertirse en el presidente por lo que se tuvo que contentar con ser el Ministro del Interior, donde puedo dar rienda suelta a su extremismo. Bajo su jurisdicción quedaron la Policía Sandinista, el Sistema de Prisiones, la emigración y Extranjería, la Dirección General de la Seguridad del Estado y hasta los bomberos.

Disolvió la Guardia Nacional y dedicó su energía a erradicar los delitos menores, la vagancia, los juegos de azar y el alcoholismo.

Y como aviso a navegantes lanzó un mensaje inequívoco a los opositores, cuando declaró: «que la unidad nacional, el pluralismo y la economía mixta, estaban diseñados para fortalecer, no para desestabilizar el proceso revolucionario, Nicaragua por fin *existe, y porque existe es que somos y seremos implacables con quienes quieren que vuelva a ser una colonia humillada».*

A imagen y semejanza del régimen comunista cubano, del cual tomaban ejemplo, Borge creó los CDS (Consejos de Defensa Sandinista) que espiaban y denunciaban a todo aquel que osara decir una palabra más alta que otra contra el sandinismo, un órgano represor popular.

Creó las cárceles de régimen abierto donde los reos campaban a sus anchas, sin custodia ni vigilancia ni rejas. Y creó las cárceles para mujeres.

En uno de sus momentos de clarividencia, hizo una especie de autocrítica cuando declaró: «Llegamos al poder con la aureola de santos, éramos «los chicos del pueblo». Y la moqueta y las prebendas nos convirtieron en reyezuelos.

En marzo de 2007, a petición suya, (los mal pensantes creen que fue un desplazamiento lateral) fue nombrado Embajador de Nicaragua ante Perú, cargo que desempeñó hasta su muerte. Su nombramiento fue visto como una retirada de la vida política.

Y como no podía ser de otra manera sus detractores, que tenía muchos, lo ven con ojos más críticos y lo acusan de varias felonías.

Hizo colocar en la fachada de su ministerio la frase: «Centinela de la felicidad del pueblo». Lo que no decía de qué pueblo y que tipo de felicidad.

Acusó a la jerarquía eclesiástica de enemigos del pueblo y de posicionarse en favor de los contrarrevolucionarios. Instauró la censura a los medios de comunicación e implantó el servicio militar obligatorio.

El presidente de la Comisión Permanente de Derechos Humanos de Nicaragua y opositor al FSLN afirmó que Tomás Borge, había ordenado asesinar a los misquitos que se oponían al Gobierno sandinista así como a 36 opositores que se encontraban encarcelados en la ciudad de Granada.

En 2009, el periodista y cineasta sueco Peter Torbiornsson acusó a Borge de haber ordenado el atentado de La Penca* de 1984.

También fue acusado de ser uno de los beneficiarios de «La Piñata Sandinista»**

No hay dudas que el personaje tiene sus luces y sus sombras.

Tomás Borge fue autor de poesía, ensayo y autobiografía. Entre los que destacan están: el amanecer no es sólo un sueño, La paciente impaciencia, Un grano de maíz y La ceremonia esperada.

Lo que no se le puede negar era su ingenio dejando numerosas frases para la historia.

Cuando le comunicaron que uno de sus mejores compañeros de guerrilla había muerto, dijo: «Se equivoca usted, coronel, Carlos Fonseca, es de los muertos que nunca mueren»

«El único paraíso que conozco es el paraíso perdido».

«Aprendemos a leer cuando descubrimos que la magia está hecha de letras».

«Sólo hay dos cosas infinitas: el universo y la estupidez humana. Y del universo no estoy seguro».

«No hay que temer a los que tienen otra opinión, sino a aquellos que tienen otra opinión pero son demasiado cobardes para manifestarla».

«La realidad no es la que uno ve, sino la que uno inventa»

«"Estoy solo y no hay nadie en el espejo».

«Sólo aquello que se ha ido es lo que nos pertenece».

«Para el argentino, la amistad es una pasión y la policía una mafia».

«Me gustaría ser valiente. Mi dentista asegura que no lo soy».

«No eres ambicioso, te contentas con ser feliz».

*ATENTADO DE LA PENCA

En 1982 uno de los más destacados dirigentes sandinistas Eden Pastora, en desacuerdo con la política del primer gobierno revolucionario fundó, desde Costa Rica, un grupo de oposición ARDE.

El 30 de mayo en un lugar de la frontera entre costa Rica y Nicaragua, llamado La Penca, el contrarrevolucionario había convocado a la prensa internacional, durante su intervención una bomba colocada por un falso corresponsal, sicario de los sandinistas, explosionó y mató a ocho personas e hirió a 22 más, entre ellas al líder contra que resultó gravemente herido en las piernas.

En 2009, el periodista y cineasta sueco Peter Torbiornsson, que había sobrevivido al atentado se entrevistó con el sicario que había perpetrado el atentado y acusó a Borge de haberlo ordenado.

El gobierno sandinista de Daniel Ortega, como no podía ser de otra manera, se negó a investigar el tema.

** LA PIÑATA SANDINISTA

Cuando los sandinistas perdieron el poder en 1990, hubo una especie de arrebato de abandono de buque, y durante el periodo de transición de febrero a abril, se lanzó la voz pirata de ¡al abordaje!, ¡al pillaje!

Y se dedicaron a ello con fruición.

Transfirieron la propiedad de inmuebles y bienes públicos, algunos expropiados previamente, a organizaciones afines y a sus dirigentes, principalmente a Ortega y a su familia, y a Tomás Borge.

La titulación de empresas de transporte, madera, fábricas de azúcar y cárnicas, gasolineras, etc pasó a manos privadas. Manos sandinistas por supuesto.

En el primer gobierno democrático los propietarios expropiados presentaron cientos de demandas contra el Estado.

En 2020 el procurador general de la República Hernán Estrada informó que el Estado nicaragüense había pagado unos 1 300 millones de dólares en conceptos de indemnización por la «piñata», aunque la palabra más adecuada sería «la rapiña».

Y como era de esperar entre los sandinistas hubo una lucha sin cuartel, una lucha a vida o muerte entre los beneficiados por la rapiña y entre los que se habían quedado a la «luna de Valencia».

VIII EL TRISTE ADIÓS

Era nuestra última noche en la hacienda, Mavi al parecer no permanecía mucho tiempo en los sitios, era como se suele decir «culo de mal asiento», estábamos en nuestra cita diaria con el tipo del capelo rojo.

En la lejanía sonaba esa suave y triste melodía que sonaba todas las noches. No soplaba una brizna de aire, pero la temperatura era muy agradable, muy llevadera.

-Tu hijo te habrá echado de menos y estará feliz de que vuelvas- dijo Mavi.

-No lo creo, él tiene su vida y yo soy solo un grano temporal en su trasero, la última vez que hablamos por video llamada me dijo que me veía muy relajado, muy feliz y rejuvenecido y que no me preocupara por volver, que disfrutara lo que pudiera de la experiencia.-.

-Y ¿eres feliz aquí?-

Soy feliz por la compañía, por vuestras atenciones y sobre todo porqué he encontrado una persona, con la que se puede compartir el silencio, que aun siendo tan diferentes como somos, nos entendemos y, yo por lo menos, estoy muy a gusto cuando estamos juntos. He tenido pocos amigos en la vida, se pueden contar con los dedos de una mano, uno está muerto, otro tiene Alzheimer, otro está medio ciego y el cuarto esta medio senil; solo me queda uno con el que puedo reunirme, hablar y tomar un vino.

Por ello encontrar a una persona interesante, con cultura y vivencias es muy enriquecedor, he experimentado sensaciones nuevas y excitantes

Tú has sido como un soplo de aire nuevo en mi vida, una nueva primavera.

-¿Te puedo hacer una pregunta indiscreta?-

-Como tú misma dijiste, las preguntas nunca son *indiscretas, lo son las respuestas, pregúntame y te contestaré francamente, a mi edad no tengo nada que ocultar, la ventaja de estar tan «usado», que no viejo, es que se pierde hasta el pudor-*.

-Me da vergüenza preguntarte esto, pero yo también estoy perdiendo el pudor. ¿Estas enamorado de mí?-.Simuló escandalizarse por su pregunta, yo sabía que solo era una pose, ella era lo suficiente atrevida y directa para eso y para mucho más.

-Yo he sido siempre muy enamoradizo y lo estaría de ti si no fuese por las circunstancias. ¡Créeme si te digo que desde que te conocí ando luchando contra mí mismo para que esto no suceda, trato de controlar mis sentimientos-.

-¿A qué circunstancias te refieres?-

-Llevo más de 30 años casado con una persona mucho más joven que yo, que, como todo hijo de vecino, tiene sus virtudes y defectos, pero que se ha consagrado a mi cuidado, que me ama con el cariño, impagable, conque una madre ama a un hijo. Una persona desprendida y dispuesta siempre a ayudar, yo pienso que a veces es hasta demasiado buena persona. Y no me gustaría jugarle una mala pasada y decirle adiós que he encontrado otro nido-.

A medida que iba desgranado estas palabras, pude observar cómo su semblante se endurecía y un halo de tristeza nublaba su mirada, al tiempo que su voz se tornaba más áspera, distante y fría.

Síntomas de que se avecinaba tormenta y que antaño no hubiese sabidos interpretar y hubiesen provocado en mí una reacción airada, de incomprensión y de confrontación.

Ahora al transcurrir de los años la «aguja de marear» de la vida me había enseñado a identificar y a manejar.

Para evitar una desagradable, inútil y estéril confrontación decidí que tendría que, a la menor oportunidad, hacer «mutis por el foro»

¿Te parezco muy mayor, poco atractiva, anodina y superflua, qué opinas de mí?

Por favor no te lo tomes como un rechazo, eres muy atractiva como mujer y como persona, tu compañía es muy grata y me encuentro muy bien contigo, no necesitamos hablar. Además tengo el convencimiento de que si iniciáramos una relación no iba a tener tiempo para aburrirme, porque con tu vitalidad y tus ganas de vivir estaríamos de un sitio para otro continuamente, como unos auténticos trotamundos. ¡Hasta se te ocurriría que nos embarcáramos en uno de esos cruceros de lujo que durante un año se dedican a recorrer el ancho mundo, navegando por los siete mares!.

No es eso, y te lo he explicado con toda sinceridad. Simplemente, no puedo cometer esa traición, esa falta de gratitud hacia la persona que me hado más de treinta años de estabilidad emocional y me ha colmado de atenciones. La respeto y la quiero. Tan simple como eso. ¡Lo siento!

Su rostro alegre y distendido del principio de esta extraña conversación se fue paulatinamente ensombreciendo por la tristeza. No pude soportarlo, me levanté le di un beso de respeto en la frente y me marché.

Esa noche no pude conciliar el sueño, sentía en los más hondo de mi corazón haber causado daño a una persona que me había tratado magníficamente y a la que quería, admiraba y respetaba profundamente.

Al día siguiente abordamos el mismo avión privado en el que habíamos llegado.

El viaje de regreso fue tenso, una corriente de aire polar se había instalado entre nosotros.

Nos dirigíamos el uno al otro, con cortesía y respeto pero con distanciamiento, éramos como dos pasajeros que acaban de conocerse en un avión.

Cuando su limusina me dejó delante de la casa de mi hijo, nos dijimos un frio hasta luego.

Ambos sabíamos que ya no habría otro luego.

Este triste adiós despejó las dudas y me confirmó la sensación que tenía de que Mavi. A pesar de la edad, no dejaba de ser esa niña «caprichosilla» que se ofende y deprime cuando le quitan su muñeca preferida.

Al parecer no podía soportar que la ofreciera una amistad sincera, que solo sintiera por ella respeto y admiración, ahora había madurado y ya no estallaba en una pataleta, había dejado de ser la niña pija, impertinente y mal criada que había sido. Ahora se comportaba de forma educada. Pero no dejaba de ser la niña «pija».